한국연구재단 학술명저번역총서 서양편 901

영국법 원리

William Geldart 지음
박홍규 옮김

박영사

11판 머리말

윌리엄 젤다트(William Geldart)[1]가 죽은 뒤 윌리엄 홀스워쓰 경(Sir William Holdsworth)[2]이 이 책의 2판을 준비하도록 요청받았을 때, 그는 2판의 머리말에서 이 책이 영국[3]법 체계에 대한 젤다트의 지식수준에 대한 놀라운 증

1 젤다트(1870~1922)는 영국의 법률가로 옥스퍼드대학교의 영국법 비니리언교수(Vinerian Professor, 1755년에 Charles Viner의 유언에 의해 창설되었다)를 지냈고 그가 쓴 『영국법 원리』(*Elements of English Law*, 1907); 지금은 『영국법 입문』(*Introduction to English Law*, Oxford University Press, 11th edition, ed. David Yardley)는 영국법에 관한 가장 표준적인 교과서로 유명하다.

2 홀스워쓰(1871~1944)는 영국의 법률가로 옥스퍼드대학교의 영국법교수를 지냈고 17권에 이르는 『영국법사』(*History of English Law*, 1903~1966)를 저술했다.

3 이 책의 제목인 English Law를 '영국법'이라고 번역했으나, 우리가 말하는 영국이란 잉글랜드, 웨일스, 스코틀랜드, 북아일랜드를 포함하는 United Kingdom of Great Britain and Northern Ireland(UK라고 약칭)를 말하는 것인 반면, 이 책에서 English Law라고 함은 잉글랜드와 웨일스의 법을 뜻한다. 따라서 엄밀한 의미에서는 영국법이라고 할 수 없다. 이 책을 번역하면서 이 점을 고민했으나, 편의상 잉글랜드 웨일스법이라는 말 대신 영국법이라는 말을 사용하지만, 그것은 스코틀랜드법이나 북아일랜드법을 제외하는 것임을 이 책의 독자들은 항상 유의해야 한다.
잉글랜드는 본래 영국의 중심이 되는 섬으로, 런던 등의 대도시가 있는 브리턴 섬의 일부를 차지하는 국가에 불과했으나, 13세기(정식으로는 1536년과 1542년의 〈연합법〉(Act of Union)에 의해 정치적, 행정적, 법적으로) 웨일스를 병합하여 잉글랜드와 웨일스는 통합되었다. 반면 스코틀랜드는 1707년 연합법에 의해 잉글랜드에 통합되었으나, 독자성이 강하여 스코틀랜드법(Scots law)은 잉글랜드법과 구별된다. 잉글랜드는 1801년에 아일랜드를 합방하여 스코틀랜드보다 늦게 통합되었으나, 1922년 아일랜드에서 북부의 얼스터를 제외한 남부 26개주가 독립하여 아일랜드자유국이 성립된 결과, 현재의 영국이 되었는데 북아일랜드는 법적으로 잉글랜드법과 유사하지만 상이한 법체계를 갖는다.
이처럼 영국에는 3개의 상이한 법체계가 있고 각각 최고법원을 가졌지만, 2009년 10월 1일에 3개 법체계를 모두 관할하는 영국대법원이 의회의사당 옆 건물(과거의 미들섹스 길드홀)에서 개정했다. 영국대법원은 잉글랜드와 웨일스, 스코틀랜드, 북아일랜드의 민사사건과, 스코틀랜드를 제외한 지역의 형사사건을 마지막으로 판단하는 최종심 법원이다. 영국대법원의 재판관은 설립 당시에는 그 전의 상임상소귀족이었으나, 결원이 생기는 경우 4개 지역을 대표하는 임명위원회에 의해 추천되도록 하고 있다. 또 재판관들이 전통적으로 입은 가운 대신 평상복을 입고, 가발도 덮어쓰지 않고, 법정 구조도 일반 법정과 달리 재판관 석이 다른 좌석보다 높지 않고 모두 같은 높이로 하면서 다른 좌석과 함께 원형 구조로 만들었다. 또한 누구나 재판을 방청할 수 있고, 녹화

거이자, 명료하고 균형적이며 정확한 표현에 대한 놀라운 증거라고 썼다. 나아가 H. G. 한베리(Hanbury)4 교수는 그 책의 이어진 여러 판에서 젤다트는 법분석의 대가였다고 고찰했다. 확실히 1911년의 초판 이래 이 책이 거둔 성공은 홀스워쓰가 2판을 준비하기 전에 11회 이상 거듭 인쇄해야 했을 필요성에 의해 어느 정도 판단될 수 있다. 1929년에 출판된 2판에서 홀스워쓰가 가장 크게 기여한 바는, 과거의 재산법에 대한 설명으로부터 1925년의 여러 재산법(Property Acts)에 의해 선도된 새로운 시대에 이르는 5장의 개정이었다. 홀스워쓰는 2차 대전 직전 3판을 출판했고, 그 뒤에는 한베리가 3개판을 출판했다. 지난 30년간 그 책을 다시 개정하여 5회의 개정판에 필요한 작업을 하는 것은 나의 특권이었다.

이 11판은 여러 가지 측면에서 그 초판을 상당 부분 개정한 것이지만, 여전히 나는 초판의 핵심이 남아 있기를 바란다. 그 책이 영국법의 중요 영역의 핵심을 가독적이고 정확하게, 그러면서도 짧은 형태로 해설하여야 한다는 것이 여전히 나의 목표이다. 책의 전체 길이는 1911년 이래 조금밖에 늘지 않았고, 젤다트가 그 책을 쓴 뒤 약간밖에 변화하지 않은 것은 2장과 3장 정도이다. 그러나 그 책의 나머지 내용은 대부분 초판과 상당히 다르다. 심지어 3장의 제목처럼 책의 제목도 바뀌었다.

10판 이래 통합될 필요가 있는 입법에는 1990년 〈컴퓨터 오용법〉(Computer Misuse Act), 법률지원 옴부즈만(Legal Service Ombudsman)을 도입한 1990년 〈법원 및 법률지원법〉(Courts and Legal Service Act), 1991년 〈형사사법법〉(Criminal Justice Act), 1991년 〈축구(범죄)법〉(Football (Offences) Act), 〈도로교통법〉(Road Traffic Act), 〈위험한 개에 관한 법〉(Dangerous Dogs Act), 논쟁적인 아동지원청(Child Suppot Agency)을 만든 〈아동지원법〉(Child Support Agency), 1992년 〈수표법〉(Cheques Act), 1992년 〈근린 토지 접근법〉(Access to Neighbouring

영상을 법원의 홈페이지에서 볼 수 있게 했다. 또한 예약 없이 건물에 들어갈 수 있고, 법원 투어도 있다. 이러한 최근의 변화에 대해서는 이 책 마지막의 '옮긴이 해설'을 참조하라.

4 한베리(1898~1993)는 영국의 법률가로 옥스퍼드대학교의 영국법 비니리언교수를 지냈고, 『현대 형평법』(*Modern Equity*, 13판까지 간행)을 썼다.

Land Act), 1992년 및 1993년 〈자선법〉(Charities Acts), 〈정기임차권 개혁, 주택 및 도시발전법〉(Leasehold Reform, Housing, and Urban Development Act), 마스트리히트 조약(Maastricht Treaty)의 법적 결과를 부여한 1993년 〈유럽공동체(개정)법〉(European Communities (Amendment) Act), 〈입법개혁(제규정)법〉(Law Reform (Miscellaneous Provisions) Act), 1994년 〈상표법〉(Trade Marks Act), 1994년 〈형사사법 및 공공질서법〉(Criminal Justice and Public Order Act), 〈상품판매(개정)법〉(Sale of Goods (Amendment) Act), 혼인이 행해지는 다양한 장소에 대한 과거의 제한을 본질적으로 완화한 1994년 〈혼인법〉(Marriage Act)이 있다. 판례법도 엄청나게 발전했다. 신경 쇼크를 일으키는 과실과 계약상 과실의 효과에 대한 책임에 관한 주요한 판결이 있었다. 실정법 해석에 대한 규칙은 개정되고 재규정되었다. 비자발적 과실 치사로 인한 사망이 발견될 수 있는 상황은 좁혀졌다.

과거 수년간의 발전에서 가장 충격적인 면모는 입법위원회(Law Commissions)[5]에 의한 입법 권고의 다양한 영역의 개정이 풍부해진 점이다. 소수의 경우, 그러한 권고는 의회에 의한 합리적인 즉각 이행으로 결과했으나, 불행히도 필요한 입법이 따르지 않은 너무나 많은 보고서가 나왔다. 심지어 그것들은 대부분 출판에 의해 거의 보편적인 승인을 받아 왔음에도 그러했다. 이어지는 정부와 의회가 다른 업무와 아마도 더욱 정치적인 동기의 입법으로 선점되는 점은 이해할 수 있지만, 1965년 〈입법위원회법〉(Law Commissions Act)은 항상 적절하게 고려된 입법 개혁을 가능하게 하도록 의도되었다. 항상 법안을 포함하는 입법위원회 보고서는 송달이 오래 걸리는 입법화의 과정에 보내지고 있다. 이 글을 쓸 당시, 입법위원회의 권고를 이행하기 위해 정부는 최근 의회에 미해결된 5개의 짧은 법안을 소개했다. 그것들이 법령이 되어야 한다고 희망하지만, 도전해야 할 필요가 있는 다른 많은 조치들이 여전히 남아 있다.

마찬가지로 이 11판은 현안이지만 여전히 달성되지 못하고 있는 상당

5 1965년 입법위원회법(Law Commission Act)에 의해 법의 체계적 발달과 간소화 및 현대화를 촉진하기 위한 상설 기관으로 설립되었다.

수의 입법 개혁에 대해 언급한다. 법의 발전과 입법 개혁의 행신은 20세기 후반부에 급속하게 진행되었기에 19세기 말의 입법 개혁의 주목할 만한 빨랐던 시기의 속도와 제거의 성격과 쉽게 쌍벽을 이루고 있으나, 그것은 훨씬 더 빨리 더 멀리 도달할 수 있었다.[6]

옥스퍼드

1995년 4월

데이빗 야들리(David Yardley)[7]

6 2019년 3월 29일에 영국은 EU를 이탈할 것으로 예정되어 있었다. 그러나 그날 영국 하원은 테레사 메이 영국 총리의 브렉시트 합의안을 세 번째로 부결시켰다. 이로써 4월 12일 '노딜' 브렉시트로 EU를 떠나거나 5월에 있을 유럽의회 선거에 참가한 뒤 브렉시트를 장기간 연장해야 하게 되었다. 브렉시트는 그것을 결정한 2016년 6월 23일의 국민투표의 결과(찬성 51.9%, 반대 48.1%)가 나온 뒤부터 예상된 것이다. EU 이탈이 영국법으로 하여금 유럽법과의 거리를 만들 것이지만 그렇다고 해서 영국법에 대한 유럽법의 영향을 무시할 수는 없다. 왜냐하면 영국은 EU와 별개인 유럽평의회(Council of Europe)에 가입하였고, 그것이 정한 〈유럽인권조약〉(European Convention on Human Rights)을 비준하였으며 그것은 영국법에 엄청난 영향을 주었기 때문이다. 그러나 그것을 영국의 국내법화한 것은 1998년의 인권법(Human Rights Act)이어서 이 책의 원저가 나온 1995년 당시에는 문제가 되지 않았다. 1998년 인권법이 제정되기 전까지는 〈유럽인권조약〉 위반에 대해 프랑스의 스트라스부르에 있는 유럽인권법원에 제소하여야 했으나, 1998년법 이후에는 영국의 국내 법원에 제소할 수 있게 되었다. 또 1998년 인권법은 영국의 의회주권 원칙에도 영향을 미쳤다. 한편 〈유럽인권조약〉 6조는 영국의 전통적인 사법제도에도 영향을 주었다. 즉 '공정한 재판을 받을 권리'를 정한 6조에 의해, 전통적인 대법관의 지위, 나아가 의회의 상원인 귀족원을 최고법원으로 하는 재판제도를 권력분립이 철저하지 못한 것으로 비판되었다. 그리고 2005년 〈헌법개혁법〉(Constitutional Reform Act)에 의해 새롭게 영국대법원(Supreme Court Of the Unites Kingdom)이 설치되었다. 이에 대해서는 '옮긴이 해설'을 참조하라.

7 야들리는 영국의 변호사로 잉글랜드의 지방행정위원회(Commission for Local Administration)의 위원장을 지냈고 『헌법 및 행정법 입문』(*Introduction to Constitutional and Administrative Law,* 1995) 등을 썼다.

머리말

이 책은 옥스퍼드대학교에서 오랫동안 영국법을 강의한 윌리엄 마틴 젤다트(William Martin Geldart, 1870~1922) 교수의 명저 『영국법 원리』(*Elements of English Law*)의 번역이다. 1911년에 초판이 나온 그 책은 100여 년이 지난 지금도 영국법에 대한 가장 권위 있는 고전으로 꼽혀 계속 간행되어 왔다. 최근에는 『영국법 입문』(*Introduction to English Law*)이라는 제목으로 옥스퍼드 대학교 출판사(Oxford University Press)에서 11판을 거듭하고 있다. 편집자는 버킹엄대학교 교수이자 저명한 법정변호사인 데이빗 야들리(David Yardley) 경이다. 우리말 번역의 대상으로 삼은 책은 가장 최신판인 1995년에 나온 11판이다. 이 11판은 1973년 영국의 유럽공동체 가입 이후 근본적으로 변한 영국법의 최근 동향을 담고 있으므로 그 이전 판과는 내용에서 많은 변화를 보인다.

이 책은 영국법의 고전으로서 갖는 가치 외에도 최근의 법의 세계화 현상과 함께 영국법에 대한 이해가 필요한 상황에서 영국법을 이해하는 데에 가장 좋은 텍스트일 수 있다. 특히 앵글로 색슨 시대 이후 수만 쪽에 이르는 제정법과 4천 권이 넘는 판결록에 이르는 방대한 영국법을 250여 쪽 정도로 간결하게 정리한 탓에 영국의 법학도나 법률가는 물론 미국을 비롯한 전 세계 법률가들에게 필수적인 문헌으로 손꼽혀 왔다. 이 책은 앞으로도 영국법 이해에 기본적인 도서로 유용할 것이고 법학도만이 아니라 영미법 지역에 무역을 한다거나 여행을 하는 일반인들에게도 영미법의 원리를 이해하게 하는 데 도움이 될 것이다.

이 책은 일찍부터 명성을 쌓아 영국은 물론 미국을 비롯한 영미법 국가에서 널리 읽혔고, 일본과 한국 등에서도 일찍부터 번역되었다. 일본에서의 최초 번역은 江家義男이 2판을 번역하여 1931년에 낸 것이었다. 이어

末延三次가 6판을 번역하여 1960년에, 그리고 末延三次와 木下毅이 8판을 번역하여 1981년에 東京大學出版會에서 각각 내었다. 한편 한국에서는 서희원이 5판을 번역하여 1958년 민중서관에서, 백상건과 이봉이 같은 5판을 번역하여 1960년에 박영사에서 각각 냈다. 1960년 이후 1980년까지 신판이 계속 번역되어 간행된 일본에 비해 한국에서는 5판 번역에 그쳤다.

나는 1981년부터 창원대학교 법학부, 1991년부터 영남대학교 법학부 등에서 영미법과 영서강독을 강의하면서 이 책을 교재로 사용하여 왔고 영미법에 관련된 논문을 쓰면서도 항상 이 책을 이용했다. 그러나 이 책은 영국 민형법의 설명에 치중되어 있어서(그 설명은 2019년까지도 대체로 유효하다) 법문화나 헌법 등에 대한 설명이 부족하다. 또 1995년까지의 법제도 설명에 그치고 있으므로 그 후 지금까지 20여 년의 변화에 대해 알 수 없다. 이런 문제점을 보충하기 위해 아래에서 현재까지의 영국법과 사법제도 등에 대해 간략히 설명하도록 한다. 그리고 그 전에 영국 사회와 역사 및 전통을 설명하고 다른 나라의 법과 영국법의 비교에 대해서 간단히 살펴본다.

영국법의 성립과 역사에 대한 인식은 영국법을 이해하는 데에 필요한 사항이지만 그것은 너무 복잡하기 때문에 여기서는 가능한 한 간단하게 다룰 것이다. 코먼로나 에퀴티 등에 대한 더욱 전문적인 지식이 필요하면 더 상세한 영국법 관련서를 살펴보기 바란다.

1. 영국법 공부의 의의

외국을 모르면 자국을 알 수 없다는 말이 있듯이 외국법을 모르면 자국법을 알 수 없다. 자국법에 대한 지식만으로는 우물 안 개구리를 벗어날 수 없다. 외국법 공부를 통하여 우리는 자국법을 객관적으로 평가하는 관점을 갖게 되며, 우리의 법을 비판하고 개선할 수 있다. 여기서 법이라고 하는 것은 헌법이나 민형법과 같은 실정법 분야만이 아니라 재판제도나 법률가제도를 포함하는 법문화나 법사상까지도 포함하는 의미이다.

그러나 종래 한국의 법학부나 로스쿨에서 그러한 외국법의 공부가 충분했다고 할 수 없다. 특히 세계의 양대 법계를 구성하는 영미법에 대한 공부, 그리고 그 기본인 영국법에 대한 공부가 충분했다고 할 수 없다. 공부를 위한 기본 전제인 연구도 충분하지 못했다. 해방 후 지금까지 70여 년이 흘렀지만 영국법에 대한 제대로 된 연구서나 단행본 하나 나온 적이 없다. 1960년까지 나온 거의 유일한 단행본이 이 책의 번역이다. 이는 한국의 국제화가 본격적으로 시작된 것이 1960년 이후인 것을 고려하면 참으로 이상한 일이다. 1960년 이후부터 새롭게 번역되지 못했고, 다른 번역서나 국내 저술도 없었기 때문에 이러한 책의 번역이 절실했는데, 이후 60년 만에 나오는 이 책의 새로운 번역이 한국에서는 거의 유일한 영국법 개론서이다.

영국법에 대한 공부는 영국법만이 아니라 지난 6세기 동안의 대영제국 활동을 통해 식민지 등으로 영향을 받은 많은 나라들, 즉 19세기 말까지 전 세계의 5분의 1 이상의 토지를 차지한 대영제국에 속한 여러 나라들인 미국, 캐나다(프랑스 식민지였던 퀘벡 제외), 오스트레일리아, 뉴질랜드, 그리고 아시아의 인도, 싱가포르, 홍콩, 아프리카 여러 나라 등의 법에도 영향을 미쳤다. 가령 영국법의 중요한 특징인 판례법주의를 그러한 나라들에서도 볼 수 있다. 그런데 법의 기본적인 부분이 법전이 아니라 판례에 있는 판례법주의는, 재판을 할 때 한국과 같은 법전이 아니라 방대한 수의 법원 판결에서 유사한 사건들을 찾아 그 원칙이 되는 판결 이유(ratio decidendi)를 찾는 것으로부터 시작해야 하는데, 이는 영국인에게도 결코 쉬운 일이 아니다. 물론 영국에는 13세기부터 전국적인 법원이 설치되어 사건을 해결해 나가는 과정에서 법이 발견되었고 그것을 판례법에 수록해 왔다. 이러한 역사를 알아야 영국에서 판례법주의를 취하는 이유를 알 수 있다. 성문법주의를 취하는 우리나라에서는 판례법주의를 비판적으로 보는 경향이 있으나 판례법주의나 그것에 대응되는 성문법주의에는 각각 그것이 형성된 역사적 이유가 있고, 그 제도의 운용에는 장단점이 있다. 우리의 성문법주의가 절대적으로 옳다고도 할 수 없다.

또한 재판에서 중요한 역할을 하는 사실인정을 완전히 시민에게 맡기는 배심재판제도도 영국법에 특유한 것이다. 그러한 배심제도에 대해서도 한국에서는 비판이 있었고, 사법민주화의 일환으로 그 채택을 주장하는 견해에 대해서도 반대가 극심했다. 우여곡절 끝에 우리나라에서도 1998년부터 국민참여재판을 하게 되었지만 그것은 영국법의 배심제와는 상당히 다른 것이고, 그 시행도 극히 부분적인 것에 불과하다. 영국의 배심제를 우리가 그대로 가져올 필요도, 가져올 수도 없지만 현재와 같은 기형적인 국민참여재판 제도에는 많은 문제점이 있어서 이를 다시금 그 원형이라고 할 수 있는 영국의 배심제에 비추어 보지 않을 수 없다. 배심제는 한국만이 아니라 일본, 러시아, 스페인, 벨기에 등에서도 채택되고 있다.

영국법의 또 다른 특징인 의회주권도 대통령제를 취하는 우리로서는 이해하기 쉽지 않다. 그러나 배심제와 마찬가지로 의회주권도 국왕의 전제정치를 방지하기 위해 역사적으로 형성되어 온 것이지 추상적인 정치이론에서 나온 것이 아니었다. 21세기에 들어서 영국에서는 종래의 대법원이었던 상원을 대신하여 새로운 대법원을 신설하는 등의 대개혁에 의해 의회주권에 대한 제한이 행해졌지만 이 역시 역사적인 논의 과정을 거친 것이지 어떤 이상적 아이디어에서 나온 것은 아니다.

실정법 차원에서도 한국법은 영국법과 전혀 무관한 것이 아니다. 가령 헌법에 규정된 죄형법정주의는 1215년 영국에서 제정된 마그나 카르타(Magna Charta)에서 비롯된 것이다. 따라서 마그나 카르타에 대한 연구는 한국 헌법의 이해를 돕기 위해 반드시 필요한 작업이다. 그러나 그로부터 800년이 지난 지금, 우리나라에서 마그나 카르타가 제대로 연구되거나 학생들에게 충분히 교육되었다고 할 수 없다. 나는 오랫동안 그것을 영미법 강의 시간에 상세하게 설명했을 뿐 아니라, 연구실 벽에 붙여 두고 오가는 학생들에게 설명했다.

2. 영국의 사회와 법

(1) 영국

우리가 말하는 영국이란 잉글랜드, 웨일스, 스코틀랜드, 북아일랜드를 포함하는 United Kingdom of Great Britain and Northern Ireland(UK)를 말한다. 이를 '연합왕국'으로 번역하기도 하는데 한국에서 그것을 '영국'이라 부르는 것은 '연합왕국'의 구성국인 잉글랜드의 한자 표기에서 나온 것이다. 즉 잉글랜드(England)의 잉(Eng-)을 음역(音譯)한 것이 한자의 영(英: 중국어 발음이 Yīng)이고, 랜드(-land)를 의역한 것이 국(國)이다. 이처럼 영국이라는 말은 잉글랜드를 중국식으로 표기한 것이니 우리는 우리식으로 달리 부를 수도 있지만 여기서는 편의상 영국으로 표기하겠다.

잉글랜드와 스코틀랜드는 각각 독립한 나라로서 그 자신의 군주와 정치적인 구조를 가지며 9세기부터 존재해 왔다. 웨일스는 1284년에 〈러들랜 법〉(Statute of Rhuddlan)에 따라 잉글랜드 왕의 지배를 받게 되었고, 1536년과 1542년의 〈연합법〉(Act of Union)에 의해 정치적, 행정적, 법적으로 통합되었다. 이어 1707년 연합법(Acts of Union)에 의해 스코틀랜드와 합병하였다. 이로써 그레이트브리튼 왕국의 형태로 정치적 연합이 이루어졌다.

그 뒤 1800년 〈연합법〉(Act of Union)에 의해 그레이트브리튼 왕국에 아일랜드 왕국이 병합되었다. 당시 아일랜드는 〈리머릭 조약〉(Treaty of Limerick)에 따라 1541년부터 1691년까지 점차 잉글랜드의 지배를 받아 가던 상태였다. 그에 따라 1801년에 그레이트브리튼 아일랜드 연합왕국이 성립하였다. 1922년 아일랜드 공화국 독립은 2년 전에 아일랜드 섬의 분할에 따른 결과며, 얼스터 지방(province)의 9개 주(county) 가운데 6개 주가, 1927년에 현재 이름으로 바뀐 영국령으로 남겨졌다.

영국의 법체계는 3개, 즉 잉글랜드와 웨일스, 스코틀랜드, 북아일랜드로 나누어져 있다. 이 책에서 영국법(English Law)이라고 함은 주로 잉글랜드와 웨일스의 법을 뜻한다. 반면 스코틀랜드는 독자성이 강하여 스코틀랜드법(Scots law)은 잉글랜드법과 구별된다. 북아일랜드는 법적으로 잉글랜드

법의 영향이 강하지만 그것과 상이한 법체계를 갖는다. 그러나 영국은 연방제 국가가 아니라 단일제 국가이다. 영국의 중앙 의회인 웨스트민스터 의회는 법적 주권체로서 세 법 체계에 공히 적용되는 법을 제정할 수 있다.

현재의 영국은 이상과 같지만, 1960년대 이전의 영국은 대영 제국(British Empire)으로 불렸다. 그것은 15세기부터 영국인을 포함한 유럽인들이 해양을 통해 유럽 밖으로 진출한 대항해 시대 이후 1931년 영국 연방이 성립할 때까지 영국에 복속되거나 영국이 건설한 세계 각지의 식민지와 통치 지역을 거느린 제국을 일컫는 말이었다. 1921년 당시 전 세계 인구와 인구의 약 4분의 1을 지배한 영국은 가장 거대한 식민지를 차지하고 세계 역사상 가장 큰 영토(식민지 포함)를 가진 나라가 되어 '해가 지지 않는 나라'라는 말도 들었다. 그러나 1, 2차 세계 대전을 거치면서, 영국 본토인 그레이트 브리튼 섬과 북아일랜드, 잔류 해외 영토 등을 제외한 대부분이 독립하여 영국 연방의 형태로 남아 있다.

(2) 영국, 민주주의, 계급

흔히 영국을 민주주의가 가장 먼저 발달한 나라라고 하지만 2018년 영국의 보수적인 잡지 〈이코노미스트〉(*Economist*)가 세계 167개국을 상대로 조사해 발표한 민주주의 지수에 의하면 영국은 14위에 그치고 있다. 노르웨이 1위를 비롯하여 수위권인 북구권 국가들을 위시하여 독일 13위, 한국 21위, 일본 22위, 프랑스 29위, 대만 32위로 대륙법 국가들인 반면, 영미법 국가들은 뉴질랜드 4위, 캐나다 6위, 아일랜드 7위, 호주 9위, 미국 25위, 남아연방 40위, 인도 41위를 차지했다. 이를 보면 영미법과 대륙법이라는 법체계의 구별은 반드시 민주주의 지수와 직결되지는 않는다. 그러나 1인당 국민소득과는 대체로 일치한다. 예외가 있다면 국민소득 6위인 미국과 거의 바닥 순위인 인도 정도다. 물론 미국보다는 인도가 더 놀랍다. 가난과 민주주의는 대부분의 나라에서 반비례하기 때문이다.

위의 조사는 선거절차 및 다원주의, 시민의 권리, 정부의 기능, 정치참여, 정치문화라는 다섯 가지 범주로 평가한 것이다. 그런 점에서 위 순서에 대해 납득은 가지만, 왕이 엄존하는 입헌군주제 국가인 영국을 민주주의 국가라고 할 수 있는지 의문이 생긴다. 영국의 왕이나 일본의 천황을 흔히 실권이 없는 상징적 존재라고 하지만 그곳에서 살아 보면 상징적 존재라는 것이 참으로 무서운 것임을 알게 된다. 나는 세상의 모든 왕을 싫어하지만, '일본이 폐위시킨 조선의 왕세자를 해방 직후에 한국에 데려와 상징적 존재인 왕으로 복귀시켰다면 남북이 분단되었을까'라고 상상해 본 적이 있을 정도로 왕의 상징성은 크다고 본다. 영국에서는 형사사건을 재판할 때 '국왕 대 피고인'이라는 형태로 진행되는데 이는 국왕이 정의의 원천이자 근거임을 말하는 것으로 역시 상징적인 것이지만 의미가 전혀 없다고는 할 수 없다.

또 영국의 상중하 계급구조는 카스트제도를 갖는 인도에서만큼이나 고착적이라는 점을 주의할 필요가 있다. 〈마이 페어 레이디〉(My Fair Lady)라고 하는 19세기 배경의 영국 계급사회를 풍자한 1964년 영화가 있지만 21세기인 지금도 그 기본구조는 크게 다르지 않다. 2000년 영화 〈빌리 엘리어트〉(Billy Elliot)도 발레 무용수를 꿈꾸는 어린 아들에게 탄광 노동자인 아버지가 발레는 상류계급의 것이라고 말리지만 좌절하지 않고 성공한다는 이야기이다. 두 영화 모두 개천에서 용 나는 이야기이지만, 그것이 그만큼 어렵다는 것이겠다.

일상회화의 악센트나 생활습관은 물론 사고방식마저도 계급화되어 있는 사회가 영국이다. 최근 우리나라에서 '개천에서 용 난다'는 속담이 뜻하는 계층 이동이 불가능하게 되었다고들 하지만(사실 그런 계층 이동이 과거에도 얼마나 많았을지 의문이다) 영국사회에서는 일찍부터 그것은 불가능한 것이었다. 영국이 세계 최초의 자본주의 국가였으니 당연한 것인지도 모르지만, 자본주의가 더 늦은 나라에서도 이미 극복한 계층고착화를 아직까지 유지하는 영국에는 다른 고질적인 문제가 있는지도 모른다.

영국의 법정 영화를 보면 옛날이나 지금이나 변함없이 검은 가운에 백발의 가발을 덮어 쓴 법률가들이 등장하는 것을 쉽게 보는데 그것이야말로 우리 법률가는 특수계급이라는 것을 과시하는 듯이 보인다. 영국에는 변호사도 사무변호사(solicitor)와 법정변호사(barrister)라는 두 개의 계급이 있다.

그중 법정에 들어가는 법정변호사 출신만이 상급법원의 재판관이 된다. 그들은 대부분 옥스퍼드나 케임브리지대학교 출신들이다. 두 대학에서는 법조인만이 아니라 의사와 같은 전문직이나 회사의 관리직을 부모로 둔 학생이 전체 학생수의 78%에 이른다는 최근의 조사보고가 있다. 또 영국 대학 전체로는 사립학교 출신이 10% 미만이지만 옥스퍼드와 케임브리지 두 대학교에서는 43%를 차지한다.

(3) 영국 사회의 보수성과 진보성

영국 사회가 보수적이라고 하는 점은 주지된 사실이다. 물론 의외의 진보적 측면도 없지는 않지만 영국 사회의 계급 구분이 철저하고 법조나 대학과 같은 상류 사회일수록 그 계급성이 더욱 확고하다는 점은 영국에서 살아 보거나 영국 대학교에서 공부를 해 본 경험에 의해 나 자신도 익히 실감한 적이 있다. 사회구조만이 아니라 수많은 유적의 풍경도 전통적임을 보여준다. 가령 웨일스 지방에만 100개가 넘는 성이 있고, 영국 전역에서 수천 년의 역사를 보여주는 유적들을 수없이 볼 수 있으며, 조그만 마을에도 엄청난 유물을 전시하는 박물관들을 볼 수 있다. 그런 전통의 엄수는 한국에서는 상상할 수도 없을 정도이다. 한국보다 훨씬 유적 보존에 힘을 쓰는 일본에서도 마찬가지로 보기 어렵다.

영국의 보수성은 프랑스혁명과 같은 역사적 단절이 없었다는 점에서 그 이유를 찾을 수 있다. 일본은 명치유신에 의해, 한국은 일본에 의한 식민지 경험에 의해 역사적 단절을 겪었다. 명치유신 후 일본의 법도, 식민지 이후 한국의 법도 그 전의 법과는 전혀 다른 것인 점도 마찬가지 단절이었다.

영국 보수주의의 선구자라고 일컬어지는 버크(Edmund Burke, 1729~1797)는 프랑스혁명에 반대하여 쓴 『프랑스 혁명의 성찰』(*Reflections on the Revolution in France and on the Proceedings in Certain Societies in London Relative to it*, 1790)에서 인권 보장과 같은 지극히 추상적인 이념에 근거하여 사회제도를 전복한다는 것은 무모한 짓이라고 비판하고 현실 정치가 다루어야 하는 것은 복잡하게 연관된 이해관계의 조정이며, 그것을 소수의 머릿속 생각으로 해결할 수 없다고 주장했다. 또 프랑스혁명이 결국 공포정치로 나아간 것처럼 역사에 대한 참된 평가는 어느 정도의 시효가 필요하다고 하면서 장기간 검증되는 제도가 우수하다고 주장했다. 버크도 모든 개혁에 반대한 것은 아니지만, 개혁은 기본의 법과 정치제도를 전폐하는 것이 아니라 개량과 보수가 중요하다고 보았다. 이러한 버크의 주장은 판례법주의의 기본 정신과 같다고 할 수 있다.

영국은 보수적인 가운데 진보적인 색채도 보여준다. 1921년 노동당이 세계 최초로 집권한 것도 그 하나다(의회나 정당의 역사가 세계에서 가장 긴 탓도 있었다). 최근의 그것은 1979년 이래 계속 집권한 보수당을 누르고 20년 만에 1997년 노동당이 집권하면서 43세의 블레어(Anthony Charles Lynton Blair, 1953~)가 수상으로 등장하면서 내세운 '쿨 브리테니카',[1] '모던 브리턴'이라는 구호다. 그 일환으로 '테이트 모던'(Tate Modern)이라는 현대미술관이 세워지고 '런던 아이'라는 거대한 관람차도 전통적인 의회 건물 곁에 만들어졌다.

블레어 정권은 그 전 정권에 비해 전통을 지키기보다도 더욱 적극적으로 EU에 접근했다. 여기서 특히 문제가 된 것이 상원인 귀족원이 사법권(재판권)을 갖는 최고법원이라는 점이었다. 블레어 정권은 그것이 유럽사회의 기본적 가치인 권력분립에 어긋난다는 이유에서 2009년에 폐지했다.

또 블레어의 싱크탱크로 불린 사회학자 앤서니 기든스(Anthony Giddens, 1938~)는 다양한 민족의 공존을 외치면서 '국제주의적 민족주의'(cosmopolitan nationalism)를 주장했다. 이는 1990년 이래의 이민 급증을 나타낸 것이다. 이러한 상황에서 법조인이 주로 상류계급에서 배출된다는 것은 당연히 문제가 되었다. 따라서 2006년 재판관의 선출방식이 바뀌었다. 이에 대해서는 뒤에서 설명한다.

1 블레어 정부는 그전에 오랜 기간 동안 사용했던 영국의 로고, '통치하라, 영국이여'(Rule Britanica)를 '산뜻한 영국'(Cool Britanica)이라는 새로운 로고로 바꾸었다.

(4) 법체계의 비교

한국법은 대륙법인 독일법과 프랑스법을 모방한 일본법의 아류이다. 대륙법은 영미법과 달리 로마법의 영향을 강하게 받았고 법전 중심의 성문법주의를 취한다. 그런 대륙법을 일본이 모방했고, 그 일본법이 식민지 과정을 통해 한국에 들어와 지금까지 한국법의 기본 골격을 형성하고 있다. 물론 해방 후에는 미국법 등의 영향이 있지만 헌법이나 노동법 등에 한정적이고 민형법과 소송법을 중심으로 한 시민법 체계는 여전히 대륙법으로 판례법주의를 취하는 미국법과는 근본적으로 다르다. 따라서 미국법의 영향이라는 것도 판례법주의와는 무관하고, 제정법주의를 취하는 헌법과 노동법 등의 일부 영역에 불과하다. 판례법주의 외에도 법조일원성이나 배심제라는 공통점이 영미법에는 존재한다.

그러나 같은 영미법이라고 해도 영국법과 미국법은 다르다. 전체적으로 보면 영국법은 형식 지향인 데 반해 미국법은 실질 지향이다. 이는 영국에서는 의회가 제정한 것은 무조건 법으로 인정됨에 반해 미국에서는 대법원의 위헌입법심사에 의해 그 내용을 판단하는 탓이다. 또 미국법은 일반조항이 많아 유연한 반면, 영국법은 유연성이 결여되는 경향이 있다. 나아가 미국 법원에서는 법의 목적 등에 비추어 판단하지만 영국에서는 그렇지 못하다. 또 선례 존중도 미국의 경우, 선례가 옳지 않다고 판단되면 그것을 무시하고 변경하는 권한이 재판관에게 인정되는 반면, 영국에서는 1898년 이래 상원 및 영국대법원의 판결은 기본적으로 하급심을 구속한다.

영국법의 이러한 특성을 형성하는 배경의 하나가 법조일원성이다. 즉 대법원을 정점으로 한 피라미드 구조의 재판 제도와 우수한 변호사(베리스터) 중에서 재판관이 나온다는 관행의 지속에 의한 상류계급적인 동질성의 유지이다. 미국에서도 법조일원성이 유지되지만 변호사의 자격이 여러 주에서 독자적으로 부여되어 영국과 같은 일체성은 약하고, 영국식의 피라미드 구조가 아니다.

배심제도 미국의 경우에는 형사사건에서 배심재판을 받을 권리가 헌법(3편 2장 3항)과 인권을 정한 제6 수정헌법에 규정되어 있고, 소액이 20달러

가 넘는 민사사건에서 배심재판을 받을 권리도 헌법(제7 수정)에 규정되어 있으며, 배심에는 징벌적 손해배상이 인정되어 민의를 반영하지만, 영국에서는 민사배심의 인정범위가 좁고(사기나 명예훼손 등) 징벌적 손해배상도 인정되지 않으며 전반적으로 배심에 대한 사회적 열의도 얕다. 따라서 미국법은 재판에 사회의 민의나 여론을 반영하는 정도가 영국법보다 크다고 할 수 있다. 그 점에서는 영국법이 미국법보다는 덜 민주적이다.

(5) 판례법주의

법의 세계에서 중심은 무엇일까? 한국을 비롯한 대륙법 국가에서는 법전이 법의 기본이고 그 법을 만드는 국회가 중심이라고 답할 사람이 많을 것이다. 반면 영국에서는 법원이 법의 중심이라고 하는 사람이 많다. 앞에서 보았듯이 영국에서는 13세기경 현대 법원의 기원이 되는 법원이 설치되었다. 그러나 당시에는 법원이 적용할 수 있는 법체계가 없었다. 따라서 민형사 문제의 해결 과정에서 법을 창조하게 되었고, 그러한 해결이 일정한 패턴으로 수렴되어 기록으로 남게 되었다. 그리하여 중요한 판결을 모은 판례집이 등장했고, 그것이 코먼로였다.

앞에서 보았듯이 역사적 계속성도 영국법의 특징이어서 초기 판례법은 후기 판례법에 의해 수정되면서 지금까지 시대의 변화에 맞추어져 왔다. 따라서 매우 중요한 근본적인 문제는 지금도 판례법에 의한다. 그런 점에서 판례법을 운용하는 법원이 법의 중심이다.

뿐만 아니라 법원은 영국 정부 기구 가운데 가장 중요한 역할을 했다. 의회주권이라고 하지만 18-19세기까지 입법의 범위는 대단히 좁았다. 반면 법원의 역할은 지금보다 훨씬 컸다. 판례법이 충분히 발전한 뒤에 그것을 보충하는 것으로 제정법이 등장했다. 또한 법조일원화도 법원을 법의 중심으로 만드는 데 기여했다.

앞에서 법의 기본적 부분은 판례법에 의한다고 한 중요한 보기가 계약과 불법행위 및 모살 등이다. 최근의 중요한 사례로는 1991년 상원에서 배우자 사이의 강간을 인정한 것을 들 수 있다. 이는 여성의 사회적 지위의 향상이라는 사회변화를 가미하여 그것과 반대였던 1954년 판결을 뒤집은 것이었다.

영미법에서는 판결에 이르게 된 법원칙을 '판결 이유'(ratio decidendi)라고 한다. 가령 모살은 신체에 상해를 가할 목적으로 살해한 경우를 말한다고 하는 것이다. 하나의 판결에서 내려진 판결 이유는 장래의 유사 사건에서 구속력을 갖는다. 이러한 구속력은 대륙법에서보다 훨씬 강력하다.

3. 영국법의 역사

(1) 코먼로의 의미

Common law를 종래 보통법이라고 번역하기도 했으나 이는 독일법의 gemeines Recht와 혼동될 우려가 있으므로 최근에는 코먼로라고 표기한다. 코먼로는 독일법 등의 유럽의 대륙법(civil law)과 대비되어 영미법이라는 의미로도 사용되는데 이때에는 판례법만이 아니라 제정법도 포함하는 영미법 전체를 의미하게 된다. 나아가 교회법(ecclesiastical law)과 대비되는 세속법의 의미로도 사용된다.

코먼로는 보통 다음 네 가지 의미로 사용된다.

첫째, common이라는 단어가 '공통의'라는 뜻을 갖듯이 common law는 '영국 공통의 법'이라는 의미를 갖는다. 영국에서는 각 지역마다 관습에 의해 재판이 행해졌고 법도 지역마다 달랐으나, 12세기 이후 국왕이 국토 전역에 재판권을 확대하여 성립된 코먼로 법원(common law court)이 발전시킨 영국 공통의 법인 코먼로가 성립되었다.

둘째, 앞서 말한 코먼로는 재판관의 판결에 의해 형성된 판례법을 말한다. 판례(判例)는 시간을 통해 유사한 판결(判決)이 지속적으로 형성되면서, 일반적인 법적 원리가 규범화된 것이며 법규범으로서 성문법화되지 아니한 법을 말한다. 법원이 판결을 내릴 때 제시한 판결 이유가 법률로서 국민생활을 규율할 때 판례법이라고 한다. 영미법에서는 상급법원의 판결에 같은 종류의 사건을 재판하는 하급법원은 따라야 하며, 하급법원의 판결이라도 여러 번 같은 것이 거듭되면 상급법원도 이에 따라야 한다는 관행이 있다. 이것은 의외(意外)의 새로운 판단에 의하여 일어나는 법률생활의 불안정을 피하기 위해서이다.

셋째, 15세기에 와서 코먼로의 결함을 보충하는 형태로 에퀴티(equity)가 발전하면서 그것과 대비되는 의미에서 코먼로라는 말이 사용되었다.

넷째, 대륙법과 영미법을 구별하기 위해, 즉 대륙법이 제정법을 중심으로 하는 반면에, 영미법은 판례법을 중심으로 하는 점에서 영미법을 코먼로, 또는 케이스로(case law)라고 한다. 비슷한 사건들의 판결이 축적되고 쌓이면서 일반적인 보통법 체계에서는 주요 법원(法源)으로서, 판례법이 법적인 구속력을 가지나 대륙법 체계에서는 그렇지 않다. 그러나 대륙법 체계에서도 '사실상(De facto)의 구속력'이 인정되고 있다. 다만, 오랜 기간 지속되어온 유사한 판결이 최근 들어 깨어지는 일이 더 빈번해지고 있는데 이것은 사회의 발전과 개방속도가 점점 더 빨라지고 구성원의 활동영역이 더 넓어졌기 때문이다.

(2) 코먼로의 역사

위에서 말한 첫째 의미의 코먼로의 역사를 간단히 살펴보자.

영국은 우리와 같은 단일민족의 나라가 아니라(물론 우리도 단일민족인지에 대해서도 의문이 있지만) 4천 년 역사를 갖지도 않는다. 지금 아일랜드나 스코틀랜드에서 흔히 보는 켈트인이 2500여 년 전인 기원전 6세기에 영국에 왔고, 1세기에는 로마제국의 속령이 되었다. 이어 5세기에는 지금 영국인의 주류를 형성한 앵글로 색슨(Anglo-Saxon)족의 조상인 게르만족에 속한 색슨족(Saxon)과 앵글족(Angle)이 왔다. Angle은 England의 어원이지만 그들이 영국인의 조상인 것도 아니다. 그 후 바이킹족 후손인 노르만(Norman)족이 프랑스에 세운 노르만디공국(Duché de Normandie)의 윌리엄이 11세기에 영국에 침략하여 윌리엄 1세(재위: 1066-87)가 되면서 노르만 왕조가 본격적으로 시작된다.

윌리엄 1세는 〈둠스데이 북〉(Domesday Book)이라는 세계에서 가장 오래된 토지 대장을 만든 것으로도 유명하다. 그만큼 중앙집권화에 노력했다는 것이다. 당시 왕은 국왕평의회(Curia Regis)의 전신이었던 고문들과의 회의로 정치를 했는데, 그 뒤 국왕평의회에서 의회와 법원이 분화되었다. 이어 그 넷째 아들인 헨리 1세(재위: 1100–36)가 왕의 수입을 관장하는 기구로 재무부와 상서부를 두었는데 후자는 에퀴티를 관할하는 대법관 법원(Court of Chancery)으로 발전했다. 코먼로를 운용한 국왕법원에서의 판결이 충분하지 못한 경우에 대처한 것이 대법관 법원에 의해 발전한 에퀴티였다.

헨리 1세의 손자인 헨리 2세는 코먼로의 아버지라고 한다. 당시 영국에는 공통된 법이 없어서 1166년 헨리 2세가 각지에 순회재판관을 파견하여 재판을 하게 했는데 여러 지역의 관습 중에서 가장 적절한 것으로 재판한 것에서 코먼로가 만들어진 것이었다. 그러나 순회재판은 느렸기 때문에 13세기에 현재의 의회가 있는 런던의 웨스트민스터(Westminster)에 법원을 세우고 국왕법원이라고 불렀다. 그것은 재무부에서 분화된 재무부법원(Court of Exchequer), 민사법원(Court of Common Pleas), 형사사건을 다루는 왕좌법원(Court of King's Bench)으로 구성되었고, 이는 1875년 고등법원(High Court of Justice)으로 통합되었다.

중세 초기까지 신의 이름으로 행해진 야만적 재판을 합리적인 방식으로 바꾼 것이 배심이었다. 노르만디에서 온 그것은 사실 확인을 위해 12명의 주민에게 증언하게 한 어사이즈로 둠스데이 북의 작성 시에도 사용되었는데, 이를 헨리 2세가 재판에 도입했다. 따라서 그는 코먼로와 함께 배심의 아버지라고 할 만하다.

헨리 2세의 손자인 헨리 3세(재위: 1216–72) 때에 법률가도 등장했는데 사무를 다루는 사무변호사와 변론을 담당하는 법정변호사가 처음부터 분화되었다. 이어 14세기부터 법정변호사가 법원의 감시하에 재판 실무를 담당하면서 재판관으로 선임되었고, 법조학원(Inns of Court)을 통해 법률가가 양성되었는데 그것은 지금도 법정변호사 양성 기관이다.

헨리 2세를 이은 왕은 사자심왕(Richard the lion Heart)이라는 별명으로 유명한 리차드 1세(재위: 1189–99)였다. 로빈 후드 전설이나 소설 〈아이반호〉

에 등장하는 그가 재위 기간 내내 십자군전쟁에 참전하다가 전사하자 헨리 2세의 막내 아들인 존 왕(재위: 1199–216)이 뒤를 이었는데, 그는 전설이나 소설 등에서 보듯이 나쁜 왕이었다. 1215년 6월 15일에 존 왕은 귀족들의 강요에 의하여 몇 가지 권리를 포기하고, 법적 절차를 존중하며, 왕의 의지가 법에 의해 제한될 수 있음을 인정하도록 요구한 마그나 카르타에 서명했다. 법의 적정절차를 규정한 그 25조는 지금까지도 현행법을 구성한다. 이 시기는 우리 역사에서는 고려 초기에 해당하는 것으로 당시의 법이 800년이 더 지난 지금도 현행법이라고 하니 놀라울 따름이다.

존 왕이 죽은 뒤 영국과 프랑스는 백년전쟁(1337–453)에 돌입하는데 그 전쟁 비용을 위한 증세의 필요로 인해 국왕평의회에서 분화한 의회가 탄생했다. 14세기에 귀족과 시민이 각각의 회의를 구성한 것이 상하원의 기원이 되었다.

(3) 에퀴티

재판의 목적은 분쟁의 해결인데, 판결이 타당한 것으로 받아들여지려면 그것이 자의적이지 않고 객관적이라고 판단되어야 한다. 대륙법계에서는 제정법에 근거하여 판결을 내리기 때문에 그렇게 판단될 가능성이 높지만, 판례법계의 경우에는 선 판결이 법이므로 그럴 가능성이 높지 못하다. 또 선례에 엄격하게 따르게 되면 유연성이 결여되어 타당한 구제가 이루어지지 못할 수도 있다. 위에서 보았듯이 코먼로를 운용한 국왕법원에서의 판결이 충분하지 못한 경우에 대처한 것이 대법관 법원에 의해 발전한 에퀴티였다.

에퀴티 법리의 대표적인 예는 신탁(trust)[2]이다. 신탁이란 신탁은행이라

2 신탁이라고 하는 개념은 정치적 의미도 갖는다. 영국 민주주의 이론의 선구자인 존 로크(1632~1704)는 자연상태를 전쟁상태로 본 홉스(1588~1679)와 달리 자연법하에서 사람들이 각자가 태어나면서 갖는 자연권을 보장받아 평화적으로 공존하는 상태라고 보고, 타자가 자신의 자연권을 침해하면 그 침해자를 처벌할 권리도 갖는다고 했다. 그러나 정치권력이 없는 자연상태에서는 자연권은 불완전하게 보장되므로 공동체를 만들고 그것에 처벌권을 위임하고, 그 권한이 정부에게 신탁되는 것에 의해 국가가 성립한다고 주장했다. 즉 국가 수립의 목적은 소유권의 보호에 있고, 이

는 이름에서 보듯이 우리나라에서도 낯익은 제도이다. 어떤 사람이 자신의 돈을 타인에게 맡겨 운용하도록 하여 이익을 보고자 하는 경우, 그 사람은 위탁자가 되고 수탁자인 신탁은행에 그 운용을 맡기는 것이 신탁이다.

영국에서 대법관 법원이 취급한 신탁의 하나는 미성년자의 토지보유권을 지키기 위해 설정된 것이었다. 영국에서는 토지보유에 관하여 미성년자가 토지를 상속한 경우, 영주가 미성년자의 후견인이 되고, 그 토지를 상속인이 성년에 이를 때까지 사용하여 수익할 수 있다는 후견권이라는 봉건적 제도가 있어서 미성년자에게 토지를 상속하는 것이 쉽지 않았다. 그래서 토지보유자(신탁설정자)가, 미성년자인 상속인(수익자)이 성인이 될 때까지는 토지에서 수익을 주고, 성인이 된 뒤에는 토지의 부동산권을 양도한다는 약속하에 부동산권을 친구 등(수익자)에게 양도한다는 방식이 이용되었다.

그런데 수익자가 약속을 지키지 않고 수익을 뺏는 사태가 발생하면, 코먼로는 수익자에 대해 약속을 지키도록 강요할 수 없었다. 코먼로는 토지보유자가 그 토지로부터 자유롭게 수익을 올리는 것을 방해해서는 안 되고, 수익자에게 약속을 지키게 할 소송개시영장이 없었기 때문이었다. 여기서 신탁설정자의 요구에 응해 대법관 법원이 구제를 하게 되지만, 대법관은 약속을 어긴 배신적인 수탁자의 코먼로상 권리를 부정할 수는 없었다. 그 경우 대법관은 배신적인 수탁자에 대해 양심에 따라 행동하도록, 즉 토지에 대한 권리를 행사하는 것을 금하는 중지명령을 내렸다. 또 대법관은 배신적인 수탁자가 코먼로 법원에 소를 제기하는 것을 금지하고, 그 권리가 코먼로에서 인정되었다고 해도 판결의 집행을 구하는 것을 금지할 수 있었다. 그리고 만일 피고가 이러한 명령에 위반한 경우, 대법관은 피고를 법정모욕죄를 범했다고 하는 이유에서 구속하고 구금할 수도 있었다.

이에 대해 코먼로 법원은 인신보호영장(habeas corpus)에 의해 그 구속을 불법이라는 이유에서 피고를 석방하고자 했다. 그리고 대법관 측이 이에 불응하면 구금자를 법정모욕죄라고 하였다. 그래서 두 법원 사이에 관

를 위해 권력을 통치자에게 신탁했다는 것이다. 따라서 입법자가 인민의 소유를 뺏고 파괴하면 신탁 위반에 의해 권력을 몰수할 수 있다고 보았다.

할권 분쟁이 생겨났다.

이러한 분쟁은 17세기 초엽에 당시 국왕인 제임스 1세(재위: 1603－25)에 의해 에퀴티가 우선한다는 결정이 내려져 해결되었다. 그 배경에는 에드워드 코크(Edward Coke, 1552~1634)를 비롯한 코먼로 법률가들이 코먼로를 잘 모르는 전제적 국왕이 재판에 간섭해서는 안 된다고 비판한 반면, 국왕에 가까운 대법관에게 국왕이 더 호의적이었다는 점이 있었다. 17세기 후반에는 크롬웰(1599~1658)이 국왕 찰스 1세를 처형하면서 국왕에게 가까웠던 대법관 법원도 폐지하기도 했으나, 17세기 말 이후에는 코먼로와 에퀴티가 서로 협조하여 공존하는 관계가 되었다.

(4) 의회주권

우리 헌법에서는 헌법재판소가 법률 등에 대한 위헌심사권을 갖기 때문에 법률을 제정하는 국회의 권한은 법적으로 제한된다. 반면 영국에는 의회에 대한 제한이 없다(EU법에 의한 것을 제외). 따라서 법률 제정의 형식적 절차를 지킨다면 그 내용이 어떤 것이라도 법률은 유효하다. 이를 의회주권이라고 한다.

'국민주권', '인민주권'이라는 말 대신에 영국에서만 의회주권이라고 하는 것은 영국 의회의 역사와 관련된다. 영국에서는 왕권에 대항하여 자유를 쟁취하는 오랜 투쟁을 언제나 의회가 주도하였다. 최초의 헌법인 1215년의 마그나 카르타(대헌장)를 비롯하여 권리청원·인신보호령·권리장전 등의 모든 헌법의 기본문서는 국왕에 대한 의회의 승리의 결과였다. 즉 국민의 힘이 아니라 의회의 힘으로 절대주의를 밀어내고 자유주의를 실현함으로써 국왕은 군림하지만 실질적인 통치권은 갖지 못하게 되었다.

이를 영국의 헌법학자 A. V. 다이시(1835~1922)는 『헌법연구서설』(1885)에서 "영국의회는 남자를 여자로, 여자를 남자로 만드는 것 외에는 무엇이든 다 할 수 있다"라고까지 표현하였다. 그러나 이 말이 의회만능주의를 의미하는 것은 아니다. 의회가 국왕을 맞아들인 명예혁명 후에는 국왕·상원·하원의 3자로 구성되는 의회가 최고 권력을 가진다는 뜻의 의회주권론이 J. 로크에 의하여 확립되었다. 그 후 오늘에 이르기까지 영국의 의회주권은 이 3요소로 구성되는 의회의 최고 권력을 의미한다.

그러나 1973년 영국이 유럽공동체(EC)에 가입하면서 EC조약이 국내법이 된 뒤 EC법, 그리고 EU법이 국내법에 우선하게 되었다. 이어 1998년에 인권법이 제정되어 유럽인권조약의 인권 규정이 영국 법원에서도 적용되었다. 이는 의회주권의 제한을 뜻했다. 그러나 최근의 EU이탈을 둘러싼 브랙시트(Blexit) 재판에서는 전통적인 의회주권이 확인되었다.

브랙시트란 브리턴(Britain)에 출구(Exit)를 더한 말로서 영국이 EU에서 나오는 것을 뜻한다. 2019년 3월 29일에 영국은 EU를 이탈할 것으로 예정되었으나 이탈은 미루어졌다. 이는 그것을 결정한 2016년 6월 23일의 국민투표의 결과(찬성 51.9%, 반대 48.1%)가 나온 뒤부터 예상된 것이었다. 그 투표 결과는 정치적으로 존중되어야 하지만 법적인 의미는 갖지 않는 것이었으나 투표 이후 그 결과에 따라 브랙시트가 추진되어 왔다.

EU 이탈의 절차에 대한 소송에서 대법원은 2017년 1월 24일에 EU 이탈은 영국의 헌법에서 확립된 룰(constitutional arrangements)에 근본적인 변화를 초래하는 것이고, 영국 헌법은 대권에 의해 이러한 변화를 초래하는 것을 허용하지 않으며, 그렇게 하기 위해서는 의회의 사전 승인이 필요하다고 판결했다. 정부는 이 판결에 따라 의회에 EU 이탈 통지법안을 제출하고, 같은 해 3월 29일에 EU에 이탈을 통지했다. 영국은 2020년 1월 31일에 EU에서 탈퇴했다.

(5) 법의 지배

'법의 지배'는 법이 국가의 행정, 입법, 사법 등의 모든 권력보다 상위에 존재하기 때문에, 모든 국가 권력이 법에 복종하여야 한다는 원칙이다. 법의 지배의 원리 하에서 법은 정의, 도덕 이성 및 합리성 등 법이 실질적으로 갖추어야 할 요건을 갖춘 법을 뜻한다. 형식적으로 법의 외형을 가지고 있더라도, 내용이 독단적이거나 자의적인 경우는 '힘의 지배'가 아니라고 본다.

'법의 지배' 원리는 입법, 사법, 행정 등 모든 권력행위를 구속할 수 있으나, 대륙의 '법치주의'는 원칙적으로 행정부만 구속할 수 있으며, '법의 지배' 원리가 실질적 내용이 정의, 도덕, 이성 및 합리성을 갖출 것을 요구하는 것과는 달리, 형식적인 내용만 갖추면 된다. 가장 실질적인 차이점은 행정부의 위법행위 판단을 사법부가 하는 것과는 달리 행정부의 위법행위 판단을 행정부 내에서 한다는 것이다.

다만 현대에는 법치주의가 '형식적 법치주의'에서 '실질적 법치주의'로 발전하여 둘 사이에 큰 차이는 없어졌다. 현대의 법치주의는 법이 단지 형식적인 내용만 갖추는 것을 요구하지 않으며, 정의와 이성을 강력히 요구한다. 또한 대한민국만 보더라도 대통령의 탄핵은 헌법재판소가 사법적으로 최종 심판한다.

(6) 내각책임제

영국은 연방제 국가가 아니라 단일제 국가이다. 영국법에서는 국왕, 중앙정부 및 지방자치체 등이 기본적으로 사인과 마찬가지로 코먼로 법리에 따르기 때문에 대륙법에서 말하는 공법은 존재하지 않는다. 또 영국은 지방자치가 발달한 탓에 지금도 지방적 특색이 각 지방에 남아 있다.

영국의 정치에서 발달한 의원내각제의 근본인 의회의 책임성을 원칙으로 상징하는 정체를 책임정부(Responsible government)라고 한다. 영국은 입헌군주제에 입각한 의원내각제 국가이다. 종래 영국 헌법은 의원내각제의 전형으로 우리나라에 소개되었으나, 제2공화국 헌법을 제외하고 의원내각제가 우리나라에 도입된 예는 없다. 제2공화국 헌법상의 의원내각제가 영국형의 순수한 의원내각제를 지향했다고 하지만, 도리어 대통령제에 가깝다고 할 수 있는 측면이 많아서 우리나라 헌법사는 대통령제로 일관했다고 해도 과언이 아니다.

영국의 의원내각제는 독일 등의 의원내각제와 달리 입헌군주제에 입각한 의원내각제이다. 영국의 국가원수는 국왕이지만 국왕은 직접 통치하지는 않고 그가 임명하는 수상과 내각이 행정부를 구성한다. 행정부의 존립 근거는 하원의 신임이고, 이 신임권에 대응하는 행정부의 권한이 의회해산권이다. 하원에 대응하는 상원[3]이 하원과 함께 의회를 구성한다.

영국의 헌법은 불문헌법이다. 영국에는 헌법이 있을 수도 있고 없을 수도 있다고 한다. 성문헌법은 없지만 불문헌법이 있기 때문이다. 그러나 이 점은 영국헌법의 본질과는 관련이 없는 형식적인 측면의 논의에 불과하다. 우리 헌법전과 같은 헌법은 영국에 없지만, 실질적으로 국가권력을 통제하는 규범인 '헌법'이라고 볼 수 있는 여러 원칙이나 룰은 분명히 존재한다. 따라서 영국에도 당연히 '헌법'이 있다고 보아야 한다. 즉 성문헌법이 없어도 민주적 정치체제에 의해 국민의 의사가 제대로 반영되는 통치가 가능함을 영국은 보여준다.

성문헌법의 부재와 함께 법원에 의한 규범 통제의 부재도 영국 헌정제도의 중요한 특징이었지만, 최근 영국이 유럽연합에 가입하면서 많은 변화를 겪었다. 가령 〈유럽인권조약〉을 국내법으로 계수한 1998년 〈인권법〉 제정으로 〈유럽인권조약〉상의 인권을 침해하는 입법행위는 법원에 의해 기본권 불합치 결정을 받게 되었고, 의회는 사실상 개정할 의무를 지게 되었다.

이처럼 1998년 〈인권법〉 제정을 통하여 입법권과 행정권에 대한 사법적 통제를 강화한 것 외에도, 세습귀족의 폐지를 골자로 한 상원의 개혁에서부터 민족 단위로 독립의회를 구성하여 지방자치의 개념을 뛰어넘는 자치권을 부여하며, 국민투표나 주민투표를 통한 직접민주주의의 강화까지 기존의 헌정구도를 전면적으로 개혁하고자 했다. 그러한 노력의 일환으로 2005년 〈헌법개혁법〉을 제정하고 이에 따라 2009년에는 귀족원의 최고법원 시대를 끝내고 독자적인 대법원시대를 열었다.

3 상원을 귀족원이라고 번역하기도 하지만, 1958년부터 전문가들이 상원의원 자리를 임명받기 시작했다. 1999년에는 상속의원들의 수를 92명으로 제한하고 2001년에 상원의원을 선출하는 위원회를 구성했으며, 그 때문에 남은 의원들은 저명한 정치인, 과학자, 예술가, 사회과학자 등 각 분야의 전문가들이 대부분을 차지하게 되었으므로 지금은 귀족원이라고 부르기 힘들다.

4. 영국의 법원

(1) 영국의 중요 법원

영국의 중요한 법원으로는, 2009년에 출발한 대법원(Supreme Court of United Kingdom), 항소법원(Court of Appeal), 형사법원(Crown Court), 고등법원(High Court of Justice), 치안판사법원(Magistrates' Court), 카운티법원(County Court), 그리고 2014년에 신설된 가정법원(Family Court) 등이 있다. 이러한 영국의 법원들은 대체로 대법원이 우리의 대법원, 항소법원이 우리의 고등법원, 형사법원과 고등법원이 우리의 지방법원, 가정법원이 우리의 가정법원에 해당하지만 반드시 일치한다고 볼 수는 없다.

(2) 형사사건

(a) 치안판사법원

먼저 형사사건은 형사법원과 치안판사법원에서 다룬다. 약식기소범죄(summary offences)라고 불리는 경미한 범죄는 치안판사법원에서 취급한다. 또 중간 정도의 범죄의 경우, 피고인은 형사법원이나 치안판사법원을 선택할 수 있으나, 대부분 치안판사법원을 선택한다. 쓰레기 투기, 다수의 교통범죄, 음주에 의한 경죄 등의 경미한 범죄, 그리고 피고인이 선택하는 경우의 절도, 약물범죄 등은 치안판사법원에서 취급한다. 경미한 민사사건의 일부, 소득세 등의 연체도 취급한다.

이러한 사건들에 대해서는 최대 6개월(복수 범죄인 경우는 12개월)의 구금이나 5파운드(1파운드를 1,500원으로 계산하면 약 750만 원) 정도의 벌금이 부과된다. 개별 사건의 규모는 크지 않으나, 치안판사법원은 전국에 236개소가 있고(2017년) 전체의 80% 이상(2015-6년에는 약 117만 건)의 형사사건을 취급하여 영국 법질서의 기본을 형성한다.

또 약 1만 8천 명의 일반 시민(2017년)이 치안판사로 근무한다. 특히 법률문제에 관하여 자격 취득 이후 5년이 지난 법정변호사나 사무변호사인 치안판사 보좌관의 조건을 받는다. 이러한 일반 재판관 제도는 법과 시민 사이의 관계를 유지한다는 관점에서도 정당화된다. 즉 법을 시민이 이해할 수 있는 것이어야 하고, 법이 전문가에게 맡겨지면 신비화되어 시민이 생각가하는 정의와 멀어진다는 문제점을 해결하기 위해 그 제도는 유지되어야 한다고 주장된다. 이는 뒤에서 보는 배심원 제도의 취지와도 맞닿아 있다.

(b) 형사법원

형사법원은 모살, 강간, 강도 등의 중대한 범죄와, 피고인이 형사법원을 선택한 경우의 중간 정도 범죄를 취급한다. 전국을 런던, 브리스톨, 버밍엄, 맨체스터, 카디프, 리즈를 중심으로 한 6개 지역으로 나누고 전체 76개의 형사법원 개정소가 배치되어 있다. 여기에서 배심 심리가 열린다. 형사법원 중에서 가장 유명한 개정소가 런던에 있는 올드베일리(Old Bailey)로서 살인, 사기, 테러 등 중대한 사건을 배심으로 취급하므로 영국 형사사법의 상징과 같은 곳이다.

2015-6년에 형사법원 전체에서 8만 6천 건의 사건을 취급했는데, 유죄결정이나 양형에 관한 치안판사법원으로부터의 상소도 취급한다. 또 치안판사의 권한을 넘는 형벌이 부과되는 경우, 치안판사법원으로부터 형의 선고를 위임받기도 한다. 그 위임 건수는 2013년에 약 3만 5천 건이었다.

(3) 민사사건

(a) 카운티법원

민사사건은 규모에 따라 카운티법원이나 고등법원으로 그 관할이 나누어진다. 교통사고 등의 신체상해(personal injury)는 5만 파운드(약 7,500만 원), 그 밖에는 10만 파운드(약 1억 5천만 원)까지의 청구는 카운티법원에서 취급한다. 에퀴티 분야인 신탁 등에 대해서는 35만 파운드(약 5억 2,500만 원)까지 카운티법원에서 취급한다.

카운티법원은 전국에 172개 지부가 있고(2017년), 2016년 4월에서 6월까지 약 40만 건을 다루었으나, 피고가 원고의 주장을 인정하는 등 심리까지 나아간 것은 2013년에 4% 이하였다. 또 1990년대의 울프 개혁에 의해 소액 소송의 신속한 해결이 가능하게 되었다.

(b) 고등법원

High Court를 보통 고등법원으로 번역하지만, 우리나라의 고등법원과 혼동되어서는 안 된다. 영국의 고등법원은 중요한 민사사건의 1심 재판을 담당할 뿐 아니라, 경미한 민·형사 사건의 항소심 재판까지 담당하기 때문이다. 고등법원은 담당 사건의 종류에 따라 대법관부(Chancery Division), 가사부(Family Division), 여왕좌부(Queen's Bench Division)로 나누어지고, 보통 1명의 법관으로 구성되는 단독재판부에서 재판한다.

여왕좌부는 일반적인 민사소송을 취급하지만 대부분 계약이나 불법행위에 관한 것이다. 신체상해에 대해 5만 파운드 이상, 기타에 대해 10만 파운드 이상의 청구가 있으면 먼저 여왕좌부에서 취급한다. 여왕좌부는 항소법원과 함께 런던의 중앙법원시설(Royal Courts of Justice) 내에 있고, 런던 외에 25개 도시에서도 개설되어 있다. 2015년에는 여왕좌부 전체에서 13,000건의 소송절차가 개시되었다. 이는 1991년의 11만 건의 소송절차가 대폭 준 것으로 고등법원의 부담을 카운티법원에 이송한 결과였다. 또 여왕좌부에서는 보통 단독의 재판관이 담당하지만, 2인이나 3인의 재판관으로 구성되는 합의법정(Divisional Court)4이 설치되어 행정 결정 등에 대한 심사도 하게 되었다. 이민과 난민의 신청이 증가함에 따라 2007-12년 사이에 87%나 증가했다. 또 치안판사법원의 약식 형사재판에서 유죄 판결을 받은 피고인의 항소 사건을 다루고 있다. 또 명예훼손 등에 대한 민사 배심 심리도 여왕좌부에서 담당한다.

고등법원에는 에퀴티 재판을 인계한 대법관부도 있다. 단 전형적인 에퀴티 법원의 사례인 신탁관계 소송 외에도 저작권, 특허와 같은 지적 재산권, 토지 매매, 비즈니스, 산업관계, 사망자의 부동산 관리, 채무초과 등에

4 잉글랜드에서 고등법원(High Court)의 2명 이상의 재판관(통상 3명)으로 구성되는 법원을 말한다.

관한 소송 등을 광범위하게 취급한다. 대법관부도 중앙법원시설 내에 있는 것이 중심이고, 지방에도 8개소가 개설되어 있다. 2015년에는 대법관부 전체에서 7,850건의 청구와 절차가 게시되었으나, 그중 심리가 진행된 것은 182건에 불과했다. 대법관부에도 합의법정이 있고 카운티법원으로부터의 상소를 취급하지만 극소수이다.

(c) 가정법원

가정관계 소송은 2014년까지 고등법원, 카운티법원, 치안판사법원에서 분담했지만 2014년 4월에 가정법원이 신설되어, 국제적 소송이나 후견 문제가 고등법원 가사부에서 다루어지는 사건을 제외하고는 모두 가정법원에서 다루게 되었다. 또 가정법원으로부터의 상소는 고등법원 가사부의 합의법정에서 다루어진다.

영국의 가정 관계 소송이 한국의 그것과 특히 다른 점은 이혼소송에서 쌍방의 동의에 의한 합의이혼이 인정되지 않고, 두 사람의 관계가 회복될 수 없음을 증명하고 법원의 판결이 이를 인정할 것이 요구된다. 구체적으로는 부정행위, 동거를 불가능하게 하는 사정, 5년 이상의 별거 등을 증명할 필요가 있고, 양자가 이혼에 동의하는 경우에도 이혼을 위해서는 2년 이상의 별거가 요구된다. 이혼소송은 상당히 많아서 3개월간 3만 건에 이르기도 했다.

(4) 항소법원

고등법원과 마찬가지로 런던 중앙법원시설 내에 있는 항소법원은 민사사건에 관한 항소법원인 민사부(Civil Division)와 형사사건에 관한 항소법원인 형사부(Criminal Division)로 나누어진다. 형사부는 형사법원의 1심 형사판결에 대한 피고인의 유죄 인정 또는 양형 부문에 관한 항소사건을 취급하고, 민사부는 고등법원, 구역법원, 기타 특수법원의 1심 민사 판결에 대한 항소사건을 취급하는데, 모든 사건은 항소허가를 받아야 하며, 보통 3명의 법관으로 구성되는 합의재판부에서 재판이 이루어진다.

(5) 대법원

영국 정부는 2003년 상원의 사법적 기능을 폐지하고 새로운 대법원을 신설한다고 발표한 뒤 2005년 〈헌법개혁법〉(Constitutional Reform Act)에 의해 2009년 10월 1일, 대법원을 신설했다. 이는 〈유럽인권조약〉 6조에서 판사는 독립되어야 하고 독립된 것으로 보여야 한다는 규정과 관련하여, 기존의 상원 상임 법관(Lords of Appeal in Ordinary or Law Lords)이 상원 의원이었던 점이 입법부로부터 독립적이지 않다고 보일 수 있었기 때문에 내려진 조치였다. 기존의 상원 상임 법관 12명이 신설된 대법원의 대법관(Justice of the Supreme Court)이 되었다. 대법원은 영국의 최고법원으로서 민사의 경우에는 잉글랜드, 웨일스, 북아일랜드, 스코틀랜드의 최종심이고, 형사의 경우 스코틀랜드를 제외한 나머지 지역의 최종심이다. 그러나 미국의 연방대법원이나 유럽의 헌법재판소와 같은 위헌법률심사권은 없다.

5. 영국의 법률가 제도

(1) 법정변호사와 사무변호사

앞에서 보았듯이 영국에는 법정변호사와 사무변호사가 있다. 법정변호사는 13세기, 사무변호사는 19세기 영국에서 형성되기 시작했다. 머리에 가발을 덮어쓰고 가운을 입는 변호사가 법정변호사이다. 법정변호사는 상급법원을 포함한 영국의 모든 법원에서 변론과 변호를 할 수 있다. 그는 다음 4개의 법조학원, 즉 Middle Temple, Inner Temple, Lincoln's Inn, Gray's Inn 중 어느 것에 속해야 한다. 중앙법원시설에 위치한 그 넷은 모두 법정변호사의 자치조직으로 선거로 뽑힌 평의원에 의해 운영된다. 2014년 시점에서 실무에 종사하는 법정변호사는 1만 7천 명 정도이다.

법정변호사가 되려면 치열한 경쟁을 뚫어야 하며 법학사 학위(법학사 취득 시 1차 시험인 CPE: Common Professional Examination을 면제받는다), 법정변호사 전문 교육 과정(Bar Professional Tarining Course) 및 견습 과정(pupillage)

을 최고의 실력으로 마쳐야 한다. 성공한 정상급 고참 법정변호사는 독립 위원회에 신청하여 '왕립자문변호인단'(Queen's Counsel, QC)에 임명될 수 있는데, 이들은 변론 우수성을 인정받는다. 실크(silk)라고도 하는 QC는 실제로 1,500명 미만이다.

영국에서는 법적 업무를 의뢰하고자 하는 경우에 먼저 사무변호사를 찾아가야 한다. 그 업무는 유언 작성, 토지나 가옥의 매매, 이혼문제와 같은 일상 문제에 한정되지 않고, 소송 제기, 계약서 작성 등의 비즈니스 업무, 고용문제, 이민 신청 절차, 영업허가 취소, 지적 재산권 문제 등 더욱 다양하다. 그래서 최근 그중 하나나 둘을 전문으로 하는 사무변호사도 생기고 있고, 수백 명의 사무변호사를 고용하는 회사도 생기고 있다.

사무변호사는 위의 상담 후에 법원에 가서 의뢰인을 위해 변론하는 변호사로서도 활동한다. 특히 치안판사법원과 카운티법원에서 주로 활동한다. 또 자격을 갖추면 형사법원이나 고등법원과 같은 상급법원에서도 변론할 수 있다. 그러나 전통적으로는 상급법원의 경우에 사무변호사는 법정변호사의 보조 역할을 해 왔다. 이는 의뢰인을 직접 접촉하는 자가 사무변호사에 한정되었기 때문이었다(2004년 이후에는 법정변호사도 접촉이 가능해졌지만 혼자서 민사소송을 개시할 수는 없다).

사무변호사가 되려면 3년제 법학부를 마치고 법학사 학위를 얻고 1년간(법정변호사는 2년간) 법실무 과정(legal practice course)을 거쳐야 한다. 그것은 과제, 실천적 기술, 필기시험을 포함하고, 회계학, 법정변론, 교섭술 등 폭넓은 공부를 해야 한다. 그 뒤 사무변호사 사무실과 훈련계약을 맺고 2년간 실무수습을 받아야 한다. 2014년 8월 현재, 영국의 사무변호사는 약 13만 명이다.

(2) 영국의 재판관 제도

영국의 재판관 제도를 법조일원제도라고 한다. 법조일원제도란 재판관을 임용하는 경우에 변호사 등, 재판관 이외의 법률가로부터 임명하는 것을 원칙으로 하는 제도를 말한다. 미국과 함께 영국의 재판관 임용제도는 법조일원제도의 전형이지만, 미국과 달리 상급법원의 재판관은 법정변호사에서 임명된다. 법조일원제도에 반대되는 것이 한국의 관료재판관제도이다.

한국에서는 법원조직법에 의해 대법원장과 대법관의 임기가 6년이고 판사의 임기는 10년이며, 대법원장은 중임할 수 없으나, 대법관과 판사는 연임할 수 있다고 규정한다. 여기서 판사의 연임은 임명권자의 자유재량이라는 견해도 가능하지만, 이를 재판관의 독립을 침해하는 것이라고 보는 견해도 있는데 이는 영국 재판관의 종신제를 입법례로 삼는다.

6. 영국의 배심제

한국에서는 「국민의 형사재판 참여에 관한 법률」에 의해 2008년 1월 1일부터 국민참여재판제도를 시행하고 있다. 이 법에 의하면 살인, 강도, 강간 등 강력범죄와 뇌물죄 등 일정 범위의 부패범죄 및 합의부 관할사건 중 대법원 규칙이 정하는 사건 등의 중한 사건에 한정하여, 배심원은 사실의 인정은 물론이고 법령의 적용 및 형의 양정에 관한 의견을 제시할 권한이 있으나, 배심원단의 평결과 의견은 법원을 기속하지 아니하고 권고적 효력만이 인정된다.

반면 영국의 배심제는 일반시민으로 구성된 배심원단이 직업법관과 독립하여 형사사건에서는 유·무죄의 판단 등 사실문제에 대한 평결을 내리고, 법관이 그 사실판단에 대한 평결결과에 구속되어 양형 재판하는 제도를 말한다. 영국에서는 약식기소로 충분한 사건(summary offences, 쓰레기 투기, 교통범죄의 대부분, 음주에 의한 경범죄 등)이나 중간범죄(절도, 약물범죄 등)로 피고인이 선택하지 않은 경우에는 배심이 적용되지 않아 재판관 자신이 판단한다. 따라서 한국에서보다도 영국에서는 배심제로 재판하는 사건의 범위가 훨씬 넓다.

뿐만 아니라 앞에서 보았듯이 배심이 아니라 재판관이 판단하는 사건을 담당하는 치안판사의 대부분이 일반 시민이므로 시민이 재판에 참여하는 정도는 한국에서보다도 그 폭이 훨씬 넓다.

옮긴이 일러두기

1. 이 책은 본래 영국에서 법률 전문가가 아니라 일반 독자들을 위해 쓰인 책이지만, 법체계가 근본적으로 다른 한국에서는 학생을 포함한 일반 독자들은 물론 법률 전문가들에게도 이해하기 어려운 용어들이 다수 포함되어 있다. 따라서 기본적으로 한국의 대학에서 강의하면서 학생들에게 설명하는 수준으로 번역하고자 했다.
2. 상당히 길게 이어지는 경향이 있는 원저의 문단을 편의상 짧게 끊기도 한 것도 학생들이 이 책을 좀 더 쉽게 읽도록 하기 위한 배려다.
3. 책은 『 』, 법률명은 〈 〉로 표시했다. 한국에서 법률명을 붙여 쓰는 것과 달리 이 책에서는 띄어 썼다.
4. 본문에서 이탤릭체로 강조된 부분은 짙게 표시했다.
5. 주는 '원주'라고 표시된 것 외에 모두 옮긴이가 붙인 것이고, 그 수준은 옮긴이가 학부에서 강의를 하며 판단한 학생들의 수준에 맞춘 것이므로 전문가들에게는 불필요한 것일 수도 있다.
6. 원저에는 방대한 색인이 붙어 있으나 번역서에서는 기본적인 것으로 축소했다.

차 례

CHAPTER 01.

제정법과 코먼로

1. 법과 법률 3

2. 제정법과 코먼로의 관계 5

3. 선례의 구속력 10

4. 판결 이유와 방론 13

5. 재판관은 어느 정도까지 법을 만드는가? 15

6. 판례법의 장점과 단점 20

7. 코먼로의 다른 원천 24

8. 위임입법권 25

CHAPTER 02.

코먼로와 형평법

1. 형평법과 도덕 29

2. 법과 형평법의 관계 30

3. 역사 31

4. 현대 형평법의 주된 영역 42

5. 법원조직법의 효과 49

CHAPTER 03.

영국법의 기타 체계

1. 교회법원 57

2. 검인과 유산관리 58

3. 혼인과 이혼 61

4. 해사 62

5. 현대의 법원 64

CHAPTER 04.

인과 인적 관계

1. 태아 67

2. 미성년자 68

3. 부모와 후견인 73

4. 적출 76

5. 입양 77

6. 기혼 여성 78

7. 혼인과 이혼 83

8. 정신이상 88

9. 국왕과 그 피용인 90

10. 국적과 주소 91

11. 법인 94

12. 사단과 시설 98

13. 대리와 조합 100

14. 적성(enemy status) 103

CHAPTER 05.

재 산

1. 재산의 개념 107

2. 소유권과 점유 109

3. 물적 동산과 인적 동산 112

4. 토지보유조건 114

5. 점유를 수반하는 부동산권 116

6. 장래부동산권 118

7. 공유 120

8. 토지에 관한 기타의 권리 121

9. 토지에 관한 인적 재산권 123

10. 재산법 127

11. 토지의 양도 129

12. 계승적 부동산 처분 132

13. 토지의 양도저당 139

14. 동산 143

15. 개인적 무체재산(intangible personal property) 144

16. 신탁 146

17. 동산의 양도저당과 동산질 151

18. 유치권 152

19. 강제집행 및 파산 153

20. 유언 155

21. 무유언 상속 159

22. 유언집행자와 유산관리인 162

CHAPTER 06.

계 약

1. 법률행위 167
2. 양도와 계약 168
3. 요식계약 170
4. 약인 171
5. 청약과 승낙 172
6. 서면계약 174
7. 착오 176
8. 부실표시와 사기 178
9. 위법성 180
10. 계약상 권리 의무의 한계와 확대 182
11. 유통증권 184
12. 계약 위반 185
13. 계약상 권리 의무의 종료 188

CHAPTER 07.

불법행위

1. 불법행위에 대한 책임 193
2. 책임의 일반 조건 194
3. 책임의 소멸 202
4. 특수 불법행위 205

CHAPTER 08.

범 죄

1. 형사법의 법원 221
2. 민사법과 형사법의 비교 222
3. 범죄의 분류 224
4. 일반 법리 226
5. 대역죄 229
6. 반정부 선동 231
7. 공공질서 범죄 231
8. 문서비방, 선동 및 왜설 233
9. 살인 236
10. 재산 범죄 240

APPENDIX

더 읽기

1. 법이론 247
2. 법과 그 역사 248
3. 형평법과 신탁 248
4. 가족법 249
5. 재산법 250
6. 계약 250
7. 불법행위법 251
8. 형사법 252
9. 법원 253
10. 헌법과 행정법 253

찾아보기 255

01
CHAPTER

제정법과 코먼로

1
제정법과 고먼로

1. 법과 법률

우리는 보통 법과 법률,[1] 영국의 법이나 영국의 법률이라는 말을 사용한다. 우리는 이런 말들을 엄밀하게 사용하지 않지만, 법학(legal science)에 접근하는 경우, 이는 각각 두 가지의 상이한 측면을 가리킨다. 어떤 나라의 법률이란 각각 다른 개별의 규칙[2]으로 생각되지만, 법이란 그것을 아무리 개별적인 규칙으로 분석하고자 해도 그런 규칙의 단순한 집합 이상의 것이다. 도리어 그것은 우리의 행동을 규제하는 하나의 통일적 전체이고, 하나의 체계이다. 그 속에서 개별 규칙은 각각의 지위를 차지하고, 서로의 관계, 그리고 전체에 대한 관계를 갖는다. 그것은 아무리 철저히 분석되어도, 또 우리가 전체를 이해하기 위해 아무리 더 많은 분석이 필요하다고 해도, 결코 완벽하게 분석될 수 없다. 따라서 우리가 하나의 법률이라고 부르는 각각의 규칙은, 우리가 법이라고 부르는 전체의 일부이다. 법률가는 일반적으로 **법**에 대해 말하며, 비법률가는 **법률**에 대해 더욱 자주 말한다.

이러한 법과 법률의 구별이 더욱 정확하게 사용되는 경우가 있다. 어

1 보통 a law나 laws라고 하는 경우에는 구체적인 제정법이나 판례법을 의미하지만 law를 관사 없이 사용하거나 단수로 사용하는 경우 법 일반이나 자연법 또는 추상적 규범을 의미하고, the law라고 하는 경우에는 법 전체나 법체계를 의미하지만, 반드시 이처럼 엄격하게 사용되지는 않는다.

2 규칙(rule)은 원칙(principle)이나 이론(doctrine)이나 목적(policy) 등과 달리 더욱 구체적이고 각각의 법률문제 해결에 직접 도움이 되는 규범이나 준칙 또는 규준, 나아가 구체적인 법규나 규정을 말한다.

떤 법률들은 처음부터 개별의 독립적 존재로 우리에게 제시된다. 즉 그것은 분석이나 전개라는 과정에 의해 전체로서의 법에서 나오는 것이 아니다. 우리는 그것들을 언제 누가 만드는지 알지만, 만들어질 때 그것은 각각의 지위를 법체계 속에 차지해야 하고, 따라서 **법**의 일부가 된다. 영국에서 그러한 법률은 대부분 의회제정법(Acts of Parliament)[3]이라고 하지만, 법률가들은 일반적으로 제정법률(Statutes), 또는 그 전체를 제정법(Statute Law)[4]이라고 한다.

한편 형평법(Equity)[5] 규칙을 잠시 제외하면, 제정법이 아닌 법의 거대한 일부를 코먼로(Common Law)[6]라고 한다. 코먼로는 만들어지는 것이 아니라 태어나는 것이다. 우리는 코먼로가 시작된 명백한 시기를 말할 수 없다. 판결집을 소급하여 조사해 보는 한, 재판관은 모두, 어떤 입법자에 의해서도 만들어지지 않은 코먼로라는 것이 거기에 존재한다고 가정하고 있음을 알 수 있다. 우리가 개별 법률이라고 말하는 경우에는 보통 제정법률을 뜻하고, 법이라고 말하는 경우에는 제정법과 코먼로를 포함하는 법체계, 그중에서도 제정법보다도 코먼로를 말한다. 코먼로의 규칙을 법률이라고 하는 경우는 있을 수 있지만, 이는 지극히 예외적이다.

이처럼 체계로서의 법과 제정된 것으로서의 법을 구별함은, 상이한 단

3 의회제정법이란 잉글랜드의 의회인 상하원이 각각 과반수 찬성으로 가결하고 국왕의 재가를 얻어 제정되는 법률을 말한다. 비슷한 말로 Parliament Acts가 있는데 이는 의회법을 말한다. 1911년과 1949년의 Parliament Acts에 의해 상원의 가결을 필요로 하지 않는 예외가 인정되었다.

4 Statute 또는 statute law는 제정법, 의회제정법, 법률을 말한다. 즉 입법부가 제정한 성문법 각각, 또는 일정한 체계를 갖춘 법률의 전체를 말한다. written law(성문법)라고도 한다.

5 형평법은 형평이나 공평이라는 뜻을 갖지만, 법률용어로는 코먼로와 함께 영미법의 역사적 연원의 하나이다.

6 코먼로(Common law)는 보통 판례법을 말하지만 엄밀하게는 중세 12세기 이래 국왕의 코먼로 법원(common law court)이 발전시킨 법의 분야를 말한다. 노르만의 정복으로 성립된 노르만 왕조하에서 통치에 사용된 전통적인 잉글랜드의 관습을 존중한다는 의미에서 영국 전체에 관한 사항에 대해 '영국의 일반적 관습'(general custom of realm)을 적용하는 것으로 점차 형성되었다. 이를 종래 보통법이라고 번역하기도 했으나 이는 독일법의 보통법(gemeines Recht)과 혼동될 우려가 있으므로 최근에는 코먼로라고 표기한다. 코먼로는 독일법 등의 유럽의 대륙법(Civil Law)과 대비되어 영미법이라는 의미로도 사용되는데 이때에는 판례법만이 아니라 제정법도 포함하는 영미법 전체를 의미하게 된다. 나아가 교회법(Ecclesiastical law)과 대비되는 세속법의 의미로도 사용된다.

어를 사용하는 언어 속에서는 더욱 분명하게 나타난다. 즉 프랑스어의 드롸(droit)와 독일어의 레히트(Recht)는 '법', 프랑스어의 로아(loi)와 독일어의 게제츠(Gesetz)는 '법률'을 뜻한다.

2. 제정법과 코먼로의 관계

(1) 제정법의 방대한 분량에도 불구하고 — 헨리 3세[7]가 다스린 1225년, 마그나 카르타(Magna Charta)[8]를 다시 공포한 때 시작된 그것은 매년 거대한 책으로 계속 추가되어 왔다 — 영국법의 가장 기본적인 부분은 여전히 코먼로이다. 가령 일반적인 용어로 사람은 그 채무를 변제해야 한다든가, 그 계약을 이행해야 한다든가, 불법침해(trespass)[9]나 문서비방(libel)[10]이나 구두비방(slander)[11]에 대해 손해배상을 해야 한다고 규정하는 법률은 하나도 없다.[12] 법률은 코먼로의 존재를 예정한다. 법률이 법의 특정 부문을 법전이

7 헨리 3세(1207~1272)는 잉글랜드 플랜태저넷 왕조의 왕으로 존 왕의 아들이자 에드워드 1세의 아버지다.

8 마그나 카르타 혹은 대헌장(Magna Carta)은 1215년 6월 15일에 영국의 존 왕이 귀족들의 강요에 의하여 서명한 문서로, 국왕에게 몇 가지 권리를 포기하고, 법적 절차를 존중하며, 왕의 의지가 법에 의해 제한될 수 있음을 인정할 것을 요구한 것이다. 그 일부는 지금까지도 현행법을 구성한다.

9 권리침해, 불법침해소송, 불법침입을 뜻하기도 한다. 불법침해라는 개념은 한국법의 불법행위보다도 넓은 개념으로, 특히 그 형성기에는 오늘날의 이해와 상당히 달랐음을 주의할 필요가 있다. 즉 영국법의 형성기에는 이론상 형사법과 민사법의 구별조차 엄밀하게 행해지지 않았고, 불법침해라는 일반적 용어 속에 모든 침해행위가 포함되었다. 이 개념은 실체법적인 것이라기보다도 소송절차의 성질이 강한 것이었다.

10 문서에 의한 명예훼손을 말한다.

11 구두에 의한 명예훼손을 말한다. 문서비방(libel)과 구두비방(slander)을 합쳐 명예훼손(defamation)이라고 한다.

12 우리가 기본 3법이라고 부르는 헌법, 민법, 형법의 조문이 영국에는 없다. 우리나라 민법의 내용을 이루고 있는 계약법(contract), 불법행위법(tort), 물권법(property) 등이 민법 조문으로 제정되어 있는 것이 아니라, 수많은 판례들로 이루어져 있다. 영국에는 형법도 판례로 이루어져 있다. 반면 민사소송법(Civil Procedure Rules), 형사소송법(Criminal Procedure Rules), 회사법(Companies Act), 도산법(Insolvency Act) 등은 성문법으로 제정되어 있다.

라는 형태로 바꾸는 경우를 제외하고, 법률은 코먼로라는 책의 부록이자 정오표이다. 그리고 법률은 코먼로를 참조하지 않으면 무의미하게 된다. 영국의 모든 법률이 폐지된다고 해도, 비록 운용되기 어려운 것이라고 해도 우리는 여전히 하나의 법체계를 갖게 될 것이다. 만일 코먼로가 완전히 없어지고 제정법이 보존되는 상태를 상상할 수 있다면, 앞뒤로 맥락이 없는 규칙을 갖게 될 뿐이고, 가장 중요한 생활관계의 대부분에 대해 아무런 규정도 갖지 못하게 될 것이다.

그러나 1965년 〈입법위원회법〉(Law Commissions Act)은 법을 개혁하고 간소화하는 입법의 준비를 임무로 하는 위원들(Commissioners)의 집단을 발족시켰다. 그 위원들은 그 최초의 작업 계획을 알리면서 계약법과 부동산 임차법의 제정을 준비하고자 한다고 말했다. 이 중심 법률들은 아직 완성되지 않았으나(입법위원회의 1972-3년 연례보고서는 계약법의 준비 작업은 지연되어 왔고, 따라서 그것이 완성될 수 있을지 의문이라고 했다) 제한된 영역을 다루는 일정한 법률들, 가령 1968년 〈재산침해법〉(Theft Act),[13] 1971년 〈동물법〉(Animals Act), 1981년 〈범죄시도법〉(Criminal Attempts Act)은 최근 제정되었다. 그리고 입법위원회는 더욱 최근에 형법의 완전한 제정을 향해 작업한다고 했다. 최근 입법위원회의 작업도 많은 불필요한 입법을 폐기하는 것이 되어왔다. 가령 과거의 여러 일요일 준수 입법(Sunday Observance legislations)은 1969년 〈제정법(폐지)법〉(Statute Law (Repeal) Act)에 의해 폐기되었다.

(2) 제정법과 코먼로가 경합하는 경우, 제정법이 우선한다. 영국법은 의회의 권한에 어떤 제한도 가할 수 없다. 헌법학자인 A. V. 다이시(Albert Venn Dicey)[14]가 1세기 전에 썼듯이 "의회의 주권은 (법적 견지에서) 우리의

13 전통적으로 재산침해범죄는 절도(laeceny), 횡령(embezzlement), 사기(false pretenses)로 구별되었으나, 그러한 범죄의 기술적 구분으로 인해 범인이 처벌을 면하지 못하도록 하기 위해, 그러한 범죄들을 모두 재산침해(theft)라는 하나의 범죄로 묶어 규정한 것이 1968년 및 1978년의 재산침해법(Thefts Act)이었다.

14 다이시(1835~1922)는 영국을 대표하는 헌법학자로 옥스퍼드대학교를 졸업하고 그곳의 교수로 근무했다. 1885년에 낸 『헌법학 입문』(*Introduction to the Study of the Law of the Constitution*)을

정치제도의 최고 특징이다."[15] 법을 해석하는 의무의 이행에서 법원은 가끔 입법자가 그 법률로 의도한 효과를 상당히 변화시킬 수는 있지만 어떤 법원도, 재판관도 의회제정법의 집행을 거부할 수 없다. 아무리 발달한다고 해도 코먼로는 의회제정법을 폐지할 수 없지만, 코먼로의 대부분은 종종 의회법에 의해 폐기되었고, 그 자리는 제정된 규칙으로 대체되었다.

이러한 입법제정권의 우월성은 논리적으로 필연적인 것이 아니고, 심지어 실제로도 필연적인 것이 아니다. 미국 헌법에서는 연방 의회도, 주 의회도 무제한의 입법권을 갖지 않는다는 것이 잘 알려져 있다. 의회가 무제한의 입법권을 갖는 것은 영국 헌법의 규칙이다. 의회입법을 지배하는 코먼로의 원리가 존재한다는 것은 전적으로 상상할 수 있는 것이고, 때로는 실제로 그렇다고 생각되었지만, 아주 일찍부터 재판관들은 의회의 우월성을 인식하고 수용했다.

물론 의회의 권한에는 명백한 실제적 한계가 존재하고, 특히 영국이 1973년에 유럽공동체에 가입한 이래, 의회입법은 영국의 필요만이 아니라 유럽 동맹국의 필요에 따라야 한다는 것이 명백하게 매우 바람직한 것이 되었다. 또 법원은 현대적 필요에 따르기 위해 때때로 법률이 통과될 때 존재한 것과 다른 방식으로 제정법을 해석할 것이다. 유럽공동체는 1994년 유럽연합으로 재편되었고, 유럽사법법원과 영국 법원의 최근 판례는 법원이 유럽연합법을 그것과 모순되는 어떤 국내법에도 우선하여 적용할 의무가 있다고 주장해 왔다. 따라서 오로지 이러한 정도에서 법원은 제정법 조항의 적용을 거부할 수 있다. 다른 모든 경우에 그것은 의회 자체에 의해 폐기되지 않은 어떤 법률에 의해 실제로 그리고 법상 절대적으로 구속된다.

통하여 다이시는 의회주권, 법의 지배, 헌법상 관례 등, 잉글랜드 헌법의 중요한 원리를 명쾌하게 설명했고, 17세기에 사용된 용어인 법의 지배라는 표현을 19세기에 유행시켰다. 의회주권으로 인하여 행정부가 종속하므로 국왕의 예외적인 약간의 대권사항을 제외한다면 행정권이라는 고유의 권력이 존재할 이유가 없다고 보았다. 이는 의회나 법원으로부터 독립한 고유의 행정권의 인정은 개인의 권리, 자유보장을 저해하는 요소라고 보았기 때문이었다. 법의 지배라는 것은 왕의 전횡과 독단, 행정권의 남용을 억제하고 왕과 정부가 남용할 위험이 있는 광범위한 자유재량권을 배척하는 것이다.

15 (원주) A. V. Dicey, *Introduction to the Study of the Law of the Constitution*, 9th ed., p. 39.

나아가 의회의 궁극적인 입법주권은, 영국이 유럽연합에 가입함에 의해 의회가 입법을 수정하거나 폐기할 수 있기 때문에 반드시 남아 있어야 한다.

(3) 우리는 어떻게 법을 아는가?

여기에 제정법과 코먼로의 엄청난 차이가 있다. 제정법은 일정한 형식의 언어로 기초되고, 그러한 언어는 의회에 의해 승인되며 국왕의 재가를 받는다. 일반적으로 제정법의 언어를 확인하는 데에는 아무런 어려움이 없다. 오늘날에는 인쇄된 두 통의 동일한 사본이 작성되고, 그 어느 것에나 국왕의 재가가 주어졌다는 취지의 의회서기관(Clerk of Parliament) 증명서가 첨부되며, 법률의 참된 언어를 확인하기 위해 최후 수단으로 그 사본을 참조할 수 있다. 실용적 목적을 위해 국왕인쇄인(Queen's printer)이 작성한 사본이라면 어느 것이나 충분하다. 오래된 몇 개의 법률의 경우, 법률의 정확한 언어에 대해서만이 아니라, 그런 법률의 제정 여부에 대해서도 의문이 있을 수 있다. 그러나 실제로 그런 의문은 거의 생기지 않는다.

그래도 법률의 언어는 법률 그 자체가 아니다. 언어로 표현된 법은 그것을 표현하는 언어와 같은 것이 아니다. 따라서 영어를 잘 모르는 사람은 법률의 언어를 알 수는 있지만 법에 대해서는 알 수 없을 것이다. 법에 대한 충분한 지식이 없이 법률을 읽으려는 자도 마찬가지라고 할 수 있다. 법률 해석은 기술적인 법률 용어에 관한 지식을 요구할 뿐만 아니라, 그 법률이 일부를 구성하는 법체계 전체에 대한 지식을 필요로 한다. 특히 이러한 해석은 해석의 법적 규칙에 대한 지식을 필요로 하고, 그 법적 규칙 자체가 법의 규칙이다. 이러한 원칙 가운데 어떤 것은 코먼로의 원칙이고, 어떤 것은 그 자체가 법률의 원칙이다. 따라서 법률을 해석하는 경우, 그 법률안이 의회에서 여러 단계를 통과하는 동안 심의에서 서술된 어떤 것도 고려해서는 안 되고, 법률의 언어에 대해서는 가능한 한 언어 자체의 의미를 발견해야 한다는 코먼로의 원칙이 있었다. 다행스럽게도 법원 스스로 1992년에 이 규칙을 개정하여, 지금은 법원이 애매하거나 불분명한 제정법, 또는 모순을 야기할 수 있는 제정법을 해석하기 위해 의회 토론의 축어적(verbatim)

기록을 참조할 수 있게 되었다. 마찬가지로 1850년 이후 만들어진 의회제정법에서는 반대의 의사가 나타나지 않는 한, 남성어는 여성어를 포함하고, 단수어는 복수어를 포함하며, 복수어는 단수어를 포함한다는 제정법의 원칙이 세워져 있다.

심지어 법률가들도 법률의 의미에 대해 의견을 달리할 수 있다. 만일 그러한 문제가 소송에서 처음 생긴다면, 재판관은 인정된 해석의 규칙에 따라 의미를 결정해야 하고, 그 재판관의 판결은 같은 문제가 낳은 모든 장래 사건에 대해 구속력 있는 선례가 될 것이다. 이는 뒤에서 말하듯이 재판관의 판결은 코먼로에 관하여 문제가 생긴 장래 사건에서 구속력 있는 선례가 된다는 것과 전적으로 동일하다. 이리하여 많은 법률—특히 오래된—은 그것과 분리할 수 없는 대량의 법원 해석으로 덮어씌우게 되었다.

한편 코먼로의 권위 있는 텍스트를 우리는 가지고 있지 않다. 코먼로가 하나의 전체로써 일정 형식의 언어로 표현된 적은 없었다. 따라서 성문법인 제정법과 대조하여 어떤 의미에서 코먼로를 불문법이라고 말할 수도 있다. 그러나 우리가 코먼로에 관한 지식을 끌어오는 연원은 문서나 인쇄로 되어 있다. 그중에서 처음 나오는 것은 영국 법원 재판관의 보도된 판결이다. 에드워드 1세(Edward Ⅰ)[16]의 치세 이후 법정에서의 논의나 법적으로 흥미롭다고 생각된 사건에 대한 판결의 보도를 자신의 일로 삼은 법률가들이 있었다.

이러한 판결집의 최초 형태가 『판례연보』(Year-Books)[17]였다. 그것은 에드워드 1세 시대부터 헨리 8세(Henry Ⅷ)[18] 시대까지 무명의 보도자들에 의

16 에드워드 1세(1239~1307)는 잉글랜드 중앙집권화의 기반을 마련하고 본격적으로 잉글랜드 의회를 창설하여 그 기초를 닦은 명군(재위: 1272-307)으로 손꼽힌다.

17 중세 잉글랜드 소송사건의 소답(pleading, 訴答: 소송당사자가 주장을 진술한 서면을 교환하는 절차)의 논의에 대해 당시 법정에서 구어인 law French를 사용하여 축어 형식으로 서술한 일련의 노트로서 매년 편찬되었기에 Year Book이라고 한다. 중세 코먼로에 대한 가장 중요한 사료로 판결에 대해서보다도 재판관과 변호사가 쟁점을 결정해 가는 논의의 서술에 중점을 두었다. 편자는 알 수 없고, 현존하는 것 중 가장 오래된 것은 에드워드 1세 때의 것이고, 그 뒤 1535년 것까지 연속하여 남아 있다. 그 뒤 인쇄술 도입에 의해 책이름과 인명을 붙인 별종의 판례집이 나타났다.

18 헨리 8세(1491~1547)는 잉글랜드의 국왕(재위: 1509-47)으로 왕비와의 이혼 문제로 교황과 결별

해 만들어진 사건의 기록이다. 그 뒤에 이어진 것이 자신의 이름으로 보도하는 법률가에 의해 만들어진 판결집이다. 이는 최초의 (저서와 마찬가지로) 저자나 죽은 저자의 대리가 적당하다고 생각되는 방법으로만, 또 적당하다고 생각되는 때에만 출판되었다.

판결집이 보도된 사건의 판결과 동시에 규칙적으로 출판되게 된 것은 18세기 말 이후였다. 처음에 이러한 판결집은 주로 교시와 보도라는 목적에 봉사한 듯하다. 재판관이 이러저러한 것이 법이라고 말한 사실은 그것이 법이라는 증거였으나, 증거 이상의 것은 아니었다. 그 재판관은 틀렸을지도 모르고, 다른 재판관은 다른 판결을 내릴지도 모른다. 그러나 시간이 지나면서 보도된 판결에 대한 재판관과 변호사의 태도에 하나의 변화가 나타났다. 판결된 사건의 인용은 더욱 빈번해지고, 그것이 선례로 더욱 중요시되었다. 16세기 이후부터 판결된 사건은 하나의 명확한 선례로, 적어도 반대할 특별한 이유가 없는 한, 그것에 따라야 하는 것으로 간주되었다고 해도 좋다. 특히 과거 3백 년간 상위 법원의 재판관이 내린 판결은 그 뒤에 발생한 모든 동종 사건에 대해 구속력을 가졌다.

3. 선례의 구속력

그러나 이러한 구속력은 모든 경우에 저항할 수 없는 것은 아니다. 잉글랜드에서 판결된 사건의 압도적 대다수에서 최상위 상급 법원인 상원(House of Lords)은 모든 하위 법원과 그 자체에 대해 절대적 구속력을 가진다. (상원은 다른 모든 지방법원과 같이, 유럽법에 관련해 유럽공동체 사법법원에 종속된다.)[19] 그러나 1966년, 상원은 장래 옳다고 판단될 때 상원의 선례(precedent)

하고 1534년 수장령(首長令)을 내려 잉글랜드 성공회를 창립했다.

19 영국 정부는 2003년 상원의 사법적 기능을 폐지하고 새로운 대법원을 신설한다고 발표한 뒤 2005년 〈헌법개혁법〉(Constitutional Reform Act)에 의해 2009년 10월 1일, 대법원을 신설했다. 이는 〈유럽인권조약〉 6조에서 판사는 독립되어야 하고 독립된 것으로 보여야 한다는 규정과 관련하여, 기존의 상원 상임 법관(Lords of Appeal in Ordinary or Law Lords)이 상원 의원이었던

로부터 벗어날 수 있음을 스스로 고려할 수 있다고 결정했다. 이 새롭게 발견된 권한을 행사하는 여러 주목할 경우들이 있어 왔고, 그 일반적 결과는 앞에서 설명한 제정법 해석의 규칙에서와 같이 이전 선례의 엄격한 구속성을 유연하게 만들었다. 마찬가지로 또한 민사사건 전부와 형사사건 일부에서 상원 바로 밑에 있는 항소법원(Court of Appeal)[20]의 판결은 하급의 모든 법원과 그 자체에 대해 법의 구속력을 선언하는 것이다. 그러나 이전의 판결과 모순되는 때와 같이 항소법원의 판결이 하급법원에 의해서도 추종되지 않는 경우가 있다. 그리고 1992년, 판결에 의해 불의가 따르는 특정인의 자유가 관련되는 사건의 경우, 선례의 구속력이 없음을 항소법원은 스스로 결정했다.

보통 하급 법원의 절차를 재고하거나 치안판사의 약식 형사재판의 항소 사건을 다루는 고등법원(High Court)[21]의 2인이나 3인의 재판관으로 구성되는 합의법정(Divisional Court)[22]이 내린 판결은 대체로 이전의 합의법정 판결에서 만들어진 것을 추종하지만, 1984년 합의법정은 그 이전 판결에 구속되지 않는다는 결정을 내렸다. 고등법원의 재판관 1명의 판결은 다른 동료 재판관들로부터 고도의 설득적 권위를 갖는 것으로 취급되지만, 이를

점이 입법부로부터 독립적이지 않다고 보일 수 있었기 때문에 내려진 조치였다. 기존의 상원 상임 법관 12명이 신설된 대법원의 대법관(Justice of the Supreme Court)이 되었다. 대법원은 영국의 최고법원으로서 민사의 경우에는 잉글랜드, 웨일스, 북아일랜드, 스코틀랜드의 최종심이고, 형사의 경우 스코틀랜드를 제외한 나머지 지역의 최종심이다. 그러나 미국의 연방대법원이나 유럽의 헌법재판소와 같은 위헌법률심사권은 없다.

20 항소법원은 민사사건에 관한 항소법원인 민사부(Civil Division)와 형사사건에 관한 항소법원인 형사부(Criminal Division)로 나누어진다. 형사부는 형사법원의 1심 형사판결에 대한 피고인의 유죄 인정 또는 양형 부문에 관한 항소사건을 취급하고, 민사부는 고등법원, 구역법원, 기타 특수법원의 1심 민사 판결에 대한 항소사건을 취급하는데, 모든 사건은 항소허가를 받아야 하며, 보통 3명의 법관으로 구성되는 합의재판부에서 재판이 이루어진다.

21 High Court를 보통 고등법원으로 번역하지만, 우리나라의 고등법원과 혼동되어서는 안 된다. 영국의 고등법원은 중요한 민사사건의 1심 재판을 담당할 뿐 아니라, 경미한 민·형사 사건의 항소심 재판까지 담당하기 때문이다. 고등법원은 담당 사건의 종류에 따라 대법관부(Chancery Division), 가사부(Family Division), 여왕좌부(Queen's Bench Division)로 나누어지고, 보통 1명의 법관으로 구성되는 단독재판부에서 재판한다.

22 잉글랜드에서 고등법원(High Court)의 2명 이상의 재판관(통상 3명)으로 구성되는 법원을 말한다.

절대적으로 구속하는 것은 아니다.

반면, 하급법원의 판결은 먼저, 그 위에 있는 어떤 법원도 구속하지 않는다. 그러나 시간이 지남에 따라 상위 법원이라도 무시할 수 없는 권위를 얻을 수 있다. 어떤 문제가 항소법원이나 상원까지 결코 올라가지 못했으나, 하위 법원이 반복하여 이 문제를 동일하게 판결하는 경우가 있을 수 있다. 또는 어느 하위 법원의 1회 판결이 오랫동안 이의 없이 지속되기도 한다. 그러한 경우의 필연적인 결과는 법률가와 공중이 그런 판결을 법으로 보게 되고, 마치 그것이 법이었다는 듯이 행동한다는 것이리라.

사람들은 그런 판결을 신뢰하여 계약을 체결하며 사업을 영위하고 자신의 재산을 처분할 것이고, 그 규칙을 바꾸는 것은 매우 어렵게 된다. 법은 완전해야 한다는 것보다도 확실해야 한다는 쪽이 종종 더욱 중요하다. 그 결과 상위 법원도 자신이 하위 법원의 판결을 원칙상 틀렸다고 생각해도, 모든 사람들이 확립되었다고 보는 것을 고치는 해악은, 잘못된 규칙을 존속시키는 해악보다도 크다고 판단하여 그 판결의 폐기를 거부할 수 있다. 그러한 경우의 구제책은 법률에 의해 변경하는 것이다. 왜냐하면 법률에 의한 변경은, 법이라고 생각된 것을 상위 법원이 수정하는 경우만큼 불공정을 낳는 경우가 없기 때문이다. 법률은 그 제정 전에 행해진 모든 것에 영향을 받을 필요는 없고, 또 대체로 영향을 받지 않는다. 종전의 행위는 여전히 그것이 행해진 당시에 효력을 가진 법에 의해 지배된다. 그러나 영국 판례법의 이론이나 의제에 의하면 재판관은 새로운 법률을 만드는 것이 아니라, 이미 법이었던 것을 선언하는 것에 불과하다. 따라서 상위 법원이 하위 법원의 판결을 폐기한다면, 그것은 그 상위 법원이 법이라고 생각한 것이 사실은 법이 아니었음을 선언하는 것이고, 그 결과 과거의 행위는 당사자가 법이라고 믿은 것에 반하는 규칙에 의해 지배되는 것이 되리라.

4. 판결 이유와 방론

여러분이 판결집을 펼쳐 어떤 사건의 판결문을 읽는다면, 판결이 결정한 법을 어떻게 발견할 것인가? 여러분은 **판결 이유**(ratio decidendi)라고 하는 것, 즉 판결의 원리라는 것을 어떻게 발견할 것인가? 재판관은 입법자가 아니라는 것을 잊어서는 안 된다. 법의 규칙을 만드는 것은, 적어도 형식상으로는 재판관의 일이 아니고, 재판관의 제일 의무는 당사자 사이의 다툼을 재결하는 것이다. 다툼은 대부분 사실 문제이다. 여러 사건에서 사실 문제는 이미 배심[23]에 의해 답변이 주어진다. 다른 사건에서는 재판관 자신이 사실 문제를 재결해야 할 것이다.[24]

여하튼 판결은 법 원리를 구체적 사실에 적용하는 것을 포함하는 것이다. 따라서 판결집을 읽는 독자는 먼저 판결 속에 서술된 법을, 그 법의 적용을 받는 사실로부터 구별해야 한다. 이는 어려운 일일지 모른다. 판결을 내리기에 필요한 형식은 미리 서술되어 있지 않고, 판결이 어느 정도로 재판관이 사실에 대해 채택한 견해와 관련되는지, 그리고 어느 정도로 재판관이 적용할 수 있다고 생각한 법 원리와 관련되는지 종종 의심스러운 것일지 모른다. 사건 보도의 최초에 붙는 서주(序註, headnote) 속에는 통상, 포함된다고 생각하는 법 원칙이 서술되어 있다. 그러나 이 서주는 보도의 일부가 아니다. 그것은 단지 판결의 효과에 대한 보도자 자신의 견해에 불과하다. 따라서 판결집을 사용하는 사람이면 누구나, 의심의 여지가 있으면 그 의심

23 한국에서는 〈국민의 형사재판 참여에 관한 법률〉에 의해 2008년 1월 1일부터 국민참여재판 제도를 시행하고 있다. 이 법에 의하면 살인, 강도, 강간 등 강력범죄와 뇌물죄 등 일정 범위의 부패범죄 및 합의부 관할사건 중 대법원 규칙이 정하는 사건 등의 중한 사건에 한정하여, 배심원은 사실의 인정은 물론이고 법령의 적용 및 형의 양정에 관한 의견을 제시할 권한이 있으나, 배심원단의 평결과 의견은 법원을 기속하지 아니하고 권고적 효력만이 인정된다. 반면 영국의 배심제는 일반시민으로 구성된 배심원단이 직업법관과 독립하여 형사사건에서는 유·무죄의 판단 등 사실문제에 대한 평결을 내리고, 법관이 그 사실판단에 대한 평결결과에 구속되어 양형 재판하는 제도를 말한다.

24 영국에서는 약식기소로 충분한 사건(summary offences, 쓰레기 투기, 교통범죄의 대부분, 음주에 의한 경범죄 등)이나 중간범죄(절도, 약물범죄 등)로 피고인이 선택하지 않은 경우에는 배심이 적용되지 않아 재판관 자신이 판단한다.

이 뒤 판결에 의해 결정되지 않는 한, 또 결정될 때까지, 어떤 특정한 사건에서 정해진 법이 무엇인가에 대해 자신의 견해를 가질 자유가 있다.

이러한 **판결 이유**로부터 우리는 **방론**(傍論, obiter dictum)[25]이라고 하는 것, 즉 '부수적으로 진술된 것'(things said by the way)을 주의 깊게 구별해야 한다.

엄격하게 말해 **방론**이란 판결이 진행되는 가운데 행해지는 법의 서술이다. 그것은 당사자 사이의 현실 문제에 적용될 수 있다고 공언되는 것이 아니라, 설명이나 사례나 법의 일반적 서술로 행해진다. 그러한 **방론**은 존중할 가치가 있고, 특정 재판관의 명성에 따라 변화하는 권위는 가져도 구속력은 전혀 갖지 못한다.

사건을 판결하면서 재판관이 목적에 필요한 이상으로 참으로 넓은 원리에 근거하여 사건을 판결하는 것이라고 공언하는 경우가 종종 보인다. 그 경우 사건은 이미 인정되어 있어도 더욱 좁은 어떤 이유에 의해 판결될 수도 있다. 그러한 사건에서는 원리라고 생각된 것이 사실은 방론과 같은 것이고, 그것은 사건의 참된 **판결 이유**로 취급되지는 않을 것이다.

그러나 어떤 단독 재판관이 자신의 판결 이유로 서술한 것은, 그 재판관이 동일한 판결에서 부가적인 이유를 들기 때문이라는 이유에서 **방론**으로 간주되어서는 안 된다. 재판관이 여러 명으로서 그들이 결론적으로는 일치하여도 다른 이유를 서술하는 경우에 문제는 미해결로 남을 뿐이고, 재판관은 그 뒤의 사건에서 어떤 이유가 옳은가를 재결할 수 있다.

25 방론은 부가적인 판사의 의견으로 판결 이유가 아닌 부분을 말한다. 영미법에서는 판결 이유는 선례로 뒤에 일어나 사건을 구속하고 법관이 선례와 다른 이유로 판결을 하는 것은 허용되지 않지만 방론에는 구속력이 없다. 한국법의 경우 판결의 구속력이 없지만 판결 이유 중에서 본론과 방론을 구별하는 것은 뒤의 사건에 대하여 판결을 내리거나 그 판결을 비판하는 경우에 있어서 유익한 경우도 있다.

5. 재판관은 어느 정도까지 법을 만드는가?

지금까지 나는 법원의 판결을 우리가 코먼로에 대한 지식을 얻는 원천으로서만이 아니라, 구속력 있는 선례로도 설명해 왔다. 그러나 이는 재판관과 법의 관계에 대한 다음 두 가지 다른 견해와도 일치한다. 첫째의 견해는 오래된 것으로, 우리는 재판관의 판결을 이미 존재하는 선언과 그 증거—단 결정적인 증거—이상의 것이 아니라고 생각할 수 있을 것이다. 즉 코먼로는 하나의 전체로써 재판관 및 변호사의 마음속에—일반 민중이 코먼로를 이해하는 한, 아마도 일반 민중의 마음속에—기억할 수 없는 시대로부터 존재한 것이고, 따라서 모든 판결은 단지 코먼로의 표명에 불과하다는 것이다. 우리는 이러한 견해를 헤일(Sir Mathew Hale)[26]의 『코먼로의 역사』(*History of the Common Law*, 1713)에서도, 블랙스톤(Sir William Blackstone)[27]의 『주석』(*Commentaries*, 1765)에서도 볼 수 있다.

둘째의 견해는 벤담(Jeremy Bentham)[28]이나 오스틴(John Austin)[29]과 같은 학자들이 다음과 같이 말하는 것에서 볼 수 있다.

26 헤일(1609~1676)은 잉글랜드의 법률가이자 재판관으로 코먼로의 역사를 처음 다룬 『코먼로의 역사』(*History of the Common Law*, 1713)의 저자로 유명하다.

27 블랙스톤(1723~1780)은 잉글랜드의 법학자이자 법률가로 1758년 모교인 옥스퍼드대학교에서 최초로 영국법 강의를 했다. 그 전까지 영국 대학교에서는 로마법과 대륙법의 강의만이 행해졌다. 영국법을 개설한 4권의 『영국법 주석』(*Commentaries on the Laws of England*, 1765~1769)은 영국만이 아니라 미국에서도 오랫동안 기본적인 법률서로 사용되었다.

28 벤담(1748~1832)은 잉글랜드의 법학자, 철학자, 변호사로 옥스퍼드대학교에서 배우고 변호사가 되었으나, 철학에 몰두하였다. 그는 당시의 법률을 모두 비판하고, 평생토록 이치에 맞는 성문법을 만드는 운동을 벌였다. 정치적으로는 급진주의를 옹호했으며, 당시 잉글랜드에 만연했던 보수주의적 정치와 보수주의 법철학을 반대했으며 잉글랜드 법철학에 큰 영향을 끼쳤다. '최대 다수의 최대 행복'을 추구하는 공리주의와 자유경제를 주장하였으며, 정교분리와 표현의 자유, 양성평등, 동물의 권리, 그리고 보통 선거·비밀 투표 등을 주장하여 세계 각국의 법률에 큰 영향을 미쳤다. 또 잉글랜드의 판례법주의를 통렬히 비판하고 상세한 법전 편찬의 필요를 역설하였다. 저서로 『도덕과 입법의 원리 입문』(*Introduction to the Principles of Morals and Legislation*, 1789) 등이 있다.

29 오스틴(1790~1859)은 잉글랜드의 법률가이자 법철학자로 법을 주권자의 명령이라고 주장하고 법과 도덕을 준별했다. 그가 '강제되지 않는 법'이나 '있어야 할 법'은 법이 아니라 도덕이라고 본 것은 영미의 분석법학(Analytical Jurisprudence)의 원리가 되었다.

재판관의 법이나 코먼로는 재판관이 만든 것이 아니고, 아마도 영원으로부터 존재한다고 생각되고 종종 재판관에 의해 선언될 뿐인 다른 누군가가 만든 신비로운 무엇이라고 하는 잉글랜드 재판관들이 사용하는 **유치한 의제**(childish fiction)라고 말하는 것이다.

이러한 학자들이나 그들을 따르는 살몬드(Sir John William Salmond)[30]와 그레이(Sir John Chipman Gray)[31] 같은 학자들의 견해에 의하면, 재판관은 실제로 입법자이고, 법을 정함에 있어서 입법자가 새로운 법을 만들 때마다의 기능과 정확하게 동일하지는 않다고 해도 거의 동일한 기능을 갖는다. 이 두 가지 견해는 메인 경(Sir Henry James Sumner Maine)[32]의 『고대법』(*Ancient Law*, 1908)에서 다음과 같이 잘 서술되어 있다.

판례에 포함되어 있고, 판결집에 기록되어 있는 영국법 체계의 거대한 부분에 관하여 우리는 언제나 이중의 언어를 사용하고, 소위 이중의 양립할 수 없는 관념 체계를 채용하는 듯이 보인다. 판결을 받기 위해 한 무리의 사실이 우리 잉글랜드 법원 앞에 제시된 경우, 재판관과 변호사 사이의 모든 논의는 낡은 원리 이외의 어떤 원리를 적용하는 것, 또는 지금까지 오랫동안 승인된 구별 이외의 어떤 구별을 받는 것을 요구하는 문제는 전혀 제기되지 않고, 제기될 리도 없다는 가정 위에 서 있다. 지금 소송의 목적이 되어 있는 다툼의 사실관계를 지배한다고 생각되는, 이미 알려진 법의 어떤 원칙이 어딘가에 존재하고, 설령 그러한 원칙이 발견되지 않는다고 해도 그것은 필요한 인내나 지식이나 명민함을 갖고 있지 않기 때문에 위 원칙을 탐지할 수 없을 때까지의 이야기라는 것이 절대적으로 당연한 것이 되고 있다. 그러나 판결이 내려지고 기록된 순간부터 우리는 의식하지도 않고 명언하지도 않고 새로운 하나의 언어와 새로운 일련의 사상 속에 스며들어 간다. 우리는 이제

30 살몬드(1862~1924)는 뉴질랜드의 법률가로 불법행위와 계약에 대한 고전적인 책들을 썼다.

31 그레이(1839~1915)는 미국의 법학자로 법학교육의 방법으로 사례수업(case method)의 도입을 적극적으로 주장했다.

32 메인(1822~1888)은 잉글랜드의 법학자이자 법률가로 대표적인 저서인 『고대법』(*Ancient Law*)에서 당시까지의 법의 발전을 '신분에서 계약으로'(From status to contract)라고 요약했다.

새로운 판결이 법을 수정한 것을 승인한다. 적용할 수 있는 원칙은, 종종 사용되는 지극히 부정확한 표현을 쓴다면, 더욱 탄력적으로 되어 왔다. 즉 사실상 이러한 원칙은 변경되었다. 여러 선례에 하나가 분명히 추가된 것이고, 이 모든 선례를 비교함에 의해 나타나는 법의 규준은, 설령 이러한 판례 계열로부터 단 하나의 사례를 자른 경우에 얻어진 규준과는 같지 않다.[33]

이러한 견해 중 어느 것도 완벽한 진리가 아니다. 한편으로는 영국의 코먼로가 언제나 동일하다는 것은, 설령 우리가 제정법에 의해 행해진 그 변경을 무시한다고 해도 물론 사실에 반한다. 6백 년 전의 코먼로가 현대 생활의 수많은 법률문제에 대해 현명한 답을 주리라고는 누구도 진지하게 상상할 수 없다. 사실상 우리는 그 당시의 코먼로가 어떤 문제에 대해, 우리가 오늘날 그것들에 답하는 것과 반대 의미의 답을 했음을 알고 있다. 가령 단순 미이행 계약(單純未履行契約, simple executory contract)은 당시에는 법적인 효력이 없었으나, 우리는 그것이 법적 효력을 얻어 온 단계를 더듬어 확인할 수 있다.

한편 재판관이 판결 시에 본래 입법에 의존하는 어떤 일도 하지 않는다는 것은 실제로 사실에 반한다. 새로운 선례가 수립되는 사건의 대다수에서, 그 과정은 분명히 현존하는 승인된 여러 원리를 새로운 사실들에 적용한다는 것이다. 제출된 문제에 대하여 여러 원리는 어떤 명확한 답을 주지 않는 경우도 있지만, 그러한 원리가 어떤 회답도 전혀 주지 않는 것이 되지는 않는다. 연역의 방법에 의해, 유추로부터의 논증에 의해 현존의 원리가 하나의 새로운 원리를 낳는 것은 가능하다. 그리고 이 새로운 원리는, 그전에 명백하게 서술된 것이 전혀 없었기 때문에 새로운 것이라고 해도, 그것은 이미 승인된 것에 포함되어 있으므로 다른 의미에서 새롭지 않은 것이다.

전적으로 같은 방식으로 과학의 여러 가지 결론은 그 과학의 전제 속에 포함될 수 있고, 처음으로 결론이 얻어진 때 이 결론은 어떤 새로운 것,

33 (원주) Henry Maine, *Ancient Law*, p. 35(ed. 1908). 또 Sir F. Pollock's note, p. 46 참조바란다.

즉 이전부터 승인되어 온 것에 대하여 하나의 추가된 것을 구성한다. 판결이 승인된 여러 원리로부터 일정한 논리적 과정을 밟지 않는 경우라도, 판결은 입법의 자의적 성질을 갖지 않는다. 하나의 문제를 지배해야 할 명백한 선례를 결여한 경우, 재판관은 법학자의 의견이나 부동산 양도취급인(不動産讓渡取扱人, conveyancer)의 관행, 다른 현대국가의 법, 로마법, 지연적 정의(natural justice)의 원리, 공익(public policy)을 고려하여 태도를 정한다.

이러한 고려 사항을 바르게 적용하는 것은 논의의 여지가 있는 어려운 문제이지만, 어떤 경우에도 하나의 표준을 적용하는 것이다. 즉 재판관은 자신이 입법자인 것처럼 자신이 하고 싶은 대로 판결할 자유를 갖지 못하고 원리에 따라 판결해야 한다는 것을 보여준다. 만일 우리가 재판관이 입법자와 같이 실제로 법을 **만든다고** 말한다면, 그 사건의 사실은 먼저 어떤 법에 의해서도 지배되지 않았고, 그러한 사실은 그것들이 발생했을 때 법의 영역 외에 있었으며, 판결이 내려진 때 비로소 처음으로 법의 영역 내에 들어왔다고 해야 할 것이다.

판결 이전에는 누구도 법이 무엇이었는지를 확실히 알지 못했기 때문에 그렇다고 논의하는 것은, 그때까지는 누구도 그 토지가 얼마로 팔릴지, 또 얼마로 평가될지 확실히 모르기 때문에 일정 구획의 토지는 그것이 팔릴 때까지, 또 평가인이 그것을 평가할 때까지 무가치한 것이라고 논의하는 것과 같다. 사실은 당사자가 가격을 결정하고, 평가인은 평가하면서, 실제로 이미 존재하고 있는 어떤 것을 발견하고자 노력한 것이다. 유추는 더욱더 이를 추진할 수 있다. 평가 가격이 설령 틀렸다고 해도 장래의 가격을 확정함에 도움이 된다고 생각되는 하나의 새로운 요소가 되는 것과 꼭 마찬가지로, 당면한 문제에 관한 법에 대해 재판관이 내린 판결은 그것이 옳든 그르든 간에 장래의 법을 결정하거나 결정하는 것에 도움이 된다.

나아가 하나의 규칙이 하나의 판결 속에 정해지기까지, 당해 사건의 사실을 지배하는 법은 전혀 존재하지 않았다고 하는 견해는 실제로, 모든 사건에서 그 판결 과정은 특정한 사실을 어떤 원리에 끌어넣는 정신적 과정을 포함하기 때문에, 어떤 구체적인 사실의 체계도 판결이 내려지기까지는 어떤 법에 의해서도 지배되지 않는다는 결론에 이를 것이다.

가령 한편으로 A의 행동이 신청의 승낙에 해당되는지 아닌지라는 문제가 있고, 다른 한편으로 어떤 일정한 거래행위가 공익에 반하는지 아닌지라는 문제가 있다고 해 보자. 둘 사이에는 외관상의 차이는 있지만, 사실상의 차이는 없다. 전자의 경우에는 현존의 원리가 매우 분명하기 때문에 사실은 마치 자동적으로, 소위 법이 준비한 비둘기장 속에 들어가는 것처럼 보이지만, 후자의 경우에는 원리가 매우 광범위하기 때문에 원리를 적용하기 위해 재판관은 분명하고도 공공연히 "이러저러한 성질을 갖는 행동은 공익에 반한다"고 말하고, 그렇게 하여 공익의 관념을 정하고 발전시키는 원칙을 세워야 한다. 그러나 전자의 경우에도 동일한 과정이 실제로 진행되어 왔다.

당해 행위는 실제로 비둘기장 속에 자동적으로 들어가는 것이 아니다. 즉 재판관은 그 마음속에서 행위를 승낙하고자 하는 행위의 여러 가지 성질을 생각했음에 틀림이 없다. 다시 말해 재판관은 실제로 "이 사건에서와 같은 행동은 승낙이 된다"고 말하는 것이다. 구체적인 사실을 가져오는 것은 언제나 하나의 정신적 과정이고, 하나의 일반화 과정이다. 이와 같이 하여 판결된 모든 사건은 적용된 원리의 전개를 의미한다. 실제의 상위는, 대다수 사건에서 적용이 매우 쉽고, 기존 원리의 전개가 거의 없기 때문에 그 사건은 보도될 만한 가치가 없고, 따라서 **실제로는** 법에 어떤 것도 추가하지 않는다는 것이다. 현존의 법을 선언하는 것에 불과한 '선언적 선례'(declaratory precedent)와, 새로운 법을 정하는 '창조적 선례'(original precedent)를 구별하는 경우가 종종 있다.

그러나 그것은 정도의 차이에 불과한 것이지 질적인 차이를 보이는 것은 아니다. 하나의 승인된 규칙을 적용함에 의해 어떤 사실을 다루는 판례가 있다고 한다면, 이 판례는 사실상 규칙에 대해 추가하는 것이 된다. 왜냐하면 이제 어떤 종류의 사실이 이 원칙의 적용 범위에 포함된다는 것이 분명하기 때문이고, 일의 성질상 두 가지 형태의 사실이 완전히 같다는 것은 있을 수 없기 때문이다. 어떤 선례라도 순수하게 '선언적'이고, 순수하게 '창조적'인 것은 없다.

재판관은 코먼로를 선언하는 것에 불과하다는 견해와, 재판관은 입법자가 하는 것과 마찬가지로 새로운 법을 만든다고 하는 견해 사이의 모순은, 블랙스톤과 같은 과거의 법률가, 또는 오스틴이나 벤담과 같은 그 비판자들에게도 잘 알려지지 않은 진화나 발전이라는 관념에 의해 해결된다. 이러한 관념의 핵심은 사물은 변화하여도 여전히 동일물이라는 것이다. 오늘날 우리의 법이 6백 년 전의 잉글랜드법과 같은 법인지 아닌지를 묻는 것은 프레데릭 폴록 경(Sir Frederick Pollock)[34]의 말을 빌리자면 "『투사 삼손』(*Samson Agonistes*)[35]을 쓴 존 밀턴(John Milton)[36]이 『리시더스』(*Lycidas*)[37]를 쓴 존 밀턴과 같은 존 밀턴인지 아닌지를 논의하는 것과 같은 것"이다. 그것은 동일한 것도, 동일하지 않은 것도 아니다. 모든 판결은 성장 과정에 있는 하나의 단계이다. 모든 사건에서 당해 사실에 적용되어야 할 법이 이미 존재하고 있다는 것은 진실이다. 판결이 내려지게 되면 그 법은 정확하게는, 그 이전의 것이 아니게 된다는 것도 마찬가지로 진실이다. 깊이 뿌리내린 의제의 증거로 메인이 말한 **'이중 언어'**(double language)는 실제로 하나의 근본적인 진리를 표현하는 것이다.

6. 판례법의 장점과 단점

판례법 체계는 영국과 영국에서 법을 계수한 여러 나라에 독특한 것이다. 그 본질적 원리는 판결된 사건이 장래에 대해 구속력 있는 선례(binding authority)라는 원칙이다. 다른 나라들에서는 그렇지 않았거나 최근까지 그렇지 않았다. 다른 나라들에서 재판관은 제정된 법, 그리고 이미 제정된 법의

34 폴록(1845~1937)은 영국의 법률가이자 법학자로 1876년에 출판된 『계약법과 형평법의 원리』(*Principle of Contract at Law and Equity*)와 1887년에 출판된 『불법행위법』(*The Law of Torts*)은 법의 근저에 있는 원리를 강조하여 잉글랜드법에 새로운 접근을 도입한 점에서 고전적 저작으로 평가된다.

35 『투사 삼손』은 성경의 삼손과 데릴라 이야기를 희곡으로 쓴 밀턴의 최후 작품이다.

36 밀턴(1608~1674)은 영국의 시인이자 청교도 사상가로 프로테스탄트의 수호자를 자처했던 올리버 크롬웰 밑에서 외교 비서관을 지내 그를 오랫동안 보좌했다. 기독교 성격의 서사시인 『실낙원』(*Lost Paradise*)의 작가로 유명하다.

37 『리시더스』는 밀턴이 1637년에 쓴 초기 작품이다.

기초가 되어 그것을 보충하는 일반적 원리를 적용하고 해석함에 있어서 동일한 법원이나 다른 어떤 법원의 종전 판결에 의해서도 구속되지 않고, 자신의 최선의 판단에 따라 판결하는 자유를 가짐과 동시에 의무를 진다.

영국식 판례법 체계의 장단점은 다음 네 가지이다.

(1) **확실성** 판결된 사건이 장래 구속력 있는 선례이기 때문에 본질적으로 동일한 모든 장래의 사건은 동일하게 판결된다는 것이 확실하게 되거나 적어도 매우 그렇게 된다. 따라서 사람들은 재판관에 의해 일단 정해진 법에 근거하여 확신을 가지고 자신의 행동을 규제할 수 있다.

(2) **성장의 가능성** 제정법이나 선례에 의해 길이 막히지 않은 경우, 언제나 새로운 법원칙이 새로운 사정과 사회의 변화하는 요청에 응하기 위해 그때그때 권위적으로 정해진다. 어떤 판례법 체계도 존재하지 않는 곳에서는 사건에 대해 판결을 내리는 재판관의 업무는 장래에 대한 법에 어떤 영속적인 흔적이 남지 않는다. 즉 그것은 법의 발전에 관한 한 포기된다.

(3) **상세한 규칙의 엄청난 풍요** 상세한 규칙이 풍요하다는 점에서 어떤 법전도 (판례법을 기초로 하는 것이 아닌 한) 영국법에는 도저히 미치지 못한다. 가령 독일 민법전은 2,500개 이하의 조항에 불과하다.

(4) **실제성** 판례에 의해 정해진 원칙은 단순히 학문적인 사색의 산물이 아니라, 현실에 생기는 분쟁의 산물이기 때문에 그것들은 일상생활의 요구와 긴밀하게 접촉하는 실제적 원칙이다.

판례법의 단점은 다음과 같다.

(1) **경직성** 규칙은 그것이 설령 틀린 것이라고 해도 일단 결정되고 나면 그것에서 이탈하기가 어렵다. 앞에서 보았듯이 최근에는 법원에 의해 그러한 어려움이 약화되었지만 말이다. 선례의 구속력은 재판관의 자유재량에 대한 속박이다. 선례가 없다면 재판관은

더욱 자유롭게 행동할 수 있다.

(2) **비논리적인 구별의 위험성** 구속력 있는 규칙이 모순된 결과를 초래한다고 느끼는 경우, 재판관은 종종 논리적으로 당연하게 그 규칙의 적용 범위에 들어가야 할 사건에 대해 그 규칙을 적용하기를 피할 것이지만, 이로 인해 그 뒤의 사건은 그 규칙이 확립된 종전의 사건과 다르다고 자신이 말하게 하는 무엇인가 약간의 상위점을 취한다는 방법을 사용한다. 종종 선례는 사람을 막다른 골목에 몰아넣지만, 그곳에서 어떻게든 자신의 재능으로 탈출을 시도할 수밖에 없다. 마찬가지로 또한 논리적으로는 서로 모순되는 규칙이 각각 별개의 판례 계열에 따라 발달하는 경우가 종종 있고, 그러한 여러 규칙은 결국 만나서 충돌하게 된다.

(3) **대량성과 복잡성** 상세한 규칙의 풍요로 인해, 그리고 법원칙이 약 2천 권 이상의 판결집 속에 산재한다는 사실로 인해 법이 매우 성가시고 배우기에도 적용하기에도 힘들게 된다.

영국법 체계의 장점이 단점보다 훨씬 크지만 단점도 심각하다. 그 교정책은 제정법에서 찾아야 하고 종종 찾아져 왔다. 불공정한 결과를 낳는 여러 규칙이 명백하게 정해진 경우, 그 불공정을 회피하고자 함에 의해 그 여러 규칙이 복잡하게 되고 비논리적으로 되면 그 불공정을 제거하거나 간단하고 현명한 규칙을 정하기 위해 제정법이 개입해야 한다. 1965년에 설립된 입법위원회는 이러한 목적의 달성에 크게 기여하고 있다. 그 선구는 앞에서 설명한 여러 이유 중 어느 것에 의해 재고를 필요로 하는 여러 법부문의 개정을 제안하기 위해 1933년에 설립된 법률개정위원회(Law Revision Committee)(제2차 대전 이후 법률개혁위원회(Law Reform Committee)로 부활했다)였다. 그 제안의 몇 가지는 제정법이 되었고 법체계의 유익한 변화를 초래했다(가령 기혼 여성의 지위(78−82쪽), 법인의 계약(94−8쪽), 불법행위의 행동의 요인(survival of causes of action)(202−3쪽), 제소 기한(203−4쪽), 기여과실(contributory negligence)(198−9쪽), 계약의 이행(174쪽), 부동산점유자의 책임(liability of occupiers of premises)(198쪽), 부실표시(misrepresentation)(11−2, 178−80쪽)).

나아가 법이 충분하게 상세히 발전되었다고 해도 모든 판례가 산재되어 다루기 어려운 경우, 제정법이 법전화, 즉 확립된 규칙을 제정법의 형태로 질서 있게 배열하는 작업을 시도하는 것이다. 이러한 방법으로 코먼로의 상당히 큰 부문이 종종 실질적으로 중대한 변경 없이 제정법으로 전환되었다. 즉 판례를 찾는 수고가 제거되거나 약화되어, 법은 어느 정도 전문적인 법률가가 아닌 사람들도 접근할 수 있게 되었다. 그러한 법전화의 사례는 1882년의 〈환어음법〉(Bill of Exchange Act), 1893년의 〈동산매매법〉(Sale of Goods Act), 그리고 어느 정도까지 1926년에 시행된 일련의 재산법에서 볼 수 있다(이러한 법률에 대해서는 112쪽, 주2를 참조). 그러나 이러한 제정법 가운데 마지막으로 든 것은 부분적으로 법전화된 것에 불과하다. 그것들이 토지법에 대해 거대하고 광범위한 변화를 초래했음을 뒤에서 볼 것이다. 앞에서 설명했듯이 입법위원회의 작업 결과로 더 중대한 법전화를 장래에 기대할 수 있다. 이미 형사법의 몇 부분이 그 노력의 결과 법전화되어 왔다.

코먼로가 전체로 어느 정도까지 이런 식으로 법전화될 것인지, 또 법전화될 수 있을지는 여기서 논의할 수 없는 문제이다. 그러나 여하튼 여기에 충분한 법전화의 두 가지 조건은 거론할 수 있다.

(1) 법전화는 잉글랜드 판례법 체계의 특징적인 장점인 상세한 규칙의 풍요라는 것을 실질적으로 손상시키지 않고 재생산해야 한다. 우리는 몇 외국에서 채택되어 성공적으로 운용된 간결한 추상적 성질의 법전에 만족해서는 안 된다.

(2) 법전의 채택에 의해 우리는 우리가 현재 선례 구속의 원리로부터 누리고 있는 이익을 잃어서는 안 된다. 즉 법전을 해석하는 판례는 여전히 구속력을 가져야 하고, 여전히 법을 발달하기 위한 수단이어야 하며, 여전히 상세한 규칙을 만듦에 의해 법을 풍부하게 하는 능력이어야 한다.

7. 코먼로의 다른 원천

우리 자신이나 우리와 관련된 법에서 끌어온 법을 운용하고 있는 다른 나라들의 법원, 가령 스코틀랜드, 아일랜드, 영연방, 미국 법원의 판결은 잉글랜드 법원에 대해 구속력이 없지만, 상당한 정도로 존중될 자격이 있다. 그 최고 법원이 종국적 권위를 갖지 않는 영연방의 최종 상소법원으로서 기능하는 추밀원 사법위원회(Judicial Committee of the Privy Council)가 내린 판결도 엄밀하게 말하면 잉글랜드 법원에 대해 구속력이 없다. 그러나 그 법정을 구성하는 사람들이 대부분 상소법원으로 개정하는 경우의 상원 의원들과 동일인이라는 사실로 인해 그들의 권위는 크게 높아진다. 상원은 잉글랜드, 웨일스, 스코틀랜드, 북아일랜드의 민사사건에 대한 공통의 상소법원이고, 잉글랜드, 웨일스, 북아일랜드의 형사사건에 대한 공통의 상소법원이다. 즉 당해 문제에 포함된 원칙이 실질적으로 동일한 경우, 또는 당해 문제가 잉글랜드와 이러한 다른 나라들 중 하나 또는 둘에 공통된 제정법에 관련되는 경우, 스코틀랜드나 아일랜드의 사건에 대한 상원의 판결은 잉글랜드 사건에 대해 구속력 있는 선례로 취급된다.

부동산 보유조건(Tenures)에 대한 리틀튼(Thomas Littleton)[38]의 15세기 저서에 대해 코크경(Sir Edward Coke)[39]이 17세기에 쓴 『주석서』(*Commentary*),

38 리틀튼(?~1481)은 잉글랜드의 법률가이자 재판관으로 1481년에 쓴 『토지보유』(*Tenures*)로 유명하다. 잉글랜드법에 대해 라틴어가 아닌 최초의 책인 이 책에서 그는 로마법에 의존하지 않고 학문적으로 설명했다. 이 책은 또 최초로 인쇄된 법률서였다. 코크가 그의 저서 『영국법제도』(*Institutes of the Law of England*)에서 토지법을 설명할 때 리틀튼의 책을 주석한다는 형식을 취했기 때문에 이 책은 *Coke upon Littleton*이라고도 한다.

39 코크(1552~1634)는 17세기 잉글랜드의 식민지 사업가, 판사, 정치인이다. 법의 지배를 주장한 것으로 유명하다. 그는 의회의 특권이 판례로부터 나오고 그것에 구속된다고 지적했으며, 1609년 칼빈 판결(Calvin's Case)에서 "자연법은 잉글랜드법의 한 부분이며 신으로부터 비롯되어 영원하며 변하지 않기 때문에 세속적인 법에 우선한다"고 선언하였다. 1610년의 보넘 판결(Bonham's case)에서는 "의회제정법이 일반권리 또는 이성에 반하거나, 모순되거나, 실행이 불가능한 경우에는 코먼로가 그것을 통제하며 그러한 법을 무효라고 결정할 것이다"라고 했다. 후에 하원의원이 된 에드워드 코크는 1628년의 권리청원을 주도하였다. 현대 코먼로에 대한 최초의 개설서인 『잉글랜드법 제요』(*Institutes of the Law of England*) 4권을 썼다.

형사법(Crown Law)에 관하여 18세기에 쓴 마이클 포스트 경(Sir Michael Foster)[40]의 저서는 '권위 있는 저술'(books of authority)로 알려져 있고, 구속력에서 판례와 거의 같은 힘을 가진다. 법에 관한 다른 저술은 단지 저자의 명성에 따라 변하는 '설득력 있는 권위'를 갖는 것에 불과하다. 그러나 오늘날 법원은 중요한 현대 저술로부터 승인된 관련 문장을 더욱더 많이 인용하고자 한다. 부동산양도취급인 — 부동산양도증서(conveyances), 유언(will) 등의 법률문서의 작성을 직업으로 하는 법률가 — 의 관행은 종종 법이 무엇인지에 대한 증거로 도움이 된다.

8. 위임입법권

많은 경우 의회는 정부의 부서나 관리나 지방공공단체(Municipal Corporation)와 같은 공공단체에 대해 일정한 목적을 위해, 또 정해진 한계 내에서 규칙(by-laws)이나 조례(rule)나 규정(regulation)을 만드는 기능을 제정법에 의해 부여해 왔다. 그리고 그러한 기능의 행사는 제정법의 효력이라는 점에서 동일한 법적 규칙을 낳는다. 최근 의회는 이러한 기능을 정부 부서에 부여함에 대해 매우 관대하다. 어떤 경우에는 정부의 부서가 의회의 제정법을 변경하는 기능까지 부여해 왔다.

재판관과 변호사로 구성되는 위원회는 고등법원의 절차 규칙을 제정하는 권능을 갖는다. 이 기능을 행사하면서 그들은 정말 입법을 하는 것이다. 그들은 선례에 구속되지 않고, 그들이 적절하다고 생각하는 규칙을 만든다.

40 포스트(1689~1763)는 영국의 판사이다.

02
CHAPTER

코먼로와 형평법

2

코먼로와 형평법

1. 형평법과 도덕

코먼로와 제정법 외에, 영국법 체계의 가장 중요한 부분은 형평법이다. 종종 우리는 형평법이라는 용어나 그것에 상당한 말을 통속어로서는 전적으로 법의 범위 외의 것인 듯이 사용한다. 우리는 어떤 특정한 사건의 판결이나, 어떤 판결 속에 정해진 규칙을 의문 없이 법과는 합치하지만 '불공정한'(unfair) 또는 '부당한'(unjust) 또는 '불공평한'(unequitable) 것이라고 말한다. 이러한 경우 우리는 사실 법에 대해 도덕적 판단을 내리는 것이다. 그러한 도덕적 판단은 법에 아무런 영향을 주지 않는다. 이는 법이 제정법에 의해 변경되어야 할 하나의 이유일지 모르지만, 법의 변경이 제정법에 의해 행해지지 않는 한 이는 법이 법이라는 것을 방해하지 않고, 법의 작용에 영향을 주지도 않는다. 그러나 현대의 법률가가 법과 형평법이라는 두 가지 용어를 사용하는 경우, 그것은 형평법이 법이 아니라는 것을 뜻하지 않는다. 사실은 각각 다른 두 종류의 법 — 한편으로는 코먼로, 다른 한편으로는 형평법의 규칙 — 을 말하는 것이다. 형평법 규칙은 도덕만이 아니라 법적인 구속력도 갖는 것이다. 즉 법원에 의해 강행되는 것이다.

2. 법과 형평법의 관계

(1) 코먼로와 형평법 사이의 구별은 다른 법체계에서도 볼 수 있다. 가령 법무관[1]의 고시에 의해 발전된 **명예법**(ius honorarium)[2]은 로마법의 발전에 중요한 역할을 했다. 그러나 로마에서는 **명예법**이 **시민법**(ius civile)[3]과 마찬가지로 법원에 의해 운용된 것에 비해, 영국에서는 코먼로와 형평법이 1873년 〈법원조직법〉(Judicature Act)이 1875년에 실시되기까지 별도의 법원에 의해 운용되었다.

(2) 이러한 두 가지 규범은 서로 다르지만, 동격의 독립된 두 가지 체계로 보아서는 안 된다. 도리어 형평법 규칙은 코먼로에 대한 일종의 보충이나 부록에 불과하다. 즉 형평법 규칙은 코먼로의 존재를 가정하지만, 무엇인가를 더 부가한다. 이러한 방식으로 형평법은 코먼로에 대한 **부가물**이 된다.

(3) 나아가 형평법 규칙은 코먼로 규칙과 모순되지 않지만, 코먼로 규칙만이 남는다고 한다면 생기리라고 생각되는 것에 반하는 결과를 사실상으로나 실제상으로 낳을 것이다. 코먼로상의 권리는 이론적이지는 않아도, 실제상 이를 상계하는 형평법상 존재하는 권리에 의해 무효가 되었다. 이러한 의미에서 우리는 1873년 〈법원조직법〉 25조 11항에서 규정하듯이 코먼로 규칙과 형평법 규칙 사이의 '충돌이나 상위'라는 것을 말할 수 있다. 이는 지금 1981년 〈대법원법〉 49조로 대체되어 있다.

(4) 〈법원조직법〉이 1875년에 시행된 이래, 코먼로 규칙과 형평법 규칙

1 법무관(Praetor, 프라이토르)은 고대 로마의 관리 명칭을 일컫는다. 오늘날의 대법관과 같은 개념이다.
2 로마 정무관이 발동하는 법이다.
3 시민에게 적용되는 사법이다.

은 동일한 법원에서 인정되고 운용되어 왔지만, 두 개의 규칙은 여전히 별도의 법체계이고 대체로 각각 다른 원리에 의해 지배되고 있다. 어떤 하나의 사실들로부터 어떤 권리가 생기는지를 확정하기 위해 우리는 언제나 ① 코먼로 규칙은 무엇인가? ② 코먼로 규칙의 작용 위에 당해 사건에 적용되는 어떤 형평법 규칙의 존재에 의해 차이가 생긴다고 한다면 어떤 차이인가를 질문해야 한다.

(5) 코먼로와 같이 형평법 규칙은 재판법(judicial law)이다. 즉 형평법 규칙을 발견하기 위해 우리는 먼저 형평법을 운용해 온 재판관의 판결에 따라야 한다. 그러나 형평법의 어떤 부문은 코먼로의 어떤 부문과 마찬가지로 정정되거나 부가되어 1890년 〈조합법〉(Partnership Act)과 같이 법전화 속에 다시 서술되었다.

3. 역사

13세기 말부터 3대 법원, 즉 왕좌법원(王座法院, Court of King's Bench),[4] 민사법원(Court of Common Pleas),[5] 재무법원(Court of Exchequer)[6]이 확실하게 설립되었다. 그 모두 국왕법원(King's Courts)으로서 카운티(county)[7]나 헌드

4 왕좌법원은 13세기 말 국왕평의회(curia regis)에서 분화된 코먼로 법원으로 민사와 형사 쌍방을 취급했으나 민사사건의 상당 부분은 민사법원 및 재무법원과 경합했다.

5 민사법원(Court of Common Pleas)은 인민간 소송법원으로 번역되기도 한다. 이는 1170년경부터 12세기 말까지 성립했는데, 의제 등의 수단을 통하여 그 관할권을 서서히 확대하여 코먼로상의 거의 대부분에 대해 왕좌법원 및 재무법원과 경합했다.

6 재무법원은 재무부(Exchequer)가 그 임무의 수행과 관련하여, 자기가 국왕에 대해 채무를 지지 않는다고 주장하는 자가 나올 때 그 재판에 임했는데, 그 업무량이 증대하자 그것을 재무부의 일반 업무와 분리시켜 전문적으로 담당하는 기관으로 성립한 법원이다.

7 카운티(county)는 미국의 경우 주(州, state) 밑에 있는 행정단위인 군(郡), 잉글랜드에서는 도(道)에 해당된다고 번역되기도 하지만 우리의 군이나 도의 경우와 반드시 일치한다고 보기 어렵다. 따라서 카운티라고 표기하도록 한다.

레드(hundred)8의 자치체법원(Communal Court),9 영주법원(Lord's Court)과 교회법원(Ecclesiastical Court)에 대립하는 것이다. 그 각각은 그 고유한 관할구역을 갖지만, 세월이 지나면서 언제나 그 관할을 확대했기 때문에 같은 사항이 종종 어느 법원에 의해서도 차별 없이 처리할 수 있게 되었다.

이러한 세 가지 법원은 모두 실질적으로 동일한 법을 운용하였고, 이 법은 에드워드 1세 때까지 코먼로라고 불렸다. 왜냐하면 그것이 잉글랜드 전역에 공통된 법이기 때문이다. 그것은 상당히 분명한 규칙 체계가 되어 성장하는 능력과 다양한 방면으로 발전하는 능력을 가졌지만 역시 명백한 경계선을 가져서 이를 넘을 수는 없었다. 이러한 법원은 1875년까지 존속하면서 코먼로 법원으로 알려졌다.

이러한 법원의 외부에 있었던 것이 대법관(Chancellor)이다. 대법관은 원래 재판관이 아니고 자신의 법원을 갖지도 않았다. 대법관은 정부의 커다란 관청 — 서기국(secretarial office)이라고 할 수 있다 — 의 장이다. 법제사가인 메이틀랜드(Frederic William Maitland)10는 그를 "모든 부서에 대한 국왕의 국무장관"(King's Secretary of State for all departments)11이라고 했다. 국왕의 이름으로 작성되어야 하는 문서는 모두 대법관이나 그의 부하들에 의해 작성된다.

어떤 점에서 대법관은 일찍부터 사법과 관련되었지만, 그것은 스스로 법을 멋대로 변경할 수 있다고 하는 의미에서가 아니었다. 영장, 즉 어떤 사람이 어떤 청구에 의해 국왕법원의 하나에 출두해야 한다고 하는 국왕의 명령장은 대법관의 이름으로 발부되었는데 오늘날에도 마찬가지로 그것은

8 헌드레드(hundred)는 county 아래의 행정단위로 우리의 군에 해당된다고 할 수 있지만 반드시 일치하는 것이 아니므로 헌드레드라고 표기하도록 한다.

9 자치체법원(Communal Court)은 공동체법원이라고도 번역된다. 중세 잉글랜드에서는 shire(주) 내지 county, hundred 내지 wapentake, vill 내지 township로 세분되었고, 그중 vill이나 township을 제외한 것에는 각각 그 지역 주민으로 구성된 인민집회 겸 재판집회가 있었는데 그 집회의 총칭이 자치체법원이다.

10 메이틀랜드(1850~1906)는 잉글랜드의 법제사학자로 잉글랜드법제사를 비교법적 시야에서 역사학적으로 연구했다.

11 (원주) Maitland, *Equity*, p. 3.

대법관의 관청에서 발부된다. 많은 영장이 이미 형성되었고 통상 발생하는 사건에 적응하는 것으로서 훌륭하게 인정되었다. 즉 요금을 지불하고 청구하면 영장을 받을 수 있다.

자신이 침해당했다고 생각하면 스스로 잘 입증할 수 있는 청구권을 취득하는가 하는 의문은 그의 주장에 맞는 영장이 존재하는가, 만일 존재하지 않는다면 국왕법원이 유효하다고 보는 영장을 발부받을 수 있는가라는 의문에 대한 회답 여하에 달려있다. 대법관부(Chancery), 즉 대법관의 관청은 (1285년 〈웨스트민스터 제2법률〉(Statute of Westerminster Ⅱ)에 의해) **동종의 경우에는**(*in consimili casu*), 즉 영장이 이미 존재하는 것과 충분히 유사한 새로운 경우에 적응하기 위해 새로운 영장을 작성하는 권능을 가졌고, 또한 새로운 영장이 종종 작성되었다.

그러나 여기서 코먼로 법원은 최후의 결정권을 잘 행사했다. 왜냐하면 코먼로 법원은 15세기에 영장의 유무효를 결정하는 권능을 확보했고,[12] 만일 영장이 무효라면 원고가 영장을 받았다고 하는 사실은 원고에게 이익을 초래하는 것이 안 되었기 때문이다. 영장의 유무효를 결정하는 경우, 재판관들은 이미 승인된 코먼로 원리에 의해 지도받게 되었다. 그런데 코먼로 법원의 법과 절차의 운용이 특정한 경우에 부당하거나 곤란한 결과를 낳는 사례가 종종 생겨났다. **오늘날의 우리들이라면** 필경 이렇게 말하고 싶으리라. "그래, 그것은 유감이다. 그러나 간섭하는 것은 더욱더 나쁘다. 어떤 특정한 어려운 사태를 구제하지 않고 두기보다도 법을 불확실하게 하는 쪽이 더욱 좋지 않다."

그러나 그것은 우리의 선조들이 이 문제를 바라보는 경우의 태도가 아니었다. 법과 도덕은 아직 분명하게 구별되지 않았고, 또한 누구도 법이나 사법권의 전부가 어느 것이 어떤 하나의 법원 속에서 발견되어야 한다고 말하지도 못했다. 교회법원이나 수많은 상이한 종류의 지방법원(Local Court)이 코먼로 법원의 사법권과 다른 일종의 사법권을 운용했다. 그래서 국왕의 사법권도 그 권능이 국왕의 법원에 부여된 것으로 고갈되지는 않았다고

12 (원주) Holdsworth, *History of English Law*, 4th. ed., 2권, pp. 514-5.

생각되는 것이 자연스러웠다. 사법권이 국왕하에는 남아 있으므로 국왕의 통상법원에서 구제를 받을 수 없었던 자는 다소간 성공을 기대하여 국왕과 국왕평의회(King's Council)[13]에 대해 당연한 권리로서가 아니라 적어도 하나의 은혜로 구제를 청원할 수 있었다. 이러한 청원은 실제로 대법관에게 회부되었다. 대법관은 수석 장관이고 비서이고 국왕평의회 중의 가장 학식 있는 구성원이었다. 그리고 시간이 지남에 따라 이러한 청원은 곧 직접 대법관 자신에게 향하게 되었다.

청원자가 국왕 자신을 상대방으로 하여 구제를 요구하는 경우 우리와는 무관하기 때문에 여기서는 논외로 하고, 이러한 비상구제가 요구되는 두 가지 종류의 경우에 대해 우리는 주목할 수 있다.

(1) 청원자가 의심의 여지가 없는 법률상의 침해를 입은 — 폭행을 당했다든가, 구타를 당했다든가, 자신의 소유지로부터 쫓겨났다든가 — 것은 아니지만, 당사자는 가난하고 그 상대는 부유하며 힘이 강하여, 또 배심이 부패했다든가 비겁하다고 하는 등의 이유로 구제를 받을 수 없는 경우. 이러한 종류의 경우 구제는 중세에는 국왕평의회에 의해, 때로는 대법관에 의해 주어졌다. 16세기와 17세기 초엽에 이 재판권은 대법관에 의해 포기되었고 성실법원(Court of Star Chamber)[14]으로 옮겨졌다. 이 법원이 1641년에 폐지되었을 때, 코먼로 법원은 적절한 구제를 부여할 정도로 강력하게 되었다.

(2) 여하튼 도덕적 권리이지만 코먼로 법원으로 보호할 수 없는, 또 보호하기를 바라지 않는 권리가 어떤 행위로부터 생기는 경우, 특히 유스(use)[15]나

13 큐리어 레기스(curia regis)라고도 한다.

14 성실법원(Star Chamber)은 원래 웨스트민스터 궁전 내에 14세기 중엽에 세워진 '별의 방'(camera stellata)을 가리키는 말이었으나, 그곳이 국왕평의회가 열리는 장소의 하나가 되어 그것을 가리키게 되었다. 그 국왕평의회가 국정 전반 외에 법적 분쟁, 특히 중세 말부터 코먼로와 코먼로 법원에 의해 충분히 해결되지 못한 새로운 법적 분쟁을, 국왕대권에 근거하여 해결한 것이 성실법원의 기원이었다.

15 유스는 신탁의 전신(前身)으로, 어원은 '누구의 이익을 위하여'를 뜻하는 ad opus에 있다. 유스는 토지보유자 A가 그 코먼로상의 부동산권(legal estate)을 B에게 양도하고, 그것을 A가 지명하는 C의 이익을 위해 보유하도록 명함에 의해 설정되었다.

신탁(trust)16이라고 하는 것이 생기는 경우가 있다. 이는 어떤 사람이 토지를 코먼로상 타인에게 양도하는 행위이지만, 양수인은 토지를 양도인의 이익을 위해, 또는 양도인이 그 유언 속에 지명되는 자의 이익을 위해 보유한다는 양해가 붙어 있다. 코먼로는 이미 자신이 보호하고자 생각하고, 토지의 권리 종류에 대해 또 자신이 허용하고자 생각하는 양도 방법에 대해 지극히 엄격하게 생각했다. 유스와 신탁을 코먼로는 인정하고자 하지 않고, 토지의 유언은 무효라고 코먼로는 결정했다. (지방관습으로 확립되지 않는 한—유언으로 토지를 양도하는 권능을 부여하는 제정법이 나타난 것은 1540년 이후였다.)

그러나 이처럼 유스나 신탁을 창설하는 관행은 유행했고 또한 증대되었으므로 이에 대한 모든 법적인 보호가 결여되는 경우는 지극히 드물었다. 그래서 14세기 말까지 사람들이 청원을 대법관에게 향하게 하고, 자신들은 적어도 이러한 유스로부터의 수익을 위한 도덕적 권리를 가지고 있다고 주장하고, 코먼로상의 소유자가 그 코먼로상의 권리를 가지고 자신에게 대항하고자 하기 때문에 대법관에게 이러한 법률상의 소유자를 상대로 하여 자신들에게 도움을 주도록 간청한다는 사태를 보게 된다.

그런데 대법관은 이 시대에, 보통은 성직자로, 일반적으로는 사제로 그러한 지위에 있는 자로서 도덕이나 '양심'의 문제에 흥미를 갖는, 또 적어도 자신의 견해로는 이러한 문제의 좋은 재판관이었다. 대법관은 일반적으로 국왕의 양심을 보유한 자(keeper of the King's conscience)라고 한다. 대법관은 이 모든 탄원자를 돕기 위해 무엇을 할 수 있는가? 대법관은 직접적으로 코먼로 법원의 절차를 방해할 수 없다. 코먼로 법원에 의해 유효하다고 판정될 가능성이 높은 많은 새 영장을 발부할 수 없다. 그러나 다음을 할 수는 있다. 즉 대법관은 청원장을—이는 소장(bill)이라고도 하지만—고려한다. 만일 당해 사건에 무엇인가가 있다고 생각하면 대법관은 영장을 발부하고, 소장의 상대방에게 코먼로 법원이 아니라 대법관 자신 앞에 출두하여 선서를 한 뒤 청원장에 대해 답변할 것을 명한다. 이 영장은 **벌칙부**

16 재산권에 관한 신뢰관계를 말한다.

소환영장(罰則付召喚令狀, *subpoena*)[17]이라고 불렸다. 왜냐하면 이 영장이 상대방에게 일정한 금액을 징수한다는 벌을 조건으로 하여 출두를 명하기 때문이었다.

대법관 앞에 오면 상대방은 선서를 하고 소장에 대해 답변해야 한다. 그 절차는 코먼로의 절차와 매우 다르다. 코먼로 절차는 소송 당사자 1인에 대하여 증언하는 것을 결코 강제하지 않았고, 또 (당시에는) 이를 허용하지도 않았다. 그러나 그 절차는 유스나 신탁과 같은 문제를 심리하기에 적합한 하나의 절차이자 유일한 절차로, 이 절차를 위해서는 명백한 공공행위도, 어떤 형식적인 문서도 증거로 이용할 수 없다. 마찬가지로 코먼로 절차와 달리, 대법관은 모든 사건을 스스로 심리한다. 대법관은 사건을 배심에 의해 심리하기 위해 배심에 회부 — 코먼로 사건은 반드시 그러해야 한다 — 하지 않는다. 그 후의 시대에 배심에 의한 심리에 적합한 특수한 문제가 대법관 앞에 온 사건 가운데 생기자 종종 대법관이 배심 심리를 면한 것은 사실이다.

그런데 대법관이 청원인에게 유리하게, 가령 코먼로상으로는 피고에게 속하는 토지가 청원인에게 속해야 한다거나, '양심상', '공평상', 도덕상 청원인에게 속한다고 판결했다고 가정해 보자. 그는 어떻게 할 것인가? 대법관은 코먼로 규칙을 뒤집을 수 없다. 대법관은, 적어도 직접적으로는 코먼로 법원의 절차를 방해할 수 없다. 코먼로상의 소유자가 코먼로상의 소유자가 **아니라고** 말할 수는 없다. 대법관이 할 수 있는 것은 코먼로상의 소유자가 양심상, 공평상, 자신의 코먼로상의 권리를 자신의 이익을 위해 행사할 수 없고, 또 그 권리를 어떤 사람의 이익을 위해 행사하여 그 사람을 위해 자신이 그 권리를 신탁적으로 보유해서는 안 된다고 말하는 것이다.

그러나 대법관은 그렇게 말하는 것에만 머무르지 않는다. 만일 이러한 코먼로상의 소유자가 공평과 양심이 명하는 대로 행동하고자 하지 않는 경우, 필요하다면 수감에 의해 그 사람을 처벌할 수 있다. 심지어 이러한 코먼로상의 소유자가 자신의 코먼로상의 권리를 코먼로 법원의 소송에 의해

17 따르지 않으면 벌을 부과한다는 취지의 경고하에 일정한 일시와 장소에 출두할 것을 명하는 법원의 영장(writ)이다. 오늘날에는 증인의 출두를 명하는 등, 증거 확보의 목적으로 사용되고 있다.

강행하고자 해도 대법관은 그 시도를 간접적으로, 그러나 유효하게 방해할 수도 있다. 대법관은 코먼로 법원에 대해 소송의 심리를 금지할 수 없다. 그러나 어떤 사람에게 소송의 제기를, 또는 소송의 속행을, 또는 그가 얻은 판결의 이용을 금지할 수 있고, 그것에 따르지 않으면 그 사람을 수감할 수 있다. 대법관은 그러한 명령을 내리는 것에 그다지 주저하지 않는다. 왜냐하면 자신은 사실 그에게 최대 이익이 되는 것을 하는 것이라고 말할 수 있기 때문이다. 만일 그가 양심에 반하는 행위를 하고 있다면, 그는 그 영혼을 해치는 것으로—대법관이 사제라는 것을 잊어서는 안 된다—그가 그러한 해를 그 자신에게 가하는 것을 방해하는 것이 더욱 좋다.

특별한 경우의 특별한 호의에 의한 것으로 출발한 이러한 종류의 방해는 점차 정규의 관행이 되었다. 그것은 대중적인 것이 되었다. 즉 유스와 신탁은 사람들이 그 재산을 처리하는 경우에 사용하는 통상 방식의 일부가 되었다. 유스와 신탁은 자신이 남용되는 것도 허용했고, 이 남용은 14, 15, 16세기에 의회법의 제정에 의해 저지되어야 했다. 대법관은 실제로 하나의 법원으로 발전하여 대법관 법원(Court of Chancery)으로 알려졌다. 그리하여 오로지 특정 사건에 도덕적 감각을 적용하는 것으로 시작된 형평법이라고 하는 일반 원리가 점점 명확한 규칙으로 발전해 갔다. 어느 대법관이 어떤 사건에서의 일정 행동이 양심에 반한다고 판결했다고 하면, 그 대법관은 유사한 행동이 다른 사건에서도 양심에 반한다고 판결하게 되고, 다른 대법관도 마찬가지로 판결한다. 여기에 초래되는 것은 실제로 법적 규칙의 새로운 조합이다. 즉 그 규칙은 장래에도 똑같이 적용되거나 분명히 적용되는 것으로 신뢰할 수 있다. 또한 권리의 새로운 조합도 초래된다. 이 권리는 코먼로 법원에서만 강행될 수 있는 코먼로상의 권리와 함께 대법관의 법원에서도 강행할 수 있는 권리이다. 그리하여 이론상으로는 그렇지 않아도 사실상 코먼로상의 권리에 우선한다. 그래서 두 가지 종류의 소유권이라는 것도 생각할 수 있게 된다. 어떤 물건이 어떤 사람에게 속해야 한다는 것, 그리고 그 물건은 그 사람의 이익을 위해 사용되어야 한다는 것으로부터 그 물건은 '공평상' 또는 '양심상' 현실적으로 그 사람의 물건**이라는** 것까지 된다.

여기서 형평법 발전의 몇 가지에 대해 주목해 보자.

1535년, 헨리 8세는 〈유스법〉(Statute of Uses)[18]으로 유스에 타격을 가했다. 그 왕이 그 법의 의회 통과를 강행한 주요 목적은 봉건적 토지보유의 부수적 조건(incident of feudal tenure)[19]으로부터 수입원을 회복하는 것으로, 그 수입원은 토지를 유스를 위해 양도한다는 관행에 의해 고갈되었다(5장 참조). 그 제정법은 A가 B에게 토지를 향유시킨다고 하는 수동적 유스를 위해 A가 그 토지의 자유토지보유권리(freehold interest)[20]를 점유할 때 B의 형평법상의 권리는 코먼로상의 권리로 전환되어야 한다고 규정했다.

그 결과, 이러한 경우에는 코먼로상의 소유권과 형평법상의 소유권의 분리가 없어진다는 것이었다. 그러나 이 분리는 위 제정법이 적용되지 않는 경우, 가령 수탁자가 어떤 적극적 의무를 이행해야 하는 경우, 또는 수탁자가 타인의 유스를 위해 자유토지보유권(freehold)을 점유하고 있다는 것이 아니라, 부동산적 동산(chattel real)[21]이나 순수동산(chattel personal)[22]을 점유하는 경우 여전히 존속했다. 나아가 위 제정법이 적용되는 경우, 코먼로상의 부동산권(estate)[23]과 형평법상의 부동산권의 분리를 방지하는 것에 대한 위 제정법의 효력은 17세기 후반에 대법관 법원의 결정에 의해 무효가 되었다. 이 결정은 위 제정법이 코먼로상의 부동산권으로 전환한 유스에 대해 선언된 신탁을 보호하기 위한 것이었다. 만일 X가 토지를 A에게, B의

18 유스(Use)에 의한 봉건적 부수적 조건(feudal incidents)의 회피를 저지할 목적으로 1535(1536)년에 제정된 법률이다.

19 (원주) 이러한 부수적 조건 중 가장 주요한 것은 후견과 혼인이었다. 영주는 사망한 소작인의 미성년 상속인의 토지에 대한 후견권이 있었고, 그는 그 토지에서 나온 이득에 대하여 책임을 질 필요가 없었다. 그리고 그 상속인이 성년이 되면 그는 그가 선발한 사람에게 결혼을 시킬 수 있었다. 만약에 그 상속인이 추천한 사람과 결혼하는 것을 거부하면 그는 그 결혼의 가치만큼 대가를 지불해야 했다. 즉 추천된 사람은 아내나 남편으로서 결혼을 위하여 영주에게 기꺼이 그 값을 지불한 것이다. 세습세(Relief)는 그가 아버지의 부동산을 상속할 때에 소작인으로서 바쳐야 할 금전이었다. 부동산 복귀(Enscheat)는 만약에 소작인이 상속인을 남기지 않고 사망하거나, 또는 1870년까지 그가 중죄를 범했을 경우에 영주가 그 토지를 다시 찾는 권리를 말했다. 이러한 책임의 전부를 유스제도로 옮김으로써 회피할 수가 있었다.

20 freehold는 자유토지보유권을 말한다.

21 인적 재산(Chattel) 중 부동산에 관한 재산을 말한다.

22 동산을 말한다. 부동산과 무관한 인적 재산을 말한다.

23 영미법에서 estate란 부동산이나 (기한 조건부) 재산권을 뜻하는 경우 외에 신분을 뜻하기도 한다.

유스를 위해 부여했다고 한다면, B는 코먼로상의 부동산권을 유스법에 의해 취득한다. 그러나 만일 X가 C를 수익자로 하는 신탁을 위해 토지를 B에게, 게다가 B의 유스를 위해 부여했다고 하면 B는 이 토지의 코먼로상의 소유자가 되고, C는 형평법상의 소유자가 되었다. 그리하여 신탁이라는 이름 아래 토지의 형평법상의 권리가 다시 발생하여 번영했다.

종교개혁 이후 대법관은 통상 세속인이었다. 즉 제임스 1세(James Ⅰ)[24]와 찰스 1세(Charles Ⅰ)[25]하의 윌리엄(William) 주교는 최후의 사제 대법관이었다. 다시금 대법관은 통상 법률가가 되게 되었다. 즉 찰스 2세(Charles Ⅱ)[26]하의 샤프츠베리 경(Lord Shaftesbury)[27]은 법률 실무를 경험한 적이 없었던 최후의 대법관이었다. 이 모든 것은 형평법 규칙에 대해 더욱 명료하게 법적 성격을 창조하는 힘이 있었다.

그 사이에 형평법은 새로운 관할 범위를 더했다. 16세기부터 17세기 초엽에 **사기**(*fraud*)와 **사고**(*accident*) — 특히 우발적 사고에 의한 문서의 감실 — 가, 특히 형평법 법원에서 구제를 구하기에 적합한 사항 — 코먼로 법원이 충분히 처리할 수 없는 사항 — 이라고 생각되었다. 양도저당(mortgage)[28]

24 제임스 1세(1566~1625)는 엘리자베스 1세의 뒤를 이은 잉글랜드 왕이다.

25 찰스 1세(1600~1649)는 1625년부터 1649년까지 잉글랜드를 통치한 국왕으로 1649년 올리버 크롬웰에 의해 폐위됨과 동시에 처형되었다.

26 찰스 2세(1630~1685)는 1660년부터 1685년까지 영국을 통치하던 왕으로 찰스 1세의 아들로 아버지가 청교도 혁명으로 처형된 후 스코틀랜드에서 즉위하였으나, 던바·워스터 싸움에서 올리버 크롬웰에게 패한 후 프랑스로 망명하였다. 1660년 왕정복고에 따라 귀국하여 이듬해 즉위하였다. 그는 비국교도를 탄압하고 왕권을 확대하는 정책을 취하였으며, 1666년 네덜란드와의 전쟁, 전염병, 런던의 큰 화재(런던 대화재)로 시달렸다. 1670년 프랑스의 루이 14세로부터 군비를 지원받아 제2차 네덜란드 전쟁을 일으켰다. 후에 의회와 대립이 심해져서 의회는 로마 가톨릭 교도들의 공직 진출을 제한하는 법인 '심사율', '인신 보호법'을 제정하여 왕의 전제 정치에 대항하였다.

27 샤프츠베리 경(Anthony Ashley Cooper, 1st Earl of Shaftesbury PC, 1621~1683)은 잉글랜드의 정치가로 휘그당의 창설자로 대법관을 지냈다.

28 원래는 채무의 담보로서, 재산권을 채권자에게 이전하는 것을 말했고 잉글랜드와 미국의 일부 주에서는 지금도 그렇게 구성되고 있다. 채무의 이행이 있으면 재산은 채무자에게 반환된다. 부동산만이 아니라, 거의 모든 재산권에 대해 양도저당을 할 수 있다. 양도저당은 영미의 물적 담보의 중심이지만, 그 기원은 이자를 받는 것이 금지된 중세에 담보로 하는 토지의 점유를 채권자에게 이전하고, 토지로부터의 이익을 허용한 채권담보수단에 있다고 한다.

은 대법관이 취급하는 특별한 항목을 구성한다. 어떤 사람이 돈을 빌리고 자신의 토지를 채권자에게 양도하고 채권자를 코먼로상의 소유자로 한다. 채무자는 일정한 기일에 지불한다는 뜻을 약속한다. 채무자가 자신의 약속을 지키면 채무자의 토지는 채무자에게 반환하여야 한다. 이를 지키지 않으면 이 토지는 영원히 채권자에게 속해야 한다. 설령 틀렸다거나 사고에 의해 채무자가 지정된 기일에 반제하지 않았다면 어떻게 되는가? 채무자에게 당해 날인증서(deed)29의 조항을 지키게 하는 것은 공정한가? 형평법은 아니라고 답한다. 그리고 조만간 양도저당은 금전에 대한 단순한 담보에 불과하고, 소유권의 진정한 양도와는 전혀 다르다는 원칙을 수립하기까지에 이르렀다. 위 채무자는 어떤 의미에서 역시 소유자이다. 그는 새로운 종류의 형평법상의 소유권, 즉 '형평법상의 상환권'(an equity of redemption)30을 가지며, 이 권리를 형평법 법원이 채무자에게 반제를 위한 충분한 기회를 부여하고, 나아가 채무자가 지불할 수 없거나 지불의 의사를 갖지 않는 것이 법원에 명백하게 되어 비로소 상실하는 것에 불과하다.

17세기에는 대법관 법원이 자신의 독립을 위해 코먼로 법원과 투쟁해야 했다. 코먼로 법원은 대법관이 코먼로 법원의 판결을 코먼로에서 승소한 자에게 그 판결의 실행을 금지함에 의해—이론상이 아니라 사실상—방해한 방식에 분개했다. 그래서 큰 싸움이 수석 재판관인 코크와 대법관 엘스미어 경(Lord Ellesmere)31 사이에서 시작되었으나, 이는 국왕 제임스 1세에 의해 후자에게 유리하게 재결되었다. 공화정하에서는 대법관 법원의 개혁, 나아가 그 폐지도 제안되었다. 민사사건에 대한 대법관 법원의 비상관할권은 형사사건에 대한, 지금은 없어진 성실법원의 비상관할권에 비교되었다. 그러나 이러한 제안은 실현되지 않았다. 1688년 혁명기에 대법관 법원을 코먼로 법원의 지배하에 두자는 상당히 유사한 제안이 나왔으나 거

29 날인증서(deed)는 종이나 양피지에 서명하고 seal을 붙여 상대방이나 제3자에게 교부한 문서를 말한다.

30 상환권(redemption)은 채무를 변제하는 등으로 저당 잡힌 물건을 되돌려 받는 것을 말한다.

31 엘스미어 경(Thomas Egerton, 1st Viscount Brackley, 1540~1617)은 잉글랜드의 대법관을 지냈다.

부되었다. 코먼로 법원이 할 수 없거나 하고자 하지 않는 것을, 또 그것 없이는 사람들의 권리가 충분히 보호될 수 없는 일을 대법관 법원이 하는 것은 분명했다. 형평법은 국법의 일부로 지속되었다.

대법관 법원의 업무는 증대했다. 기록장관(Master of Rolls)[32]은 본래 지위가 매우 낮은 공무원으로 대법관 법원의 문서를 보관했으나, 17세기 말에는 형평법 사건을 심리할 수 있는 재판관이 되었다. 그러나 이 재판관으로부터 대법관으로 상소가 인정되었다. 그 둘이 오랫동안 형평법 업무의 대부분을 담당했다. 재무법원(Court of Exchequer)도 형평법상의 관할권, 즉 '형평법 측'(Equity side)이라는 것을 발전시켰으나 이는 1842년 대법관 법원으로 이관되었다. 지금 그것은 고등법원의 왕좌부에 의해 운용되고 있다. 대법관 법원의 업무는 재판관에게 과중했다. 그리고 이러한 지연의 원인은 절차의 지연적 성질에 의해, 또 약간의 대법관이 자신의 판결을 고려함에 시간을 끄는 것에 의해 가중되었다. 19세기 초엽에 엘든 경(Lord Eldon)[33]은 종종 하나의 사건을 10년간 생각했고, 겨우 판결을 내렸을 때에는 필경 당사자 대부분이 사망했으며, 재산의 대부분을 소송비용으로 탕진했다. 19세기 초엽 부대법관(Vice-Chancellor)이라고 불린 보충 재판관이 처음에는 1명, 뒤에는 3명 임명되었다. 그리고 부대법관과 상원 사이의 중간물인 대법관 항소법원(Court of Appeal in Chancery)이 1851년에 설립되었다. 과거의 지연 절차는 1852년에 개혁되었다. 대법관은 차차 제1심 재판관으로 활동하기를 그만두고, 자신의 힘을 대법관 항소법원이나 상원을 위해 사용했다.

마지막으로, 사법법은 1873-5년에 코먼로 법원과 다른 법원을 폐지했듯이 과거의 대법관 법원을 폐지하고 새로운 법원인 고등법원(High Court of Justice)을 설립했다. 이 법원은 코먼로 법원과 형평법 법원이 가졌던 권능의 전부를 가지고 코먼로 규칙과 형평법 규칙을 운용했다. 그러나 만일 이러한 규칙 사이에 '충돌이나 상위'가 있으면 형평법 규칙이 우선했다. 이 법원에는 현재 3개 부가 있다. 즉 왕좌부(Queen's Bench Division), 대법관부

32 영국 항소법원(Court of Appeal)의 최상위 재판관이다.

33 엘던 경(1751~1838)은 영국의 대법관이다.

(Chancery Division), 그리고 가족부(Family Division, 이는 검인과 이혼 및 해사를 위한 부(Probate, Divorce, and Admiralty Division)를 계승한 것으로 다음의 3장에서 언급된다)이다.[34] 왕좌부와 대법관부는 더 이상 상이한 법원이 아니고, 업무 편의의 문제로 대체로 코먼로를 포함한 사항은 왕좌부에, 대체로 형평법을 포함한 사항은 대법관부에서 관장한다. 그러나 일정한 부동의 경계선이 있는 것은 아니다. 즉 원고는 종종 자신의 소송을 개시할 부서를 선택할 권리를 가지며, 코먼로 규칙과 형평법 규칙은 두 부서에서 운용된다.

4. 현대 형평법의 주된 영역

법원법이 하나의 법원에서 코먼로와 형평법을 결합하여 어떤 효과를 갖게 되었는지를 논하기 전에, 어떤 법역에서 형평법은 코먼로에 대해 중요한 추가를 하고, 또 코먼로가 불가능한 업무나 하지 않은 업무를 한 그 법역의 약간에 착안하는 것이 편리하다고 생각된다.

먼저 재산법 부문이다. 신탁은 여전히 존재한다. 우리는 계승적 재산처분(settlement)[35]을 하고, 그것에 의해 우리는 법이 허용하는 한계 내에서 어떤 사람으로부터 다른 사람에게 재산이 옮겨진 것처럼, 가령 어떤 사람에게, 그리고 그 사람의 아내에게, 나아가 그 사람의 자녀들 사이에 분배되도록 정한다. 1926년 이전에 우리는 엄격한 의미에서의 **물적** 재산(*real* property), 즉 자유 보유권과 등본 보유권(copyhold)[36]을 취급하는 경우, 신탁이 필요하지

34 현재는 국왕부, 대법관부, 가족부로 구성된다.

35 계승적 재산설정 또는 계승적 부동산 처분이라고도 한다.

36 원래는 장원(manor)의 영주에게 속하는 직속지(demesne)를 경작한다고 하는 불확정적인 농경적 역무를 지는 농민, 즉 농노(villein)라고 불린 사람들의 토지보유권을 말했다. 이 권리는 장원법원(manorial court)에서만 보호되었다. 그러나 15세기까지 이러한 농노적 농경 역무는 화폐지대로 전환되어, 영주하에 있는 법원의 기록 등본에 의해 그 권리를 입증하면 국왕법원의 구제를 얻을 수 있게 되었다. 등본 보유권(Copyhold)은 보통 영주가 허용하는 한 존속하는 임의부동산권(tenancy at will)이지만 장원의 관습에 의해 영주의 의사에 종속하지 않는 것도 있었다. 후자는 관습적 자유토지보유(customary freehold)라고 한다.

않았음이 사실이다. 코먼로는 우리가 하나의 자유 보유의 부동산권을 끊어서 각각을 코먼로가 인정하는 몇 가지 계기적인 부동산권으로 하는 것을 허용했다. 그러나 뒤에서 보듯이 1925년 이후에는 그렇게 할 수 없었다(127쪽 참조). 따라서 어떤 종류의 재산에서도 장래의 권리(future interest)를 창설할 수 있는 유일한 방법은 신탁의 기구에 의한 방법이라는 것이었다. 양도저당에 대해서도 마찬가지이다. 1926년까지 우리는 형평법상의 권리를 창설하지 않고 재산을 양도저당의 목적으로 하는 방법이라는 것을 발명하지는 않았다. 1926년 이전에는 채무자가 코먼로상의 권리를 저당채무자에게 양도하고, 형평법상의 권리 — '형평법상의 상환권' — 를 유보하거나, 채무자가 코먼로상의 권리를 스스로 유보하여 가령 부동산 권리증서(title-deed)를 기탁하는 등에 의해 형평법상의 권리를 부여했다. 후자 형태의 양도저당은 지금도 가능하다. 그러나 전자 대신 저당채무자와 저당채권자 쌍방도 코먼로상의 부동산권을 취득한다는 형식의 양도저당이 발명되었다(139-43쪽 참조).

이러한 형평법의 권리와 관련하여 매우 특징적인 것은 통지(notice)의 이론이다. 더 상세하게 말하면 형평법상의 권리는 그 목적 재산을 취득한 모든 사람에 대해 대항할 수 있지만, 단 목적재산에 대해 코먼로상의 소유권을 가지고 유상(for value)으로 통지 없이(without notice), 즉 형평법상의 권리가 존재함을 알지 못하고, 또 알아야 할 이유 없이 취득한 사람에 대해서는 예외로 한다는 이론이다. 그러나 지금은 코먼로상의 부동산권의 유상무통지 취득자(purchaser of the legal estate for value without notice)의 권리는 1972년 〈토지부담법〉(Land Charges Act)에 의해 축소되었다. 그 법은 토지의 권리에 대한 등기를 허용하고, 등기는 통지와 같다고 정함에 의해 일정한 경우에 위와 같은 취득자가 형평법상의 소유자의 권리를 파괴하는 것을 방지했다. 코먼로에서는 통지의 이론이 거의 인정되지 않는다. 코먼로에서는 전혀 권리가 없거나, 통지 여하에 관계없이 모든 사람에 대해 대항할 수 있는 권리가 있거나 둘 중의 하나이다. 위 통지 이론은 코먼로 속에 1, 2개소, 가령 유통 증권(negotiable instrument)의 법에 들어가 있다. 그러나 넓게 말하면 통지의 유무에 관한 권리를 취득한 경우에 대해서도 그것은 형평법의 영역에 속한다고 생각해도 무방하다.

다음은 계약(contract)에 대해서이다. 먼저 부당 위압(undue influence)의 이론에 주목해야 한다. 코먼로는 계약을 만일 강박(duress), 즉 생명신체(limb)에 대한 폭행의 위협에 근거하여 체결된 것이라면 취소할 수 있는(voidable) 것으로 취급했다. 더욱 음험한 형태의 압박 — 곤경에 처한 사람에게 얻은 부정한 이익이나 후견인(guardian)과 이전의 피후견인 사이의 관계나 사무변호사와 의뢰인의 관계에서 행사되는 세력 — 에 대하여 전혀 고려하지 않았다. 그러나 형평법은 이러한 압박을, 당해 행위는 취소할 수 있다고 판정하는 이유로 삼았다. 형평법은 위 행위가 약속자에 대해 강행되는 것을 허용하지 않았다. 그리고 재산이 이전되는 경우, 그것을 받아들인 사람은 그것을 넘겨준 사람의 이익을 위해 그것을 보유하고, 따라서 그것을 반환할 의무가 있다고 했다. 마찬가지로 사기와 부실표시(misrepresentation)의 경우에는 형평법이 개입했다. 그러나 코먼로도 이를 고려했다.

이러한 문제에 관하여 코먼로 규칙과 형평법 규칙이 전적으로 동일한지는 분명하지 않다. 그러나 여하튼 형평법은 피해 당사자에 대한 특별한 보호를 준비했다. 코먼로는 사기의 피해 당사자가 계약에 근거하여 자신에게 제기된 소송에 저항할 수 있게 할지도 모른다. 그러나 형평법은 증서의 인도, 훼손, 또는 말소를 명령할 수 있었다. 이는 가령 사기에 의해 취득된 수표가 본래의 사기 당사자보다도 우위에 서게 되는 선의의 소지인의 손에 넘어가는 것을 방지한다는 것을 위해 필요한 보호수단이었으리라고 생각된다. 마찬가지로 형평법은 착오에 근거하여 작성이 발효된(execute) 증서의 수정을 명할 수도 있었다. 코먼로는 위 증서를 무효화하는 것에 진력할 것이다.

다음은 시기(time)와 위약금(penalty)에 관한 규칙이다. 코먼로는 계약 중의 시기에 관한 약관을 '계약의 본질에 관한'(of the essece of the contract) 부분으로 다루었다. 그 의미는 어떤 행위가 일방 당사자에 의해 어느 약정시까지 행해지지 않으면, 이 당사자는 계약에 근거한 모든 권리를 상실한다는 것이다. 형평법은 이러한 약관을 일반적으로 계약의 본질에 관한 부분이 아니라, 손해배상금(damage) 청구의 권리를 주는 것에 불과한 것으로 취급했다. 나아가 계약 중에서 가령 A는 다음 1월 1일에 100파운드를 지불해야 하고, 만일 그것을 지불하지 않을 때에는 200파운드를 지불해야 한다고 정한 경우, 형평법은 그 200파운드의 청구를 허용하지 않고, 다만 이자와 함께 100파운드에 대한 담보로 간주하는 것에 불과하다. 그러나 위약금에 관한 형평법 규칙은 대부분 17세기 말부터 18세기 초에 걸쳐 제정된 제정법에 의해, 이미 코먼로 법원에 도입되었다.

나아가 계약에 근거한 권리의 양도(assignment)에 관한 규칙이 있다. A가 B에게 금전채무를 진다고 하자. 코먼로에서는 이를 오로지 A와 B 사이의 관계로 본다. B가 C와 합의하여 C에게 당해 채무의 지급을 A에게 청구하는 권리를 부여한다. 코먼로에서는 이를 무시한다. C는 당해 채무의 지급을 청구할 수 없다. 가능한 최대한은 B가 당해 금액 청구를 위해 자기 이름을 사용하는 것을, C에게 허용해도 좋다는 것이다. 그러나 형평법은 당해 채무를 이전할 수 있는 것으로 취급한다. 형평법은 B를 강제하여 C가 B의 이름으로 코먼로상의 청구를 하도록 C에게 허용하게 된다. 최후 수단으로서 형평법은 C 자신의 이름으로 A에 대해 형평법상의 절차를 취하는 것을 C에게 허용한다. 이와 같이 하여 "형평법에서는 금전채무와 무체동산은 양도 가능하다"(in Equity debts and choses in action are assignable)라고 말하게 되었다.

또 기혼 여성(married woman)에 관한 법에 주목해야 한다. 코먼로는 권리와 채무 쌍방에 대해 아내를 그 남편에 대해 매우 종속적인 지위에 두었다. 아내의 유채동산(tangible moveable goods)은, 간단히 남편의 재산이 되었다. 아내에게 지불되어야 할 금전채무(debts)는 남편이 이를 취할 수 있었다. 그리고 남편이 이를 받은 경우, 그 돈은 물론 남편의 것이었다. 남편이 그 채권을 받지 않고, 또 남편이 아내보다 먼저 죽은 경우, 당해 채무의 청구권은 아내의 것으로 존속되었다. 아내의 자유 보유권이나 등본 보유권 등에 의한 토지가 아내 자신의 것으로 존속한 것은 사실이다.

그러나 남편은 적어도, 혼인이 계속되는 한 부동산을 향유(enjoy)할 수 있었다. 또 부부는 다 같이 다른 한쪽의 동의 없이는 유산(inheritance)을 처분할 수 없었다. 차지권(借地權, leaseholds)은 채권과 유사한 지위에 있었다. 그러므로 남편은 그의 생존 중 자기의 이익을 위해 그것을 처분할 수 있는 권리를 가지고 있었고, 그동안 아내는 어떤 처분권도 갖지 못했다. 그러나 아내는 그 남편이 사망한 뒤, 그 차지권이 그때까지 처분되지 않고 있을 경우에는 그것을 다시 아내의 소유로 귀속시킬 수 있었다. 또 아내는 남편의 동의 없이 유언장을 작성하거나, 또는 (사소한 예외의 경우를 제외하고) 어떤 계약도 체결할 수 없었다. 그러나 남편의 대리인으로 또는 어떤 사람을 위해서는 경우에 따라 그러하지 않았다. 도대체 아내는 자신이 지불할 수 있는 재원이 될 어떤 자유재산도 보유하지 않고 있는데, 그에게 계약체결권을 허용한다는 것은 불합리한 것이었다.

그러나 그 뒤 17세기 말에 형평법은 아내를 위한 특유 재산(separate use)을 창설하여 재산은 남편의 관리와 책임으로부터 독립하여 아내의 특유 재산으로 수탁자(trustee)에게 신탁할 수 있게 했다. 그래서 만약 그 재산을 전적으로 아내에게 부여했다고 한다면 코먼로는 아마도 다음과 같이 말할 것이다. "코먼로에서는 이러한 특유 재산을 인정할 수 없다. 만약 그것이 아내의 소유라고 한다면, 그것이 형평법에서는 남편의 관리하에 들어오지 않는다고 하여도 코먼로에서는 남편의 관리하에 들어오는 것이다."

그러나 그 당시 재산은 그녀에게 주어지지 않았고, 표면상으로는 수탁자에게 부여되었다. 코먼로는 그 재산을 아내의 이익을 위해 수탁자가 사용하는 것을 방지할 수 없었고, 형평법은 수탁자에게 그가 그렇게 하도록 강요했다. 그 뒤 형평법은 더욱 진보했다. 가령 신탁이나 수탁자의 제도에 대해서는 전적으로 무지하고 오로지 특유 재산에 관하여 상당한 지식이 있는 사람이, 그의 재산을—1천 파운드라고 하자—아내가 자신의 출가한 딸을 위해 유언에 의해 특유 재산으로 설정하고, 그 남편이 그 재산을 즉시 확보했다고 하자. 코먼로는 그것을 그 남편의 소유로 간주한다. 그러나 형평법은 이를 허용하지 않을 것이다. 당연히 1천 파운드는 코먼로에서 남편의 소유가 되고, 이를 부정하지 못한다.

그러나 형평법은 그에게 아내의 이익을 위해 그것을 사용하도록 강제할 것이다. 사실상 그 유언자(testator)는 '자기 딸의 특유 재산으로' 신탁을 설정했던 것이 아닌가? 그렇다면 남편은 당연히 그의 수탁자가 되어야 할 것이다. 이와 같이 아내의 특유 재산을 위하여 보관하고 있는 재산은 지금에 와서는 형평법에서 '특유 재산'이 되었다. 형평법은 아내를, 마치 미혼 여성이 그 재산을 소유하고 있는 것과 같이 간주하고, 그 여성의 생존 중에는 그녀가 원하는 대로 그 처분을 허용하고 유언으로 그것을 양도할 수 있게 하였고, 심지어 그 특유 재산에 대해서나 그 재산에 대해 이행을 강제할 수 있는 계약을 체결하는 것도 허용했다.

그러나 뒤에 와서 형평법은 이상과 같이 허용한 것을 염려하게 되었다. 만일 아내가 그렇게 용이하게 이 특유 재산을 처분할 수 있다면, 그의 남편은 아내를 기만하거나 귀찮게 함으로써 아내로 하여금 자신이나 자신의 채권자를 위해 그 재산을 포기하게 할지도 모른다. 그리하여 형평법은 국내에서 성년으로 건전한 정신을 갖는 어떤 사람이라고 해도 향유할 수 없는 특권을 아내에게 허용한다. 유언이나 재산 설정은 미리 제한을 과할 수 있다. 그 경우에는 아내의 어떤 행위도 그 특유 재산의 원금이나 장래 수입에 대한 그의 권리에 영향을 주지 못하게 된다. 형평법이 이러한 공정한 제도를 설정할 수 있었던 것은 아내의 재산에 관한 이러한 모든 제도가 형평법의 범위 내에서만 존재하였기 때문이다. 이와 같이 아내가 재산을 소유하거나 계약을 체결함에 있어서 제한된 특별한 권능을 확보하게 된 것은 형평법을 통해서였다. 19세기에 와서 이 제한된 특별한 권능은 약간의 수정을 가한 뒤에 모든 아내에게 확대된 것을 알 수 있다(78-82쪽 참조). 그러나 1935년에는 그것이 폐기되고 아내도 재산을 취득하거나 계약을 체결하는 경우 남성과 동일한 권능을 갖게 되었다.

마지막으로 승소한 원고를 위해 형평법이 할 수 있는 구제방법(remedy), 즉 형평법이 그에게 줄 수 있는 '보호'(relief)에 대해 살펴보자. 약간의 예외를 제외하고 코먼로가 할 수 있는 유일한 구제방법은 그에게 **금전**배상(*money* compensation)을 부여하는 것이다. 만약에 불법으로 토지의 점유로부터 쫓겨났을 경우에 코먼로가 점유를 회복시킬 수 있는 것은 사실이지만, 이는 실제로 모든 불법행위나 모든 계약 위반에 대한 코먼로의 구제방법이 손해배상이라고 하는 원칙의 유일한 예외이다.

위에서 말한 단 하나의 예외를 제외하면 코먼로는 피고에게 금전배상 외에는 어떤 이행도 명령할 수 없다. 금전배상은 이행을 강제하는 데 비교적 쉬운 명령이다. 금전배상 이외의 다른 명령을 이행했는가라고 묻는 것보다 배상금을 지불했는가라고 문의하는 편이 더욱 쉽고, 만약에 그가 지불하지 않은 경우에 피고가 동산을 소유하고 있으면 그것을 매각하여 그 금액을 쉽게 조달할 수 있다.

그렇지만 그것은 원고를 위해서 만족스러운 구제방법이라고는 할 수 없다. 그가 원하는 것이 금전이 아닐 수도 있다. 또 설령 그가 금전으로 만족할 경우라고 해도 그의 손실에 대한 공정한 배상액이 어느 정도인가 하는 것을 결정하는 것은 매우 어려운 일이고, 배심원이라고 해도 그것을 견적하는 데 적임자가 못 되는 수가 있다. 가령 토지매매 계약에서 구매자가 그 계약의 이행을 거부했다고 하자. 코먼로에서는 같은 토지가 다른 곳에 얼마든지 존재한다고 본다. 그러나 구매자는 꼭 그곳의 토지를 희망했다. 따라서 손해배상은 (설령 그것이 관대하게 평가되었다고 해도 이러한 경우는 매우 드물다.) 그가 욕구하는 것은 아니다.

이와 반대로 구매자가 계약을 취소했다고 하자. 토지 대신 금전을 취득한다는 것은 구매자에게는 가장 긴요한 것이다. 그러나 그가 그러한 경우에 자신의 비용 이상으로 취득한다는 것은 거의 없다고 할 수 있다. 또 이웃 사람이 이웃집에 술집을 열거나 음악학교를 계속하지 않겠다고 합의하고 개업을 하거나 학교를 계속한다고 하자. 또는 자기 창문의 광선에 대한 권리를 향유하고 있는데도 불구하고 이웃 사람이 3피트 이내에 집을 세운다고 가정해 보자. 이러한 모든 경우에 그 사람은 그의 위법행위에 대해 다액의 손해배상금을 취득한다고 해도 만족할 수 없을 것이다. 그리고 또 손해배상액의 액수가 어느 정도일지도 매우 불확실하다.

여하튼 손해배상금밖에 받지 못한다고 하면 부자인 이웃사람은 그의 이웃사람을 괴롭힐 권리를 살 수 있게 된다. 이러한 경우에 대처하기 위해 형평법은 **특정이행**(*specific performance*)과 **금지명령**(*injunction*)이라는 두 가지 구제방법을 창설했다. 이 특정이행은 어떤 사람이 약속한 사항을 실제로 이행하도록 강제하기 위한 것으로, 가령 금전의 대가로 토지를 주고 토지의 대가로 그 구매대금을 지불하게 하는 것이다. 또 금지명령은 약속한 부작위 사항 또는 권리 없는 작위 사항을 실행하는 것을 금지시키는 것으로, 술집이나 음악학교를 여는 것을 금지하고 집을 세워서 광선을 차단하는 것을 금지하고 방해되는 벽을 파괴하도록 그에게 강요할 수 있다. 이러한 종류의 금지명령을 **명령적** 금지명령(*mandatory* injunction)이라고 한다.

5. 법원조직법의 효과

1873년과 1875년의 〈법원조직법〉은 어떤 결과를 초래했는가?

(1) 이 법들은 1925년 〈대법원조직(합동)법〉(Supreme Court of Judicature (Consolidation) Act)으로 대체된 뒤, 지금은 1981년 〈대법원법〉과 1980년 〈제한법〉(Limitation Act)(초기의 〈제한법〉들을 통합한)의 몇 조항에 의해 대체되어 왔음을 언급할 필요가 있을 것이다.

(2) 그 법들은 코먼로 법원과 형평법 법원 쌍방의 모든 권능을 갖는 단일한 법원을 설립했다. 그 법원을 구성하는 각 부분의 업무 배분은 오로지 편의의 문제에 불과하다. 즉 왕좌부(Queens Bench Division)는 "이 건에는 형평법의 문제가 포함되어 있다. 우리는 그것을 결정할 수 없다"라든가, 형평법법부(Chancery Division)는 "이 건은 코먼로의 문제이다. 원고는 코먼로 법원에 출소해야 했다"라든가는 절대로 말할 수 없다. 최악의 경우라도 부적당한 부로 시작한 원고는 다른 부로 이송되어야 할 것이고, 자신의 실수에 의해 그것에 비용이 어느 정도 들었다면 그것을 지불해야 한다. 그러나 자신의 잘못으로 인해 전적으로 길이 닫히는 경우는 없다.

(3) 절차의 중복(Multiplicity of proceedings)은 회피된다. 일정한 토지에 대해 다툼이 발생했다고 가정해 보자. A는 코먼로상의 소유자이고, B는 형평법상의 청구권을 갖는다. 구제도하에서 A는 자신의 권리를 확립하기 위해 코먼로 법원에서 소송절차를 개시한다. B는 어떤 코먼로상의 항변권도 갖지 못한다. 즉 B는 특히 A가 소송을 속행하는 것을 금지하는 금지명령을 얻기 위해서는 무엇보다도 먼저 대법관 법원에 출소해야 한다. 〈법원법〉하에서

금지명령은 법원의 한 가지 부에 의해, 다른 부에서의 절차에 대항해 낼 수 없다. 그러나 법원의 모든 부에서 형평법상의 권리는 이를 직접 주장할 수 있고, 또 코먼로의 청구에 대한 항변으로서 제출할 수 있다.

마찬가지로 다시 A가 B를 위한 햇빛을 막고 있다고 가정해 보자. 구제도하에서 B는 A에 대해 두 가지의 소송을 제기해야 했다. 즉 손해배상금을 얻기 위하여 코먼로 법원에 하나의 소송을 제기하고, 건물의 존속을 금지하는 금지명령을 얻기 위하여 대법관 법원에 다른 소송을 제기해야 했다. 현재는 B가 양쪽의 구제를, 동일한 소송으로 얻을 수 있다. 동일한 법원이 손해배상금을 부여하는 것도, 금지명령을 부여하는 것도 모두 가능하기 때문이다. 또는 A가 토지를 B에게 판다는 자신의 계약을 위반했다고 가정해 보자. 이 경우에도 다시금 B는 손해배상금을 청구하기 위해 코먼로 법원에 하나의 소송을 제기하고, 특정이행을 강제하기 위해 대법원법원에 또 하나의 소송을 제기했어야 할지 모른다.

또는 다시금 A는 B에 대항해 순수한 코먼로상의 청구권을 갖고 있지만, 자신의 주장을 입증하기 위해, 자신의 청구권을 지지하는 사실이나 문서를 B에게 개시(disclose)하고자 희망한다고 가정해 보자. 그 경우에 A는 그 개시를 받기 위해 대법관 법원에서 B에 대항해 '개시' 절차를 시작함과 동시에 자신의 실제 청구권을 위해 코먼로 법원에서 또 하나의 소송을 개시하지 않으면 안 될 것이다. 현재에 A는 고등법원에 소송을 제기하고 그 소송의 진행 중에 A는 개시 명령을 내고, B는 자신이 갖고 있는, A의 주장을 지지하는 문서의 개시를 강제당하고, 또 A는 B에게 질문서(interrogatory)—서면으로 된 질문으로, B가 선서한 뒤에, 또 서면에 의해서만 답해야 하는 것—를 교부해도 좋은 경우가 있다.

(4) 한편 대법관 법원에는 B를 강제하여 A의 진술 전부를 조사하고, 거기에서 말해지는 모든 것에 선서한 뒤 답변을 하는 것이 오래된 관행이었으나, 이는 소멸되었다. 즉 증거는 통상의 절차에서 결국 심리될 때 법정에서 **구두로**(*viva vose*) 제공된다.

(5) 〈법원법〉은 〈대법원규칙〉(Rule of the Supreme Court)이라고 하는 통일소송법을 채택했다. 이것은 여러 가지 방법으로 코먼로 절차와 형평법 절차를 그 양쪽의 좋은 점을 취해 동화시킨 것이다.

(6) 1873년 법의 25조는 코먼로와 형평법에서 약간의 상위점을 특히 처리하였지만, 이에 대해 다음의 사항을 설명하고자 한다.

(a) 양도저당

코먼로는 저당채권자를, 통상의 코먼로상의 양도저당(mortgage)의 경우에 토지소유자로 다루고, 형평법은 저당채무자를 어떤 의미에서 아직은 소유자인 것으로 다루었다. 형평법은 저당채권자가 점유를 취득했을 때, 그 지위를 어느 정도는 불안정한 것으로 했지만, 저당채권자의 점유취득을 방해하고자 하지 않았던 것이 사실이다. 그러나 보통 자주 있듯이, 저당채무자가 아직 점유를 계속하고 있는 것으로 하고, 제3자가 그 채무자를 몰아내고, 또는 몰아내려고 한다고 가정해 보자. 코먼로는 저당채무자를 제3자에 대한 관계에서 보호하기 때문에, 어려움이 있음을 알았다. 저당채권자를 원고로서 소송에 참가시켜야 했다. 법원법은 제3자에 대한 관계에서 점유하고 있는 저당채무자는 소유자로 다루어야 한다고 해결했다. 저당채무자는 자신의 이름으로 제소할 수 있다. 1925년 〈재산법〉(Law of Property Act)이 코먼로의 통상의 양도저당(mortgage)의 형태를 변하는 것에는 뒤에서 설명한다(126－9쪽 참조). 그러나 전과 같은 법칙이 점유를 취득하고 있는 저당채권자 및 아직 점유하고 있는 저당채권자에게는 적용된다.

(b) 채권양도

여기서 독자는 코먼로가 당해 양도를 인정하고자 하지 않았지만, 형평법은 사실상 양도를 인정한 점을 기억할 것이다. 그러한 방식으로 형평법은 양도인(assigner)을 강제하여 양수인(assignee)에게, 채무자를 제소하기 위해 양도인의 이름을 빌려 사용했다. 또는 최후 수단으로 양수인이 직접으로, 양도인을 상대로 하여 제소하는 것을 허용했다. 그러나 보통은 양노인을 피고의 1인으로 하는 것을 양수인에게 요구했다. 이 점에서 〈법원법〉은 종래의 법에 명확한 변경을 가했다. 여기서 법원법은 형평법상의 오래된 양도에는 손을 대지 않고 그대로 두어, 이 양도는 여전히 사용할 수 있다. 그러나 법원법은 새로운 종류의 양도를 창설했다. 그것은 양수인이 양도인을 소송당사자로 하지 않고, 자신의 이름으로 직접 제소할 수 있다고 하는 의미에서는 코먼로상의 양도이다.

그렇지만 〈법원법〉은 약간의 특별한 요건을 만들었다. (1) 양도는 절대적인 것이어야 한다. (2) 양도는 서면에 의한 것이어야 한다. (3) 채무자에 대한 서면에 의한 통지가 필요하다(법원법의 이 조항들은 1925년 〈재산법〉 136조에 의해 폐지됨과 동시에 실질적으로 다시 제정(re-enact)되었다). 이러한 요건은 하나로써 형평법상의 양도에는 적용되지 않는다. 그러나 동일한 금전채권의 양수인 2명 사이에 순위는 채무자에 대한 통지의 선후에 의해 결정되고, 이로 인해 서면에 의하지 않는 통지는 무효가 된다. 한편, 이 새로운 종류의 양도는 형평법상의 권리, 즉 채무자 등이 양도인에게 대항할 수 있었던 청구권이나 항변권에 의해 대항된다는 점에서, 형평법상의 양도와 유사하다.

(c) 시기에 관한 약관에 관련된 형평법의 규칙, 기타 형평법이 계약의 본질에 속하는 것이라고 판정하지 않는 조항에 대한 형평법의 규칙은 모든 경우에 우선해야 한다.

(7) 마지막으로 25조(지금은 실질적으로 1981년 〈대법원법〉 49조에 의해 재기능했다)는 기타 모든 사항에 대해 코먼로의 규칙이 충돌하거나 상위한 경우에, 후자가 우선해야 한다는 일반적 규정을 포함한다. 이 마지막 조항은 매우 포괄적인 것으로 보이기 때문에, 그것은 코먼로상의 권리와 형평법상 권리의 모든 상위를 일소한다고 생각될 위험이 있다. 그것은 엄청난 오해이다. 가령 그것은 형평법상의 부동산권이나 권리를 코먼로상의 부동산이나 권리로 바꾸었다고 상상하는 사람들이 있을지 모른다. 그것은 그렇지 않다. 형평법상의 부동산의 큰 특징, 즉 그러한 부동산권은 만일 그것에 대해 코먼

로상의 부동산권이 선의 유상(value without notice)의 취득자 손에 넘어간다면 소멸한다는 것이지만, 이러한 특징은 지금도 여전히 존속하고 있다.

A는 B를 위한 재산의 수탁자(trustee), 즉 B의 이익을 위해 행사해야 하는 코먼로상의 권리를 갖는다고 가정해 보자. B는 이 재산에 대해 형평법상의 권리를 갖거나 이 재산에 대한 형평법상의 재산권(estate)을 갖는다고 말해진다. 법원법 이후에 그 전과 전적으로 동일하게, 만일 A가 신탁에 대해 아무 것도 모르는 C에게 당해 재산을 팔고, C에게 코먼로상의 소유권을 양도한다면, 당해 재산에 대한 B의 권리는 소멸하고, B는 A에 대해 신탁위반(breach of trust)을 이유로 하는 배상을 기대할 수 있을 뿐이다. 또는 이 조항은 형평법이 형평법 법리를 적용하지 않은 사건에 그 이론을 확장한 것으로, 적용하지 않았던 것은 그러한 사건이 지금까지 형평법 법원에 제기된 적이 없었기 때문이라고 생각하는 사람이 있을지 모른다. 즉 그러한 사건은 현재 형평법상의 관할권을 가진 법원에 제기되었으므로 형평법 법리가 적용되어야 한다고 생각하는 사람이 있을지 모른다.

뒤에서 설명하듯이 코먼로는 선의 부실표시(innocent misrepresentation)와 악의 부실표시(fraudulent misrepresentation)를 분명히 구별했다. 후자는 불법행위로 간주되었고, 이에 대해서는 손해배상금 청구의 소송을 제기할 수 있었다. 그러나 선의 부실표시에 대해서는 보통 손해배상금을 취할 수 없었다. 그런데 형평법은 그 구별을 그렇게 중요하다고 생각하지 않았다. 그것은 형평법이 어떤 표시가 부실하고 — 표시자가 그것을 알든 모르든 간에 — 상대방을 유인하여 자신과 계약을 체결하는 것에 대해 유력한 요인이었을 때에는 그 상대방은 자신이 원고인 경우에 계약을 취소할 수 있고, 피고인 경우에 특정이행에 저항할 수 있게 했다는 의미에서다. 법원법이 의회를 통과했기 때문에 앞으로는 선의 부실표시에 대해서도 손해배상금을 받을 수 있다고 생각하는 사람들이 나타났다.

그러나 조만간 그 생각은 잘못이라는 점이 분명해졌다. 사기, 그로부터 어떤 종류의 예외적인 경우는 별도로 하고, 손해배상금은 다음의 경우에만 취할 수 있다. 즉 당해 표시가 조건을 구성할 정도로 근본적인 것인 경우, 또는 가령 말의 건강에 대한 진술과 같이, 주된 계약에 부수된 보증

(warranty)의 부류에 들어가야 하는 경우이다. 그러나 법률개혁위원회는 1962년에 선의 부실표시를 포함한 모든 사건에 대해 법원의 재량에 따라 손해배상을 부여하는 조치를 강구해야 한다고 권고했다. 이 권고는 1967년 〈선의 부실표시법〉(Misrepresentation Act)에 의해 실질적으로 제정법화되었고, 현재 법원은 선의 부실표시가 존재함에도 불구하고 계약을 여전히 존속하는 것으로 취급하고, 계약을 취소하는 대신 권리 침해를 받는 자에게 손해배상을 줄 수 있게 되었다.

여기서 코먼로와 형평법의 융합의 일반적 결과는 실체법의 변경이 아니라, 절차의 변경과 단순화에 불과한 것이었다. 실체법이 무엇인가를 발견하기 위해서는 우리는 지금 코먼로와 형평법이 각각 다른 법원에서 운용된 시대까지 거슬러 올라가야 한다. 우리는 이러한 법원에서 같은 문제에 대해 개시되는 각각의 절차를 마음속에 그리고, 이러한 개별 절차에서 생긴 결과를 조사해야 할 것이다. 게다가 그렇게 하는 것의 심리적 노력은, 코먼로와 형평법에 각각 별도의 법원이라고 하는 기억이 없어짐에 따라 더욱 곤란하게 된다는 징후가 없지 않다. 그리고 필경 이미 고등법원의 통일적 관할권과, 코먼로와 형평법의 일정한 부문을 법전화한 제정법은, 개별 법원의 절차의 어떤 결합으로부터, 또는 그러한 법원에서 판결된 사건에 의한 법의 발달로부터도 오로지 얻어지지 않는 약간의 결과를 낳았다.

03

CHAPTER

영국법의 기타 체계

3
영국법의 기타 체계

코먼로 법원과 대법관 법원은 다른 법역에서 발달했다. 그다지 중요하지 않은 세 가지 법체계, 즉 검인(檢認)과 이혼과 해사에 관한 법체계가 있다. (이 책에서는 현대의 고용상소법원(Employment Appeal Tribunal) 기타 특별한 법원에서 행해지는 법에 대해서는 특별하게 취급하지 않는다.) 이러한 다른 법에서 우리는 영국법 체계의 다른 곳보다도 외국법의 영향이 더욱 크다는 것을 보게 된다.

1. 교회법원

윌리엄 정복왕(William the Conqueror)[1]부터 지금까지 교회법원(Church Courts)은 세속법원으로부터 분리되어 왔다. 주교(Bishop)는 자신의 법원을 가지고, 대주교(Archbishop)는 더 상급의 법원, 즉 특권법원(prerogative court)을 가졌다. 종교개혁 전에는 이 대주교의 재결에 대해 로마 교황에게 상소할 수 있었다. 이러한 교회법원의 법을 교회법이나 사원법 — 로마교회(Western Church)의 보편법(Common Law) — 이라고 한다. 그 법은 로마법을 아는 교회법학자들에 의해 형성되었고, 12세기에 볼로냐의 그라티아누스(Gratian of Bologna)[2]에 의해 처음으로 체계화되었다.

1 윌리엄 정복왕 또는 윌리엄 서자왕은 노르만 왕조의 시조이자 잉글랜드의 국왕이다.
2 11-12세기의 이탈리아 사제로 《그라티아누스 교령집》을 편찬했다. 이 법령집은 여섯 부분으로

이는 서유럽의 다른 지역에서와 마찬가지로 영국 국교회의 법이었다. 그러나 어떤 범위에서 지방적인 또는 어떤 관할구만의 변형은 가능했다. 이러한 교회법원은 국왕법원(King's Court)에 의해 어떤 의미에서도 종속적인 것으로 취급된 적이 없었으나, 국왕법원은 교회법원이 자신과 무관한 사항을 처리하는 것을 제지하기 위한 금지영장(prohibition)을 발부할 수 있었다.

그러나 교회법원이 실제로 미치는 고유한 관할권의 범위는 컸다. 교회법원이 취급한 사항의 대부분은 이 책과 그다지 관계가 없다. 보통의 범죄로 성직자를 처벌하는 권리는 자신에게만 있다고 하는 교회법원의 주장은 오래전에 자취를 감추었다. 부도덕을 이유로 하여 세속인을 심문하고 처벌하는 권능은 사실상 없어졌다. 단 예배식에 관한 사항, 그리고 이단이라고 하는 성직자의 교회법상 범죄에 대한 교회법원의 관할권은 여전히 존속하고 있으며, 지금도 그러한 법원에 의해 행사되고 있다. 교회법원과 국왕법원 사이에는 교회재산 — 가령 사원령(living)에 목사를 천거하는 권리 — 에 대한 관할권을 둘러싼 다툼이 있었지만, 국왕법원은 조기에 일관하여 그 관할권을 확보하고 이를 그 수중에 유지하였다. 그러나 우리가 모든 사람의 시민권이라고 생각해야 하는 것에 주로 관련되는 두 가지 사항에 대해, 교회법원은 오랫동안 그 관할권을 유지했다. 즉 사망자의 동산 처분과 혼인 및 이혼 문제에 대해서이다.

2. 검인과 유산관리

사망자(deceased)의 부동산(real estate)에 대해 별도의 지방관습이 있는 경우를 제외하고 유언(will)을 할 수 없다는 것이 13세기 말까지 확정되었다. 그러나 사망자의 동산(goods and chattels)에 대해서는 사망자의 정기임차권(leasehold)도 포함하여 일찍이 그 사람은 적어도 유언으로 처분하는 한정

이루어진 교회법 편찬인 《교회법대전》의 첫 부분을 이룬다.

된 권능을 갖는다는 것이 승인되었다. 한정된 것은 그 사람의 아내와 자녀는 그가 무시할 수 없는 권리를 가질 수 있기 때문이다. 유언(testation)에 관한 이러한 제한은 잉글랜드의 대부분 지역에서 14세기 초에 소멸했지만, 요크의 대주교 관구(province)에서는 1692년까지, 웨일스에서는 1696년까지, 런던에서는 1724년까지 잔존했다. 어떤 사람이 유언을 하지 않은 경우, 이른 시대에 그 자의 동산이 어떻게 분배되어야 하는가에 대해 어떤 일반적인 법이 존재했다고는 말할 수 없다. 대부분, 아니 전부가 지방관습에 의해 좌우되었다. 토지보다도 중요성이 더욱 적고, 특히 공적 중요성이 적은 동산에 대해 코먼로는 그다지 관심을 갖지 않았다.

그런데 교회는 사망자의 동산에 대해 명백한 이해관계를 가졌다. 당시의 종교적 신념은 사망자 재산의 적어도 상당 부분이 사망자의 영혼을 위해 바쳐질 것을 요구했다. 대부분의 사람들이 하듯이 어떤 사람이 유언을 했다고 하면, 그는 미사(mass)를 읽도록 하기 위해 상당 부분을 떼어 놓아야 한다는 것은 거의 확실하다. 만일 그가 그렇게 하지 않는다면 12-13세기에는 유언을 하지 않고 죽는 것이 거의 죄악시되었을 정도로, 그가 자신의 영혼을 위해 하는 것을 게을리한 준비를 교회가 해야 한다고 생각되었다.

그리하여 교회법원은 사망자의 동산에 대한 관할권을 자신의 소유로 삼았다. 만일 유언이 있다면—그리고 당시는 유언을 하기가 매우 쉽고, 단순한 구두 언어로 충분했다—주교법원이 유언의 검인(probate)을 받아야 할 적당한 장소가 되었다. 주교법원은 유언집행자(executor)가 그 의무를 올바르게 이행하도록 감독할 것이다. 만일 유언이 없으면 사망자가 남긴 동산을 주교가 맡고, 그것을 적절하게 처분할 것이다. 주교는 광범위한 자유재량권을 갖는데 그것은 언제나 적정하게 행사되지 않았다.

그런데 이에 대해 두 가지 제정법이 구제를 했다. 1285년에 '교회법원 재판관'(Ordinary), 즉 관할권을 갖는 상위 주교는, 유언집행자(즉 유언을 집행하도록 유언으로 지명된 자)가 유언자의 채무를 지불하도록 요구된 것과 똑같이 무유언자(interstate)의 채무를 지불하도록 제정법에 의해 요구되었다. 1357년에는 교회법원 재판관이 재산 관리를 사망자의 근친에게 위탁할 것을 제정법에 의해 요구되었다. 이 제정법은 유산관리인(administrator)이라는 직책을 만들었다. 유산관리인이란 유언집행자가 없는 경우, 사망자의 재산을 처리하고 사망자의 채무를 지불하며 권리자들 사이에 적당한 분배를 해야 하는 사람이다. 유산관리인은 유산관리장(letters of administration)이라는 것을 받는데, 이에 따라 유산관리인은 재산에 대한 권원(title)을 취득한다. 유언이 있는 경우라도 유언집행자가 임명되지 않는 경우, **유언서가 첨부된**(*cum testamento annexo*, with the will attached) 유언관리장의 부여가 필요하다.

교회법원(Ecclesiastical Court)이 사망자의 동산을 처리하는 유일한 법원이 아니었음은 사실이다. 유언집행자나 유산관리인은 사망자의 채권을 징수하거나 재산을 회복하기 위하여 코먼로 법원에 제소해야 할 경우가 있을 것이다. 그리고 사망자의 채권자도 유언집행자나 유언관리인을 코먼로 법원에 제소할 수 있었다. 그러나 교회법원이나 코먼로 법원 어느 것이나 채권자나 동산 수유자나 근친자가 가지고 있는, 무수한 충돌할 수 있는 권리를 정리하기에는 그다지 적당하지 않았다.

신탁(trust)이 종종 뒤섞여 있고, 지난 두 세기 동안 사망자의 유산에 속하는 청구권이나 유산에 대한 청구권을 주장하는, 더욱 유효하고 보편적인 방법은 유산을 대법관 법원에서 관리하는 것이었다. 대법관 법원은 유언집행자나 유산관리인에게 무엇을 해야 하는지를 통고하고, 또는 모든 유산을 자신의 관리하에 두고 이를 분배했다. 그러나 이 모든 것은 검인된 유언서나 교회법원이 부여한 유산관리장이 이미 존재한다는 것을 상정했다. 유언의 검인이나 유산관리장이 없으면, 유언집행자도 유산관리인도 모두 어딘가 다른 법원에서 어떤 조치를 취하기는 불가능했다. 왜냐하면 유언집행자의 자신의 권원에 대한 증명, 그리고 유산관리인의 권원 자체가 교회법원에 의해서만 부여될 수 있었기 때문이다. 즉 교회법원이 유산을 여는 열쇠를 쥐고 있다.

종교개혁은 이상의 관할권에 손을 대지 않았다. 그래서 그 관할권은 19세기 중반까지 존속했다. 두 사람의 대주교의 특권법원에 더하여 주교관구(diocese) 수만큼의 검인법인(Probate Court)이 있었고, 그 외에 여러 법원이 특별교구(Peculiar)라고 하는 장소, 즉 주교의 관할권 밖에서 그 자신의 특별한 교회법상의 관할권하에 있는 장소에 있었다. 적절한 법원은 보통 사망자의 재산이 존재하는 주교관구의 법원이었다. 만일 재산이 여러 개의 주교관구에 존재할 때는 특권법원에 신청할 필요가 있었다. 이러한 많은 법원의 기록은 종종 보존 상태가 좋지 못해, 법원이 보관하는 유언장의 원본이 훼손되거나 분실되는 경우도 없지 않았다. 1857년에 검인 및 유산관리에 대한 교회법원의 관할권은 모두 제거되었고, 새로운 법원인 검인법원(Court of Probate)에 귀속되었다.

1670년과 1685년의 〈유산 분배법〉(Statute of Distribution)은 주로 로마법을 모델로 삼은 것으로, 무유언자의 재산 분배에 대한 법전을 확립했다. 그러나 1857년까지 이 법전에 대해 요크 대주교관구와 웨일스와 런던에서는 법전과 다른 권리를 아내와 자녀에게 부여한 지방 관습이 우선했다. 1925년 이래 이 법전은 이제 사망자의 모든 재산에 적용이 있는 무유언 상속에 대한 새로운 제도에 의해 대체되었다(159－63쪽 참조).

3. 혼인과 이혼

혼인과 이혼도 중세 초기부터 대부분 교회법원의 담당이었다. 교회법원은 혼인이 실제로 행해졌는지를 조사하여 혼인을 무효(void)로 하거나 취소할 수 있게(voidable) 하는 장애(impediment)가 있는지 없는지를 선언하는 관할권을 가졌다. 적출(legitimacy) 문제도 교회법원이 결정할 수 있었다. 교회법원은 또한 소위 **탁상**이혼(divorce *a mensa et thoro*), 재판별거(judicial separation)라고 하는 것을 허용했다. 즉 교회법원은 학대(cruelty)나 비행(misconduct)을 이유로 하여 당사자에게 동거의무를 면제해 주었다.

그러나 당사자에게 재혼을 허용하는 근대적 의미의 이혼은 모두, 가장 유효한 혼인에 대해 중세 교회에서 인정되지 않았다. 종교개혁 후 일시적으로 교회법원은 근대적 의미의 이혼을 허용했다고 생각되었다. 그러나 이러한 시도는 실패했고, 혼인의 완전한 해소를 확보하기 위한 유일한 방법은 특별한 의회제정법을 만드는 것이었다(북아일랜드에 주소를 둔 사람들의 경우, 1939년까지 이러한 법이 존속했다). 이 〈이혼법〉(Divorce Act)은 교회법원에서 별거 청구를 위한, 그리고 코먼로 법원에서 손해배상금 청구를 위한 쌍방의 절차를 완료한 뒤에 한정되었다. 이러한 관련된 절차 전체의 비용은 막대하고, 따라서 이혼은 부자들의 사치품이 되었다.

여기서도 마찬가지로 1857년의 제정법이 혼인관할권의 전부를 교회법원에서 뺏어 이를 이혼법원(Divorce Court)이라고 하는 새로운 법원에 귀속시켰다. 이혼법원은 교회법원이 행한 모든 것을 행하는 권능만이 아니라 지금까지 교회법원과 코먼로 법원과 의회제정법의 공동노력을 필요로 하는 것을 행하는 권능도 부여받았다.

4. 해사

중세에는 해사관할권(maritime jurisdiction)을 갖는 한 무리의 법원이 있었다. 이러한 법원들은 가령 5개 항구(Cinque Ports)의 법원이라고 하는, 대체로 지방에 있는 법원이었다. 또 중세에는 상관습법(Law Merchant)이 있었다. 이는 코먼로와 달리 국제적인 성격을 갖는 것으로, 모든 나라의 상인이나 선원의 상관습에 근거한 것이었다. 그리고 이와 마찬가지로 정기시나 마을에서 열리는 지방의 법원에서 운용되었다. 이러한 법원은 차차 쇠퇴했는데, 이는 코먼로 법원의 질투에 의한 것으로, 코먼로 법원은 이러한 법원을 방해하여 자신의 관할을 확대했다. 17－18세기 중에 해법(maritime law)과 전시포획법(prize law)을 제외하고(62－4쪽 참조), 상관습법은 코먼로에 흡수되었다. 그리하여 환어음(bill of exchange)과 같은 사항에 관한 법은 국법(law of the land)의 일부가 되었고, 특히 잉글랜드적인 성격을 갖게 되었다. 대륙에서 상사법은 지금도 보통의 법과는 다른 것으로 보고 있다.

해군사령장관(Admiral)이라는 관직은 13세기 말부터 시작되었다. 이 장관은 당초 함대의 규율 이외에는 관할권을 갖지 못했다. 그러나 14세기 중에 해운 및 상사에 관한 민사관할권만이 아니라, 해적행위(piracy)와 같은 해상에서 범해진 죄를 벌하는 관할권도 갖게 되었다. 이 장관 법원의 법과 절차는 순수하게 잉글랜드적인 것이라기보다도 도리어 국제적 성격을 갖는 것이었다. 이 법원은 올레론 해법(Laws of Oleron)이나 소위 로드 해법(Law of Rhodes)과 같이 중세 해법전 속에서 발견되는 법을 운용했으나, 이 법의 배후에는 보충적인 법으로 로마법이 존재했다. 이 법원의 절차는 로마법의 절차였다. 즉 당사자를 선서시킨 뒤에 심문할 수 있었다. 그러나 해사(admiralty)법원도 코먼로의 질투의 피해자였다. 그 형사관할권은 16세기에 한 무리의 위원들에게 귀속되었으나, 이 위원들은 실제로 언제나 코먼로 법원의 재판관이 되었다. 그 민사관할권은 외국이나 해상에서 체결된 계약이나 행해진 위법행위가, 가령 보르도(Bordeaux)[3]와 같은 도시가 치프사이드(Cheapside)[4]에 있다는 식의 의제에 의해 일반법원의 관할범위 내에 들어감에 따라 점차 침식되었고, 그 결과 많은 국제적 상거래가 단순히 시나 마을 단위의 것으로 간주되었다. 그리고 모든 코먼로 법원이 처리할 수 있는 사건을 해사법원이 처리하는 것을 제지하기 위해 금지명령이 발부되었다. 16－17세기를 통하여 계속된 이 투쟁의 결과, 해사법원은 지극히 한정된 법역에 국한되었고, 해난구조(salvage)나 해상충돌(collision at sea)에 의한 손해와 같이 순수한 해사사건만을 취급하게 되었다. 해사법원은 그 뒤에도 이러한 관할권을 유지했고, 19세기에는 그 관할권이 다소 확대되고 확인되었다. 해사법원이 운용한 해법은 차차 잉글랜드색을 띠고 국제색을 잃게 되었으나, 여전히 특수한 성격을 유지했다. 가령 해상충돌에 적용된 기여과실(contributory negligence)의 규칙은 불법행위에 관한 코먼로에 의해 확립된 규칙과는 다른 것이었다. 코먼로는 원고에게 기여과실의 책임이 있고, 원고에게 당해 사고를 회피할 '최후의 기회'(last opportunity)가 있었음이 증명되면, 원고는 그 구제수단을 완전히 박탈당했다. 이 규칙은 199쪽에서 보듯이 1945년 〈법개혁(기여과실)법〉(Law of Reform(Contributory Negligence))에 의해 변경되었다. 해사법은 처음에는 평등하게 손실을 분할하였으나, 지금은 1911년 〈해사 협약법〉(Maritime Convention Act)하에서 실수의 정도에 따르고 있다.

3 프랑스의 항구 도시이다.

4 런던의 거리 이름이다.

해사법원은 최초부터 전시포획에 관한 관할권, 즉 교전국에 의해 해상에서 포획된 선박 및 화물의 소유권에 관한 모든 문제를 결정하는 관할권을 가졌다. 전시포획법의 지도적 법리는 나폴레옹 전쟁 당시에 스토월 경(Lord Stowell)[5]에 의해 확립되었고, 이것이 1914년부터 1918년까지의 전쟁 및 1939년부터 1945년까지의 전쟁에서 적용된 〈전시포획법〉의 기초가 되었다.

5. 현대의 법원

검인법원과 이혼법원을 설립한 1857년 법률은, 이러한 법원의 통상재판관은 해사재판관과 동일한 사람이어도 무방하다고 규정했다. 그리하여 1857년에 검인, 이혼, 해사의 관할권이 고등법원의 단일 부서에 위탁된 것은 당연한 조치였다. 그러나 이러한 세 가지 관할권 사이의 불균형은 20세기에 더욱 현저하게 되었고, 1970년 〈사법 운영법〉(Administration of Justice Act)에 의해 재편되었다. 검인, 이혼, 해사부는 폐지되었고, 고등법원에 새로운 가사부(Family Division)가 그것들을 대체했다. 이 새로운 부는 이혼과 기타 가족법의 영역과 검인관계로 비소송적인 것을 취급하고, 검인관계에서 소송적인 것은 형평법부에 속하고, 해사관계는 왕좌부에 속하게 되었다.

5 윌리엄 스콧, 제1남작 스토웰(1745~1836)은 영국의 판사이자 법관으로 1798년부터 1828년까지 해군 고등법원 판사로 재직했다.

04
CHAPTER

인과 인지적 관계

4

인과 인적 관계

1. 태아

인간은 출생 이전이라도 법적으로 인정되지 않는 것이 아니다. 왜냐하면 출생 전의 생명은 1929년 〈영유아 생명보호법〉(Infant Life Preservation Act)에 의해 보호되기 때문이다. 아일랜드 법원은 어떤 철도회사의 노선에서 여행 중인 여성이 철도회사의 과실에 의해 손해를 입은 결과 기형아를 출산했는데, 그 기형아는 손해배상을 받을 수 없다고 판결했다. 그러나 이 판결은 회사가 태아(unborn person)의 존재를 알 수 있는 방법을 갖지 못했기 때문에 태아에 대해서는 어떤 의무도 지지 않는다고 하는 견해에 근거한 것이었고, 따라서 그러한 상해를 이유로 하여 어떤 사정하에서도 손해배상금을 받을 수 없는지는 명료하지 않다.

그러나 잉글랜드에서는 임신한 여성이 임신 중 의사가 처방한 새로운 약 탈리도마이드(thalidomide)[1]를 복용한 것이 원인이 된 기형에 의해 고통을 받은 많은 아기의 출산이 1976년 〈선천적 장애(민사책임)법〉(Congential Disabilities (Civil Liabilities) Act)의 시행을 낳았다. 이 법 아래에서는 살아 태어났지만 그 출생 이전에 발생한 어떤 것의 결과인 신체적 및 정신적 결함으로 고통을 받은 경우, 만일 피고도 제소 당시 부모에게 발생한 불법행위

1 기형아의 원인이 될 수도 있음이 1960년에 밝혀질 때까지 임산부에게 진정제로 처방되던 약물이다.

에 책임이 있으면 피해에 대해 제소할 권리를 갖는다.

재산법에서는 아직 태어나지 않은 임신 중의 태아는 이미 태어난 것으로 취급될 것이다. 여하튼 그렇게 취급되는 것이 자녀의 이익(advantage)이 되는 경우 그러하다. 가령, "자기 유언의 날짜 이전에 태어난 자"에 대한 유증이라도 날짜 이후에 상당 기간 내에 태어난 자를 포함한다. 그러나 자녀가 살아 태어나지 않은 경우, 모든 것은 자녀가 전혀 존재하지 않은 것처럼 취급된다. 나아가 장래의 어떤 시기에 존재하게 될 자를 위해 유언과 계승적 부동산 처분(settlement)에 의해 재산상의 수당을 둘 수 있다. 단 그 경우, 영구권 금지의 규칙(rule against perpetuities)에 의한 제한을 받아야 한다. 그 규칙은 현존하는 자의 일생과 그 뒤 21년간에 효력을 발생하는 것이 (효력이 발생한다고 한다면) 확실하지 않은 모든 처분을 금지한다. 그러나 현존하는 자의 일생 동안, 유언이나 계승적 부동산 처분이 효력을 발생하는 때에 태아(person en ventre sa mère)를 포함한다.

2. 미성년자

자녀는 출생과 동시에 미성년(infancy) 상태에 들어간다. 그것은 18세, 아니 제18회 생일 전날의 최후 순간에 끝난다. 아래에서는 '미성년자'라는 용어가 위에서 정의한 '영유아'(infant)의 상태에 있는 자라는 엄격한 의미로 사용될 것이다. 미성년의 상태를, 모든 경우에, 또 모든 목적을 위한 하나의 무능력 상태로 보는 것은 잘못일 것이다. 형법에서 중요한 시기는 10세까지의 시기와 10세부터 14세까지의 시기이다. 10세 미만의 자녀는 자신의 행위에 대해 형사책임을 지지 않는다. 9세 이상 14세 미만의 자녀는 자신의 행위가 잘못되었음을 아는 충분한 능력을 가지고 있음을 주장하고 입증하지 못하는 한, 형사책임을 지지 않는다. 13세 이상의 자는 18세 미만이라도 형사책임에 대해서는 대체로 성년자(person of full age)와 다르지 않다.

그러나 근대 입법은 17세 미만자의 심리(trial)와 처벌(punishment)에 대해 특별한 규정을 두었다. 1949년 〈혼인법〉(Marriage Act)은 당사자의 일방이 16세 미만인 혼인은 무효라고 규정한다. 16세 이상이면 18세 미만이라도 그 혼인은 완전히 유효하다. 그리고 부모나 후견인의 동의를 받지 못한 혼인에 대한 유일한 제약은, 허위의 진술을 하지 않고 목사나 담당 공무원에 의해 그러한 결혼의 식을 올리는 것이 어렵다는 것뿐이다. 또 그런 허위의 지술은 형사책임을 수반한다.

'불법행위'(tort), 즉 계약 위반(breach of contract)이나 신탁 위반 외의 민사상 침해에 대한 책임으로부터 미성년자를 면제하는 일반적인 규칙은 없다. 부주의로 타인에게 자전거를 충돌시켜 손해를 입힌 미성년자는 성년자와 완전히 같은 책임을 진다. 실제로 그러한 책임은 피해자에게 그다지 가치가 없는 경우가 많다. 왜냐하면 그 미성년자는 필경 책임을 수행하는 것에 도움이 될 재산을 갖지 못하고, 미성년자의 부모는 미성년자의 행위에 대해 책임을 지지 않기 때문이다.

그러나 민사상의 위법행위에 대한 미성년자의 책임은 두 가지 형태로 제한되고 있다. 문제의 위법행위는 종종 계약과 밀접한 관련이 있으므로 그 위법행위에 대한 책임의 강행은 사실상 계약의 강행이 된다. 말을 임차한 미성년자가 승마 중의 과실로 말에게 손상을 가했다고 하자. 그러한 경우에 미성년자에게 적당한 주의를 해야 할 자신의 계약에 위반한 책임을 물을 수 있고, 계약과는 별개로 독립한 불법행위에 대한 책임을 물을 수도 있다. 그런데 미성년자는 전혀 책임을 지지 않는다고 판시되었다. 나아가 사기와 같은 약간의 위법행위는 그 본질 중에 하나의 유죄적 정신상태(guilty state of mind)를 포함하고, 그러한 경우에는 위법행위자가 매우 어리다는 것이 그러한 정신상태의 존재와 양립하지 않을지도 모른다.

미성년자의 무능력(incapacity)이라는 것이 더욱 일반적인 효과를 발휘하는 것은 재산과 계약에 대해서이다. 이러한 무능력은 일방적인 것이다. 미성년자에 대해 재산(토지의 코먼로상의 재산권 이외의 것)을 양도할 수 있고, 구속력이 있는 약속을 할 수도 있다. 그러나 일반적으로 미성년자는 자신의 토지에 대한 구속력 있는 처분을 할 수도, 타인에게 구속력 있는 약속을 할 수도 없다.

재산에 관해서는 법적으로도, 실제 관행으로도 대부분 상당한 가치가 있는 재산이 미성년자의 직접 소유에 속하는 것은 거의 있을 수 없다는 것에 주목해야 한다. 사망에 근거하여 재산이 이전하는 경우, 재산은 먼저 유언에 의해 지정된 유언집행자(executor)나 법원에 의해 지정된 유산관리인(administrator)에게 가지만, 그러한 자들은 재산을 처리하고 그것을 권리자에게 이전할 의무를 진다(163쪽 참조). 마찬가지로 유산자가 보통 작성하는 계승적 부동산 처분서하에서 재산은 수탁자에게 넘어갈 것이다. 유언집행자나 재산관리인 또는 수탁자가 미성년자로부터 영수증을 받아도 면책되지 않는다. 그러므로 그러한 자들이 미성년자가 권리자인 재산을 미성년자가 성년에 이르기까지 보유하고, 그 사이 유언이나 계승적 부동산 처분증서의 지시에 따라, 또는 법원의 명령에 따라 그 재산을 처리해야 한다. 그러나 당해 신탁이 1925년 뒤에 설정된 것이고, 1925년 〈수탁자법〉(Trustee Act)에 의해 수탁자는 당해 재산을 미성년자의 부양과 향상을 위해 가진 권능을 부여했다. 어떤 경우에 수탁자는 이 재산을 법원의 지배로 옮김에 의해 자신의 책임을 면할 수 있다.

미성년자가 유체동산을 실제로 확보한 경우, 그 미성년자는 그것을 처분하는 권능을 갖는다고 생각된다. 그리고 그 권능에 대한 제한은—만일 제한이 있다고 하면—명확하게 되지 않는다. 가령 분별 연령(years of discretion)에 이른 미성년자가 자신의 책이나 신변 물품을 사고자 하여 그러한 매매는(사기나 불공정거래(unfair dealing)가 아닌 경우) 문제될 수 있다고 생각하지 않는다. 미성년자가 구입한 물건의 대금을 지불한 경우, 그 지불은 가령 미성년자에 대해 강제는 불가능하지만, 구속력이 있는 것은 분명하다. 미성년자가 많은 돈의 증여를 한 것은 미성년자의 사후에 유효하다고 판결되었다.

그러나 언어의 근대적 의미에서 '재산'(property)이라고 하는 것의 대부분은 이러한 종류의 것이 아니다. 토지의 형평법상 권리는 현재, 미성년자가 가질 수 있는 토지의 권리로 유일한 것이지만, 그것은 서면에 의해서만 처분할 수 있다. 또 주식(stock and shares)이나 채무자에 대한 청구권, 타인이 신탁적으로 보유하는 재산의 권리라고 하는 것의 양도에는 서면이나 날인된 서면(sealed writing)이 필요하다. 이 모든 경우에 미성년자의 행위는 '취소할 수 있다'(voidable)는 규칙이 적용된다고 생각된다. 그러한 행위는 미성년자가 성년에 이른 뒤, 상당한 기간 내에 그것을 부인하지 않은 경우에만 그에 대한 구속력을 발생시킨다. 이러한 규칙은 완화되어 혼인의 경우에 자신의 재산에 대한 구속력 있는 계승적 처분을 할 수 있게 되었으나, 그것도 오직 법원의 허가가 있어야 하는 것이다.

작전 관계에 근무 중(on active service)인 육해군 장병과 해상에 있는 해원을 제외하고, 미성년자는 유언으로 자신의 재산을 처분할 수 없다. 그러나 약간의 경우에는 16세에 이른 자가 사실상 유언에 의한 처분과 같은 것을 할 수 있다. 가령 노동조합원이나 공제단체(friendly society)원은 그 연령에 자신의 사망 시에 조합이나 단체로부터 지불된 금전을 수령해야 하는 자를 서면으로 지명할 수 있다.

미성년자의 계약은 코먼로에서 취소할 수 있다. 그러나 이 경우 '취소할 수 있다'는 말에는 두 가지 의미가 있다. 계승적 부동산 처분이나, 정기임차권(leasehold)에 근거한 토지보유와 같이 재산의 처분이나 보유에 따르는 계속적이거나 단속(斷續)적인 채무를 설정하는 계약의 경우, 미성년자는 성년에 이르면 상당 기간 내에 채무를 부인하는 조치를 스스로 취하지 않는 한, 약속한 것이 된다. 다른 모든 경우 — 가령 동산매매나 노무계약 또는 금전임차 등의 경우 — 에 계약은 미성년자가 성년에 이를 때에 그것을 추인하는 조치를 스스로 취하지 않는 한, 채무를 지지 않는다는 의미에서 취소할 수 있게 된다. 후자와 같은 종류의 계약에 대해서는 1874년 〈미성년자 구제법〉(Infants' Relief Act)에 의해 많은 개정이 행해졌다. 즉 미성년자에 대한 금전대차 계약과 동산계약, 그리고 미성년자와 작성한 '승인완료 상호계산서'(account stated)는 전적으로 무효가 되고, 한편 미성년자가 성년에 이른 뒤에 추인하지 않으면 그에 대해 구속력 있는 계약이 되지 않는다고 하는 모든 계약으로부터 추인의 가능성을 뺏었다. 그리고 그 계약을 이행한다는 취지의 새로운 약속도 약인(約因)[2]에 근거하여 체결되었는가 아닌가와 무관하게 이를 소송으로 강행하는 것은 불가능하게 되었다. 이러한 조항들은 엄청난 불확실성을 낳았다. 왜냐하면 법원이 '무효'와 같은 말의

2 대가라고도 한다.

일상적인 의미에 따라 그것들을 해석하고자 하지 않았기 때문이었다. 그리고 그 조항들은 또 부정의를 낳았다. 왜냐하면 코먼로하에서, 미성년자에 대해서는 강행할 수 없는 계약이고, 게다가 미성년자에 의한 추인이 불가능한 계약에 근거하여 미성년자가 현재도 성년자를 제소할 수 있는 것이 확실하기 때문이다.

미성년자의 계약은 일반적으로 구속력이 부인된다는 규칙에 대해, 코먼로는 필요품 계약(contract for necessaries)과 미성년자의 이익을 위한 계약이라는 예외를 인정했다. 그리고 이러한 예외는 제정법에 의한 영향을 받지 않는다. 필요품 계약은 미성년자의 생애에서의 지위와 계약 당시의 그 필요성과 관련하여 미성년자에게 합리적으로 필요한 동산이나 숙사나 교육을 위한 계약을 포함한다. 미성년자에게 공급하는 당사자는 자신의 위험으로 공급하고, 자신이 미성년자와 거래하고 있다고는 생각하지 않으며, 미성년자의 사회생활상의 지위는 그 동산을 필요로 할 정도라고 생각하고, 미성년자가 이미 공급을 충분히 받고 있음을 알지 못했다는 것은 그 당사자의 항변이 되지 않는다. 미성년자의 이익을 위한 계약에 대해 그것이 필요품 계약과 일치하는 것이 아닌 한, 미성년자의 고용을 목적으로 하는 계약으로 미성년자의 사회생활상의 지위에서 보아 그 고용이 미성년자에게 바람직한 경우의 계약이 그 하나의 전형적인 사례이다.

1874년 미성년자 구제법으로부터 결과한 법의 불만족한 상태는 지금 1987년 〈미성년자 계약법〉(Minors' Contracts Act)에 의해 개선되었다. 이 법은 입법위원회의 권고에 의해 제정되었다. 1987년 법은 코먼로 원칙을 미성년자에 대한 금전대차 계약과 동산계약, 그리고 미성년자와 작성한 승인완료 상호계약서에 대한 관습법 원칙을 복원했고, 그 결과 지금 그것들은 취소할 수 있거나(그러나 무효는 아니다) 그들에 대해 강행할 수 없다. 성년이 되거나, 또는 그 뒤의 합리적인 시간 안에서 미성년자는, 추인하지 않으면 그에게 무효이거나 그의 선택으로 무효가 되는 계약을 추인할 수 있고, 일방적인 행위에 의해 이를 행할 수 있다.

나아가 미성년자가 미성년 동안 진행된 대차의 지불을 맡음에 의해 성년 시에 효력이 발생하는 어떤 새로운 합의도 유효하다. 미성년자의 계약상 의무의 보증도 보증인에 대해 강행할 수 있다. 미성년자의 계약상 의무를 강행할 수 없다고 해도 그러하다. 마지막으로 1987년 법은, 미성년자가 그에게 강행할 수 없거나, 미성년이라는 이유로 거부한 계약하에서 재산을 취득할 때, 법원이 그렇게 하는 것이 '정당하고 공정하다'고 생각하는 경우, 법원은 재산이나 (원고에게 유효한 다른 구제에 대해 편견이 없이) 그가 확보한 다른 재산을 돌려주라고 요구할 수 있다. 이러한 방법으로 미성년자가 불공정하게 획득한 재산에 대한 제한을 강제할 수 있다.

3. 부모와 후견인

약간의 법체계에서 성년에 이르지 않은 자의 무능력은 부모(parents)나 후견인(guardians)의 권능에 의해 보완되었다. 부모나 후견인은 자녀를 대표할 수 있고, 자녀를 대신하여 행위할 수 있으며, 자녀의 행위에 동의함에 의해 자녀 재산의 처분이나 자녀에 대한 구속력 있는 계약을 할 수 있다. 그러한 제도에 대해 잉글랜드법에서는 흔적이나 고립된 유물을 볼 수 있을 뿐이다.

잉글랜드 중세의 후견법은 토지의 법정상속인(heir)인 미성년자를 주로 문제로 삼았다. 농가후견인(guardian in socage) — 미성년자의 최근친으로 미성년자의 토지의 상속인이 될 수 없는 자 — 은 폐지되지 않았으나, 계승적 부동산 처분의 관행과, 수탁자를 임명하여 그에게 토지, 또는 적어도 토지의 권능을 귀속시키는 관행으로 인해, 농가후견인이나 기타 모든 종류의 후견인의 매우 제한된 권능이 미성년자의 토지에 대해 행사될 가능성이 생길 기회는 거의 없었다.

지금 후견인은 미성년자의 토지에 대해 어떤 권능도 갖지 못한다. 미성년자에게 양도한다는 것은, 당해 미성년자에게 코먼로상의 권리를 귀속시키는 것이 아니라, 단지 당해 미성년자를 위하여 계승적 재산처분(settlement)을 작성한다는 취지를 합의한 효과를 낳을 뿐이다. 이는 양도자가 토지를 미성년자를 위해 수탁자로 보유하고 주로 계승재산부 증서(vesting deed)와 신탁증서(trust instrument)를 작성해야 한다는 의미이다.

토지가 미성년자에게 유언으로 주어지거나, 무유언(intestacy)으로 인해 상속분으로 미성년자에게 이전되는 경우, 코먼로상의 권리는 사망자의 대리인(representative)에게 귀속하고, 대리인는 미성년자를 위하여 토지를 신탁적으로 보유하게 된다. 미성년자의 기타 재산에 대해서는 부모나 후견인도, 어떤 효과적인 권능도 — 과거에는 가졌다고 해도 — 현재 가지고 있지 않다. 단 유언이나 계승적 부동산 처분이나 법원의 명령에 의해 부모나 후견인에게 주어지는 권능은 별도이다. 가령 부모나 후견인은 가령 자녀에의 유증(legacy)이나 자녀에게 지불되어야 할 금전에 대해 유효한 영수서를 줄 수 없다. 소송의 목적을 위해 미성년자는 원고인 경우에 그의 가장 가까운 친구, 피고인 경우에 그 **소송**후견인(guardian *ad litem*)이라고 하는 성년자에 의해 대표될 수 있고, 또 그렇게 대표되어야 한다. 그러나 가까운 친구나 소송후견인은 특정한 소송의 목적을 위해서만 미성년자를 대표하고, 보통은 미성년자의 부모나 일반 후견인이 그렇게 되지만 반드시 그런 것은 아니다.

아동의 보호에 관한 법원의 권능은 의회에 의해 지속적으로 개정되어 왔다. 지금은 주로 1989년 〈아동법〉(Children Act)에 포함되어 있다. 광범위하게 말하면 부모와 후견인의 권능과 의무는 재산과 관련된 것이라기보다도, 미성년자의 신체의 배려나 감독에 관한 것이다. 1973년 〈후견법〉(Guardianship Act)과 1978년 〈가사절차 및 치안법원법〉(Domestic Proceedings and Magisrates' Courts Act)에 의해 개정된 1971년 〈미성년자 후견법〉(Guardianship of Minors Act)하에서는 아버지나 어머니나 평등하게 미성년자를 배려하고 감독할 권리를 갖는다. 그리고 아버지와 어머니 사이에서 다툼이 생긴 경우, 법원은 결정을 하면서 오로지 미성년자의 복지(welfare)만을 고려해야 한다.

그러나 1971년 법과 1973년 법은 1989년 〈아동법〉(Children Act)에 의해 대체되었다. 1989년 법은 모든 경우에 법원이 최우선적으로 고려해야 하는 것이 아동의 복지라고 규정했다. 어디에서나 아동은 반드시 그들 자신의 가족 내에서 양육되고 배려되어야 하며, 그들에게 무슨 일이 생겼는지에 대해 충분한 정보를 얻어야 하며, 그들의 장래에 대한 결정이 내려질 때에는 가능한 한 반드시 참여해야 한다. 엄격하게 필요한 경우, 주거와 부모와의 연락과 같은 사항에 대해 오로지 법원만이 간섭하고 명령을 내릴 수 있다. 부모 쌍방은 지금 그 자녀의 복지에 기여해야 한다. 그들은 더 이상 자신에 대해 승리자나 실패자로 보이지 않고, 이전의 부모의 권리는 부모의 책임으로 바뀌었다.

1991년의 한 사건에서 어느 미혼의 아버지가 어머니와 함께 살고 있는 그의 15개월 된 딸과 상당히 관대하게 교섭할 권한을 부여받았다. 이듬해에는 11살 된 소녀가 그녀의 어머니가 아니라 조부모와 함께 사는 주거명령을 법원에 청구하는 데 성공했다. 왜냐하면 재판관은, 그것이 그녀가 바라는 희망과 그녀의 객관적인 복지를 고려할 때 최선의 방식이라는 점에 만족했기 때문이었다.

1984년 〈아동약취법〉(Child Abduction Act)은 아동의 부모나 후견인의 동의 없이 아동을 영국 밖으로 데려가거나 보내는 행위를 범죄로 규정했다. 1971년 〈사회보장법〉(Social Security Act)에서는 남성이 아내와 자녀(추정상의 아버지라고 판결된 경우의 자녀를 포함)를 부양할 의무가 있고, 여성은 남편과 자녀를 부양할 의무가 있다. 그러한 부모의 책임은 법원에 의해서만 변경될 수 있고, 오로지 그것은 아동의 복지에 이익이 되어야만 가능하다. 아버지나 어머니가 사망하는 경우, 후견권은 잔존 배우자(surviving spouse)에게 돌아간다. 그러나 아버지나 어머니는 날인증서(deed)나 유언에 의해 잔존 배우자와 함께 행위할 후견인을 선임할 수 있다.

1989년 〈아동법〉(Children Act)에서 자연스럽게 진보한 1991년 〈아동지원법〉(Child Support Act)은 아동 유지비에 대한 새로운 계산법을 도입하고, 결손 부모(보통은 아버지)에 의한 유지비 지불을 평가하고 수집하며 강제하는 아동지원청(Child Support Agency)을 설립했다. 이것은 그 영향을 받은 사람들에게 인기 있는 조치가 아니었다. 특히 제2의 가정이 있는 결손 아버지에게 그러했다. 그러나 아동지원청의 관할권은 여러 가지 목적을 위해 법원의 관할권을 대체했다. 그 권한은 1996년에 연장될 예정이지만, 동시에 각 어린이의 두 부모 사이에 재정적 부담을 보다 공정하게 배분할 수 있는 기회가 주어질 것으로 기대된다.

법원은 부모나 후견인이 행적이 없거나 부적당한 경우 그의 감독으로부터 자녀를 빼앗고, 그러한 경우, 또는 적법한 후견인이 없는 경우, 적당한 자를 후견인으로 지정할 권능을 언제나 갖고 있다.

그리하여 1969년의 어느 사건에서 잉글랜드에서 스페인 부모에게 태어난 10세의 아동이 스페인에서 친부모와 함께 산 17개월간은 매우 불행했고, 잉글랜드에서 양부모 및 그 6명의 자녀와 생활을 함께한 수년간은 매우 행복했던 경우, 법원은 친부모에 대해(그 한쪽의 건강이 좋지 못한 경우에) 아동의 신체 배려와 감호를 허가하는 명령을 내리는 것을 거부했다. 그때 그 아동이 스페인에서 새로운 생활에 순응할 가능성은 매우 적고, 순응에 실패한 경우에 그 아동의 성장에 매우 중대한 결과를 초래하게 되리라고 하는 감정 결과가 나왔다. 법원은 그 아동의 보호가 무엇보다도 먼저 최우선으로 고려되어야 한다는 규칙이 부모 사이의 분쟁에 대해서만이 아니라, 부모와 제3자 사이의 분쟁에 대해서도 적용된다고 판시했다.

마찬가지로 부모나 후견인은 미성년자를 법원이 후견에 붙이는 명령을 내리면, 미성년자의 재산을 그 자신이 행할 수 있는 경솔한 행위로부터 보호하게 되는 경우, 그러한 신청을 할 수 있다. 법원의 피후견인(미성년자)은 법원의 관할에서 면제될 수 없고, 또 법원의 허가 없이 피후견인의 사회적 지위에 변경을 가할 수도 없다. 가령 법원의 동의 없이 그러한 피후견인과 혼인하는 것은 법정모욕(contempt of court)으로 처벌의 대상이 될 수 있다. 1989년 〈아동법〉하에서 이 문제에 대해 법원은 '배려 절차'를 다룬다고 하고, '법원의 감호'는 결국 사라져야 한다고 말해졌다.

부모나 후견인의 권능은 합리적인 징계를 가할 권능을 포함한다. 그리고 그러한 권능을 부모나 후견인은 학교의 교사와 같이, 자녀를 감독해야 할 지위에 있는 타인에게 위임할 수 있다.

4. 적출

대체로 말하면 혼인계속 중 또는 혼인 해소 후의 상당 기간 내에 태어난 자녀는 모두 적출(legitimacy)이라고 할 수 있다. 남편이 그의 아내가 낳은 자녀의 아버지라고 추정함은, 직접적인 종류의 증거가 아니라고 해도 강력한 종류의 증거에 의해 전복될 수 있다. 최근까지 여러 입법이 점차 그 수를 줄여왔으나, 비적출자에 대한 법적 불이익은 여러 가지 있었고, 입법위원회는 비적출이라는 개념을 전적으로 폐지하도록 권고했다. 지금은 결국 그렇게 되었다. 먼저 스코틀랜드에서 1986년 〈개정법(부모와 자녀)(스코틀랜드)〉(Law Reform(Parent and Child)(Scotland) Act), 그리고 잉글랜드와 웨일스에서 1987년 〈가족법 개정법〉(Family Law Reform Act)에 의해 적출자와 비적출자 사이의 어떤 구분도 없어졌다. 그리하여 비적출은 더 이상 비적출자의 승계권이나 부동산에 대한 승계권, 비적출 관계를 통하여 추적된 승계권을 결정하는 경우에 고려되지 않는다. 나아가 비적출 관계는 노동(산업)재해에 의해 발생한 사망을 보상을 요구하는 권한이 있는 자녀 사이에서도 포함된다.

5. 입양

1926년까지 잉글랜드법은 입양(adoption)제도를 인정하지 않았다. 그러나 그해에 통과된 의회 제정법은 법원에게 입양명령(adoption order)을 내리는 권능을 부여했다. 이 명령이 내려지면 양자의 부모나 후견인의 모든 권리 의무 및 구속은 소멸하고, 이러한 권리 의무는 입양 신청자, 즉 양부모에게 귀속된다. 만일 남편과 아내가 입양신청자, 즉 양부모라면 부부는 서로에 대하여, 또 양자에 대하여 자신이 그 자녀의 실제 부모인 경우와 마찬가지의 권리를 갖는다. 1934년 〈의회제정법〉에 의해 양자는, 1925년 〈노동자 보상법〉(Workmen's Compensation Act)(지금은 1975년 〈사회보장법〉으로 대체되었다)에 근거한 이익에 대해서는 실제 자녀와 같은 권리를 취득한다. 1958년 〈입양법〉(Adoption Act)에 의해 양부모와 양자(adoptee)의 재산은 그 귀속에 대해 모든 점에서 양자가 적법한 혼인으로 태어난 양부모의 자녀와 마찬가지로 다루게 되었다. 마지막으로 1968년 〈입양법〉(Adoption Act)은 입양에 관한 잉글랜드 법원의 권한을 확대하여, 외국에서 행해진 입양에 대해 잉글렌드에서도 법적 효과를 부여하게 되었다.

양부모는 다음 요건 중 하나를 충족해야 한다. (a) 25세 이상이거나 (b) 양자의 실제 부모일 것. 다른 실제 부모가 죽거나 찾을 수 없는 경우, 또는 다른 실제 부모의 배제를 정당화하는 다른 이유가 있는 경우이다. 만일 남자가 단독으로 양부가 되는 경우, 그는 여자를 양자로 삼을 수 없다. 단, 입양을 정당화하는 특별한 사정이 있다고 법원이 인정한 경우는 그렇지 않다. 특별한 사정이 있는 경우를 제외하고 부모나 후견인이나, 양자가 되는 자녀의 부양에 기여하는 의무가 있는 자는 입양에 대해 동의할 필요가 있다. 그 동의를 필요로 하는 모든 자가 입양의 법적 효과를 이해하고 있음을 법원이 반드시 납득하여야 한다. 또 입양 부모는 입양의 대가로, 법원이 허용하는 것 이외의 어떤 지불도 받지 않았고, 받는다는 취지의 합의도 하지 않았음, 그리고 그러한 지불을 누구도 양부모에게 하지 않았다는 뜻의 합의도 하지 않았음을 법원이 납득해야 한다. 법원은 나아가 법원이 적당하다고 인정하는 기타의 조건을 부과할 수 있다.

6. 기혼 여성

미혼 여성은 어떤 시기에 대부분의 공직으로부터 배제되었으나, 형사책임이나 재산이나 계약에 대해서는 무유언 사망 시의 부동산 상속에 관하여, 남성을 여성에게 우선시키는 데 사용된 규칙(이는 지금은 사라졌다)을 제외하면, 단지 여성이라는 이유만으로 남자와 실질적으로 차별된 지위에 놓인 것은 과거에 없었다. 한편 기혼 여성(married woman)은 코먼로상 무능력과 특권의 양자를 포함하는 특수한 신분을 부여받았다. 1925년 〈형사사법법〉(Criminal Justice Act)은 아내가 남편의 면전에서 범한 죄는 남자의 강제(coercion)에 의해 범해진다고 추정하는 것을 폐지했다. 그러나 그 법이 아내에 대해 범죄의 소추가 있었던 경우, 반역죄나 모살죄 이외의 것이라면, 그 범죄가 남편의 면전에서 그의 강제하에 범해졌음을 입증한다면, 그것은 유효한 항변이 된다고 추정함에 의해 형법의 엄격함이 아내에게 유리하게 완화되어 있다. 남편이 중죄를 범한 것을 알고 있는 아내가 그 중죄에 대한 처벌을 면하게 하고자 남편을 지원하여도 그것만으로 아내는 유죄가 되지 않는다. 또 남편과 아내가 형사소송 절차에서 서로 불리한 증언을 하는 능력을 인정받는 것은, 일정한 한도에서뿐이고, 또 그러한 증언을 강제하는 것은 더욱 좁은 한도에서뿐이다. 1962년 〈법개혁(부부)법〉(Law Reform (Husband and Wife) Act)하에서 부부는 법원의 재량적 권한에 복종하는 것을 조건으로 하여 서로 제소할 수 있다.

코먼로에서 기혼 여성은 재산상 및 계약상의 무능력자(disabilities)였다는 것, 그리고 대법관 법원이 형평법상의 특유 재산을 창설하고, 그것을 기혼 여성은 기존 처분에 대한 제한(restraint on anticipation)이 부과되어 있지 않은 범위에서 자유롭게 처분하거나 계약에 의해 구속할 수 있었고, 또 그것을 기혼 여성은 어떤 경우에도 유언에 의해 처분할 수 있었던 것에 대해서는 이미 설명했다. 이러한 형평법상의 특유 재산은, 그것이 유언이나 계승적 재산처분증서에 의해 설정된 경우나, 또 대법관 법원이 그 재판권을 행사하여 남편에 대해 기혼 여성을 위해 계승적 재산처분을 하도록 강제했다고 하는 비교적 드문 경우에만 존재했다. 계승적 재산처분 증서나 상세하게 쓰인 유언서 등을 알지 못하는 계층의 기혼 여성은 여전히 코먼로의 지배를 받았다. 입법부가 코먼로의 규칙을 개정하고자 결의했을 때 두 가지 방법이 있었다. 그것은 모든 기혼 여성이 그 재산을 자신의 특유 재산(separate property)으로 보유해야 한다고 정할 수 있었다. 그렇게 하면 기혼 여성이 자신의 재산을 처분하거나, 그것을 구속하는 계약을 체결하는 권리는 종래에 유언이나 계승적 재산처분 증서에 의해서만 기혼 여성에게 줄 수 없다는 것이었으나, 이번에는 그러한 권리를 모든 기혼 여성에게 부여하게 되었다. 아니면 입법부는 기혼 여성이 재산을 소유하거나 계약을 체결하거나 불법행위의 책임을 부담하는 능력을 남자의 능력과 같은 것으로 한다는, 더욱 직재적이고 간단한 방법을 취할 수도 있었다. 1882년, 입법부는 첫째 방법을 선택했다.

1882년 〈기혼 여성 재산법〉(Married Women's Property Act)과 그 뒤 제정된 의회제정법의 결과, 기혼 여성이 재산을 소유하고 계약을 체결하고 불법행위의 책임을 부담하는 능력은 남자의 능력과 다르게 되었다. 기혼 여성의 재산은 그 특유 재산이고(즉 특유(separate)란 남편에서 분리된다는 의미로, 따라서 아내만이 그러한 재산을 소유할 수 있다), 기혼 여성은 계승적 재산처분에 의해 그 재산에 대한 기존 처분을 금지당하는 것도 가능했다. 기혼 여성은 자신의 계약이나 자신의 불법행위에 의해, 자신의 특유 재산을 구속할 수 있을 뿐이었다. 기혼 여성은 스스로 영업을 하는(carrying on a trade) 경우 외에, 파산자(bankrupt)가 될 염려는 없었다.

그러나 1935년에 입법부는 앞에서 본 두 번째의 더욱 간단한 방법을 채택했다. 1935년 〈법개혁(기혼 여성과 불법행위자)법〉 1부에 의해 기혼 여성은 그 재산과 계약상의 능력에 대해, 또는 남편에 대한 관계를 제외하고 불법행위의 책임에 대해 남자와 같은 지위에 놓여졌다. 현재의 기존 처분금지는 보존되었지만, 그것도 1949년 〈기혼 여성(기존처분금지)법〉(Married Women (Restraint upon Anticipation) Act)에 의해 일소되었다. 그리고 1964년 〈기혼 여성 재산법〉(Married Women's Property Act)에 의해 가계 목적을 위해 남편에게 받은 금액에서 나오는 아내의 금전이나 그로부터 확보된 재산은 부부간의 반대 합의가 없는 한, 부부간의 평등의 지분에 속하는 것으로 간주되었다. 입법위원회는 자신들의 공동 사용과 편의를 위해 부부가 구입한 재산은, 그들이 반대로 합의하지 않는 한, 자동적으로 부부에게 속한다고 제안했는데, 이러한 효과를 위한 입법은 현재 대기 중이다.

1967년 〈혼인가족법〉(Matrimonial Homes Act)과 1981년 〈혼인가족 및 재산법〉(Matrimonial Homes and Property Act)은 혼인 가정을 사실상 점유하지만 부동산권, 권리, 계약 또는 제정법에 의해 그것을 점유하고 있지 않은 배우자의 일방을, 법원의 허가를 얻어 이룬 당해 주거로부터 추방하는 것에 대해 법적 보호를 부여한다. 그러한 배우자가 점유하지 않는 경우에, 상대방은 법원의 허가를 얻어 그 집에 들어가 그것을 점유할 수 있다. 이러한 권리는 '향유권'(right of occupation)이라고 하고, 법원의 허가가 필요한 경우, 법원으로서는 배우자의 행동, 그 필요도, 경제적 자원, 자녀의 필요도 기타 모든 사정을 감안하여 공정하고 합리적이라고 생각되는 명령을 내릴 수 있다. 향유권은 보통 혼인 계속 중에 상대방 배우자의 부동산권이나 가옥에 대한 권리가 존속하는 동안에만 존속하고, 상대방 배우자의 부동산권이나 가옥의 권리에 대한 부담(charge)(일종의 담보물권)을 구성한다.

지난 수년간, 법원은 실제로 본래의 영속적 기초를 어느 남자와 함께 원래의 영구적인 근거 위에서 살았던 애인(mistress)에게 (그러나 지금은 사망이나 다른 유기 형태의 결과로 그녀의 파트너를 잃은) 사용권의 실질을 확대하고자 고안했다. 1975년에 선고된 어느 사건에서 제임스 판사는 "일반인들의 대답에 의하면 1975년에 '가족'의 일반적인 의미는 이러한 여성은 그 남자 가족의 구성원에 포함된다"라고 말했다. 그리고 같은 해의 다른 사건에서 항소법원은 "정부는 그녀의 애인(비록 그가 다른 여성과 결혼했다고 해도)과 함께 사는 집에서 편의의 권리를 가질 수 있다고 판시했다. 최근 몇 년 사이에 실무에서 '코먼로 아내'로서의 애인에 대해 부정확하게 언급한 것은 놀라운 일이 아니다. 1976년 〈가정폭력 및 혼인절차법〉에 의해, 애인이 그녀의 애인과 공유한 주거에서 퇴거당하는 것(종종은 그녀의 이전 파트너에 의한 물리적 폭력으로부터)에 대한 보호가 여성의 주거권을 보호하는 이 법의 효력을 증명했다. 입법위원회는 지금 미혼의 동거인의 재산권에 대한 모든 문제와, 그들의 관계가 끝나면 그 재산에 생기는 문제를 다루는 법을 검토하고자 결정했다.

부부가 동거하고 아내가 가사에 필요한 물품을 주문한다고 하는 보통의 경우에는 남편이 아내에게 충분한 현금을 건네주지 않는 한, 남편은 그 목적을 위해 자신의 신용을 담보로 하는 권한을 아내에게 부여하는 것으로 추정된다. 그러나 남편이 아내의 채무에 대해 책임을 진다는 일반적인 규칙은 없다. 가령 남편은 가사 필수품을 가정부에 의해 조달한다는 것을, 그리고 아내는 남편을 대신하여 계약하는 어떤 권한도 가져서는 안 된다는 것을 정할 수도 있다. 그리고 요청도 없이 아내에게 물품을 공급하는 상인이, 아내는 남편으로부터 수권을 받았다고 추정할 수 없다. 상인은 자신이 반대의 통지를 받기 전까지, 남편에게 책임이 있다고 주장할 수 있으나, 그것은 아내가 특정한 상인에 대하여(필수품인가 아닌가와 무관하게) 부담한 책임에 응함에 따라 남편이 자신의 대리인으로 '아내를 공시한'(held her out) 경우에만 한정된다. 종종 신문에 나오는, 스미스 씨는 더 이상 아내의 채무에 책임을 지지 않는다고 하는 취지의 광고는 일반적으로 상상되는 것보다도 적용의 범위가 더욱 제한되어 있다. 남편이 자신의 지금까지의 방식에 의해 자신에게 지불을 요구하게 하지 않은 사람들에게는 그것은 불필요한 것이고, 종종 광고를 보유 않는 사람들에게 그것은 무효이다. 아내와 거래하는 소매상인이 지는 또 하나의 위험은 아내에게 재산이 있어도 남편이 지불 불능의 상태일지도 모른다는 것이다. 그러한 경우, 아내가 남편의 대리인으로 계약하고, 그 사실을 상인에게 밝히면 아내는 전혀 인적 책임을 지지 않는다.

혼인 전에 기혼 여성이 계약이나 불법행위에 근거하여 부담한 책임은, 기혼 여성에 대해 구속력을 가지며, 또 혼인 계승적 부동산 처분에 의한 경우와 같이, 남편이 아내로부터 재산을 취득한다면, 그 재산의 범위 내에서 남편도 구속한다. 그러나 혼인 중에 아내가 행한 불법행위에 대해서는 아내가 책임을 지지만, 1935년 이후 남편은 그 불법행위를 시인하거나 추인한 경우 외에는 어떤 책임도 지지 않는다.

단편적인 입법에 의해 양성 간의 평등을 향한 거대한 파도가 형성되었다고 볼 수 있다. 그것은 법적 지위, 권리와 책임에 관련된 것들이었다. 양성간의 생물학적 차이로 인해 전체적인 평등이 달성되기는 어렵지만, 1970년 〈평등 임금법〉(Equal Pay Act)과 1975년 및 1986년의 〈성차별 금지법〉(Sex Discrimination Acts)에 의해 입법은 완성되었다고 할 수 있을 것이다. 이러한 법률 아래, 오직 약간의 예외로, 고용인, 교육시설, 공공(가령 은행, 건물협회, 재정 주택, 지주)에 대해 상품과 편의와 서비스를 제공하는 자들은, 만일 그들이 남녀에게 동등한 기회와 서비스를 제공하지 않는다면 민사 위법행위를 저지르는 것이 된다. 1975년 법에 의해 설립된 평등기회위원회(Equal Opportunities Commission)는 그 법의 작용을 감독한다. 그것은 공적인 조사를 지휘하고, 민사절차에 의해 그 법의 강행을 추구한다.

7. 혼인과 이혼

잉글랜드의 코먼로는 결혼 의식을 위한 요건으로 혼인 당사자의 합의를 선언하는 것 외에 다른 아무 것도 요구하지 않았다는 점에 대해 역사상 어떤 의문도 없는 것으로 생각된다. 그리고 이 합의 선언은 혼인하고자 하는 현재의 의사 선언이라는 형태로도, 사실상의 결합을 수반한 혼인의 약속 선언이라는 형태로도 다 무방했다. 이는 중세 서유럽의 일반법(general law)이었다. 1939년 〈(스코틀랜드) 혼인법〉((Scotland) Marriage Act)까지 그러한 결혼이 스코틀랜드에서 가능했다. 그 의회제정법은 스코틀랜드에서 인정되는 무방식 결혼의 유일한 형태로 종래의 '계속성이 있고 주지된 동거(cohabitation with habit and repute)에 의한 결혼'을 존치시키고 있다. 그러나 상원은 19세기에 아일랜드의 어떤 사건에서 코먼로에서 정당한 자격이 있는 성직자의 임석이 언제나 필요하다고 판결했다. 이 문제는 현재 잉글랜드에서는 학문상의 문제에 불과하다. 왜냐하면 1753년부터 1994년에 이르는 일련의 제정법에 의해 유효한 혼인에 필요한 형식이라는 것이 훨씬 이전에 규정되었기 때문이다.

혼인은 잉글랜드 교회의 성직자, (1836년 이래) 결혼등록관(Register of Marriages), (1898년 이래) 피수권자(authorized person) — 이들은 보통 비국교 예배소 이사(trustee)에 의해 수권된 목사이다 — 중 누군가가 임석한 예식을 거행해야 한다. 그 밖에 두 사람이 증인(witness)으로 입회해야 한다. 예식은 오전 8시부터 오후 6시 사이에 거행되어야 하고 그 전에 혼인 예고의 공시, 또는 등록관의 증명서(certificate)나 주교 또는 등록관의 허가서(licence)를 얻어야 한다. 그리고 캔터베리대주교(Archbishop of Canterbury)로부터 특별허가를 얻은 경우를 제외하고, 예식은 적어도 당사자 일방이 거주하는 지역에 있는 공인 예배소나 등록관 사무실(Register's Office)에서 거행되어야 한다. 이 마지막 장소의 유형은 1994년 〈혼인법〉에 의해 대체로 어디에서나 결혼식을 올려도 좋다고 하는 방향으로 개정되었다. 임종의 혼인, 병이나 노령으로 바깥출입을 못해 집에서 하는 혼인, 교도소에서의 혼인, 장애로 인해 병원이나 기숙사에서 올리는 혼인, 육해공군에 속하는 자, 그리고 그러한 자의 딸의 결혼식을 해군성(Admiralty Board)이나 국무부장관(Secretary of State)이 허가한 예배당에서 거행하는 것에 대해서는 특별한 규정이 있다. 유대인의 혼인이나 퀘이커(Society of Friends)교도의 혼인은 이러한 규정에서 제외되고 그 종교단체의 규칙에 따라 행해질 수 있다. 그 어느 경우에나 잉글랜드 국내에서 거행된 각 혼인의 기록을 보존하는 규정이 있다.

혼인 무효 및 이혼에 관한 법은 최근 대폭 개정되었다. 지금은 주로 1989년 〈아동법〉에 의해 개정된 1973년 〈혼인소송법〉(Matrimonial Causes Act)에 의해 규정되고 있다. 혼인 계약 시 법적으로 요구되는 요건을 충족하지 못한 혼인은 무효가 된다. 또 혼인은 그것이 (1) 연장 혈족과 연소 혈족 사이, 가령 부모와 자녀, 조부모와 손자녀 사이, (2) 형제와 자매, 숙부와 숙모, 조카와 질녀 사이, (3) 일방의 사전 혼인으로 인해 위 친족관계의 하나에 상당한 관계에 선 자와의 사이에 포함되는 경우에도 혼인은 근친(nearness of relationship)이라는 이유로 무효가 된다. 따라서 위 (3)의 금지하에 가령 양자와 양모 사이의 혼인은 무효가 되지만, 1986년 〈혼인(친족금지)법〉(Marriage (Prohibited Degrees of Relationship) Act)은 예외를 두었다.

지금은 양모나 양녀, 양부나 양자와의 결혼은 인정되는데, 그것은 최소한 21년 아래인 자와 연장자 가족의 아동으로 18년을 살기 이전이라는 조건이 붙는다. 인척관계(in-law)의 결혼을 허용하는 동일법은 같은 조항과 이전 배우자의 사망을 조건으로 한다. 1907년부터 1960년까지 제정된 일련의 법은 남자가 사망하거나 이혼한 아내의 자매나 반혈(半血)자매(half-sister), 혼인에 의한 숙모나 혼인에 의한 질녀와 혼인하는 것을 예외로 허용하고, 또 여자가 사망하거나 이혼한 남편의 형제나 반혈 형제와의 혼인도 허용한다. 1976년 〈입양법〉하에서 아동과 그 아동을 입양한 적이 있는 자와의 혼인은 금지되지만, 피입양자와 입양자가 낳은 아동 사이의 결혼은 그렇지 않다. 그러나 아내의 혈족이나 혼인에 의한 친족은 남편의 친족과 관련되는 사람으로 간주되지 않는다. 그래서 가령 A와 B가 형제이고, C와 D가 자매인 경우, A와 C의 혼인은 B와 D의 혼인에 의해 장애가 되지 않는다.

두 사람 사이에서 거행된 혼인은, 그 당시 두 사람 중 한 사람이 유효하게 혼인하고 있다면 어떤 경우에도 무효가 된다. 그리고 그러한 혼인을 알고 있는 자는 모두 중혼죄(bigamy)를 범한 것이 된다. 각각 남자와 여자가 아닌 당사자 사이의 혼인, 당사자의 일방이 16세 미만인 혼인(69쪽 참조), 잉글랜드와 웨일스 이외의 장소에서 행해진 일부 다처혼으로 당사자 일방이 당시 잉글랜드나 웨일스에 주거(91-3쪽 참조)를 가진 경우의 혼인도 무효이다. 그러나 1985년 입법위원회는 잉글랜드와 웨일스에 주거를 가진 남녀에 의해 유효하게 된 혼인이, 일부다처제를 허용하는 법 아래에서 유효하게 되었다는 이유만으로 무효가 되지는 않는다고 권고했다. 단 어느 일방도 기혼자가 아니라는 조건하에서였다. 만일 1995년 법에 의해 시행된다면 지금 그 권고는 실행되고 있다고 할 수 있다.

혼인 무효에 관한 법은 의도된 혼인이 처음부터 무효인 경우만이 아니라 처음에는 유효했지만 취소할 수 있는 사유가 있어서 그 결과 취소된 혼인도 포함한다. 취소해야 할 사유가 있는 혼인이란, 당사자 일방의 성적 불능이나 성교에 대한 의도적 거부로 인해 혼인인 완성되지 않은 경우, 당사자 일방의 동의 없이 혼인관계에 들어간 경우(가령 강박, 착오, 정신이상에 의해), 혼인 당시 당사자 일방이 혼인을 부적절하게 만드는 정신장애나 성병에 걸린 경우, 또는 혼인 당시 아내가 남편 이외의 자에 의해 임신한 경우 등이다.

혼인의 무효(nullity of marriage)는 이혼과는 엄격하게 구별되어야 한다. 대체로 무효판결의 효과는 당해 혼인이 과거에 존재한 적이 있었던 것처럼 취급된다는 것이다. 그러나 이혼의 신청(petition)은, 유효한 혼인의 존재를 가정하고 법원에게 그것을 종료해 줄 것을 요구하는 것이다. 이러한 종류의 이혼은 1857년 〈혼인소송법〉에 의해 처음으로 잉글랜드법에 섭취되었고, 그때부터 1969년까지 — 지금은 1973년 〈이혼소송법〉에 의해 대체되었다 — 혼인상의 범죄(간통(adultery)이나 유기(desertion)와 같은)가 일방 배우자에 의해 상대방이 소송상의 구제를 확보하기 이전에 범해진 것에 틀림없다는 법리에 근거하여 이혼이 인정되었다.

이러한 법리로부터의 이탈은 1969년 〈이혼개정법〉(Divorce Reform Act)에 의해 행해졌고, 현재는 1973년 〈혼인소송법〉에 의해 대체되었으며, 이는 1984년에 개정되었다. 현재의 입장은 이혼 신청의 유일한 사유가 회복이 불가능할 정도로까지 파탄했다는 점에 근거하고 있다. 이 신청은 법원의 특별한 허가가 없으면, 혼인으로부터 1년이 지나지 않은 동안에는 할 수 없다. 혼인상의 범죄 법리와의 관련성은, 다음과 같은 별도의 조항에 의해 폐지되지 않고 유지되어 있다. 즉 법원은 이혼신청인이 다음 다섯 가지 사유 중 하나나 복수의 사유를 입증할 수 없는 한, 혼인이 회복 불가능할 정도로까지 파탄했다고 판결할 수 없다고 하는 규정이 그것이다.

(1) 피신청인이 간통을 범하고, 신청인이 피신청인과 생활을 함께 하는 것에 참기 어려운 사정이 있는 경우,
(2) 피신청인이 신청인의 상대방과 생활을 함께 하는 것을 합리적으로 기대할 수 없는 방식으로 행동하는 경우,
(3) 피신청인이 이혼 신청 전 적어도 2년간 계속하여 신청인을 유기한 경우,
(4) 양 당사자가 이혼 신청을 하기 직전 적어도 2년간 계속하여 별거생활을 하고, 피신청인도 이혼판결을 내리는 것에 동의하는 경우,
(5) 양당사가 이혼 신청 직전 적어도 5년간 계속하여 별거 생활을 하고 있는 경우이다.

위의 (1)에서 (3)까지의 주장에 관련된 행위는 혼인상의 범죄도 되지만, (4)에 포함되는 사유는 부부 쌍방의 동의에 의한 이혼의 권리를 잉글랜드에서 처음으로 인정한 것이었다. 7년간의 부재나 신청인으로서 자신의 배우자가 생존하고 있다고 믿을 이유도 발견되지 않는다는 사실이 병존하는 경우에, 신청인은 사망의 추정 및 혼인 해소 선고를 법원에 청구할 수 있다.

오늘날 이혼은 이전과는 비교할 수 없을 정도로 쉽게 인정되고 있으나, 1963년 이래 입법은 조정의 노력을 장려하여 왔다. 오늘날 이혼신청인의 사무변호사(solicitor)는 의뢰인과 조정문제에 대해 의논하고 도움을 줄 수 있는 유자격자의 이름을 보여주었음을 증명해야 한다. 나아가 6개월이 차지 않은 기간 부부생활을 재개한 것 자체는 이혼사유를 낳은 배우자의 행위를 용서하는 것으로 해석되어서는 안 된다.

재판상의 별거 판결(judicial separation)은 앞에서 본 다섯 가지 이혼사유

중 어느 것을 입증함에 의해 확보할 수 있다. 단 혼인이 회복 불가능할 정도로까지 파탄된 것을 입증할 필요는 없다. 재판상 별거는 이혼과 같이 당사자에게 재혼을 가능하게 하는 것이 아니라, 혼인생활의 의무로부터 당사자를 해방시키는 것에 불과하다. 혼인 해소나 재판상 별거의 판결이 있으면, 법원은 만일 부모가 이러한 문제에 대해 동의할 수 없는 경우, 자녀의 주거, 부모와의 접촉, 부양과 교육에 대한 명령을 내릴 수 있다. 또 아내에게 지불해야 할 부양료(financial provision), 그리고 여러 가지 혼인계승적 부동산 처분(marriage settlement)에 대해 명령을 내릴 수 있다. 별거명령과 부양명령은 치안판사 법원(Magisrates' court)에서 얻을 수 있다. 이혼 근거의 개혁은 1978년 〈가사절차 및 치안법원법〉(Domestic Proceedings and Magistrates' Court Act)에 의해 치안법원의 절차에 관한 것으로 보여졌다. 그 법은 입법위원회의 권고의 결과로 시행되었다. 그리고 1989년 〈아동법〉에 의해 개정된 이래 치안법원의 가사절차라고 하는 것에 사용된 것이 지금은 가족절차라고 불리게 했다. 지금 치안판사 명령은 다음 네 가지 근거에 의한다.

(1) 피고가 신청인을 위한 합리적인 부양을 부여하는 데 실패한다.
(2) 피고가 가족의 아동을 위한 합리적 부양을 부여하거나 적절한 기여를 하는 것에 실패한다.
(3) 피고가 신청인이 피고와 함께 살아가기를 합리적으로 기대할 수 없는 방식으로 행동했다.
(4) 피고가 신청인을 유기했다.

여러 사안에서 양 당사자가 동등하게 이혼을 희망하고 있다고 하는 사실은, 양자 사이에 있는 일종의 공모(collusion)가 실제로 있을 수 있다고 하는 개연성이 높아지고 있다. 공모는 과거에 이혼에 대한 저각사유(bar)였으나, 더 이상 금지의 대상은 아니게 되었다. 실제로 부스 여판사(Mrs Justice Booth)3를 위원장으로 하는 위원회는 1985년에 당사자는 장래에 이혼을 위

3 부스(Dame Margaret Wood Booth, DBE, 1933~)는 영국의 여판사이다.

한 공동신청을 하는 자격을 인정받아야 한다고 권고했다. 그러나 종종 중요한 사실은 은폐되었고, 한편 일방 당사자는 상대방이 소송절차를 알지 못하도록 이혼을 신청할 수 있다. 법원은 적정한 사안에서 확정판결을 신속하게 처리할 권한을 갖고 있지만, 이러한 이유로 인해 사건의 심리 뒤에 내려지는 가판결(decree *nisi*)과, 혼인을 궁극적으로 해소하여 당사자에게 재혼을 가능하게 하는 확정판결 사이(decree absolute)에 6주의 기간이 경과해야 했다. 이 기간 중에는 누구도 사건에 개입하여, 공모나 중요사실 은폐를 이유로 하여 왜 판결이 확정되지 않았는지의 이유를 보여줄(show cause) 수 있다. 그리고 국왕대리인(Queen's Proctor)이라는 관리가 특히 이러한 개입의 의무를 지고 있다.

다음 몇 년 동안, 그것이 어떤 것일지 전망하기는 쉽지 않지만 이혼법이 더욱 크게 변할 것임이 틀림없다. 1990년에 입법위원회는 1969년 법이 혼란스럽고 부당하기 때문에 그것이 부부 사이에 적대감과 비통함을 불러일으키고, 심지어 혼인 파탄의 아동에게 대한 영향을 악화시킬 수 있다는 결론을 내렸다. 따라서 회복 불가능한 혼인 파탄의 유지를 이혼의 유일한 근거로 보면서도 위원회는 법상 결함의 역할을 제거하도록 권고했다. 혼인 파탄은 최소 12개월의 숙려와 반성의 기간이 지났음에 의해 증명될 필요가 있고, 그 기간에 양 당사자는 타협과 상담과 중재 서비스를 이용할 수 있으며, 장래에 대해 고찰하고, 이혼 이전에 자녀와 집과 돈에 대해 고찰하도록 강제될 수 있다. 1989년 〈아동법〉은 이미 아동에 대한 부모 책임의 분배를 이혼의 자동적 결과로 규정했다. 1993년에 대법관은 이 계획에 대한 다양한 견해를 요청하는 상담문서를 출판하고, 조정에 의한 역할을 강조했다. 따라서 이러한 면모는 장래의 이혼법 개정에 구성요소가 될 수 있을 것이다.

8. 정신이상

형사소추에 대한 항변이 되는 정신이상(insanity)의 성질과 정도는, 종종 상당히 중요한 논의 대상이 되어 왔다. 잉글랜드의 법원은 지금도 소위 '멕

노튼 규칙'(McNaughten Rules)에 따르고 있다. 이 규칙은 재판관들이 상원으로부터 자신들에게 행해진 질문에 대한 답변 속에 나타나 있다. 즉 피고인은 스스로 반대의 입증이 가능할 때까지, 그 정신은 정상이라고 추정된다. 피고인은 '자신이 행하고 있는 행위의 본질이나 성질을 모른다'든가, '자신이 행하고 있는 것이 법위반이라는 것을 모른다'고 할 정도로 정신이상이 아닌 한, 형사적으로 책임을 진다. 만일 그가 정신이상적인 망상하에서 죄를 범했다면, 그의 책임이 그 사실이 실재한다고 피고인이 상상한 대로의 것이었다면, 피고인은 책임을 져야 하는가 아닌가의 결정에 의해 정해진다.

그러나 정신적 결함에 의해 생기는 통제할 수 없는 충동(uncontrollable impulse)은 현재, 형사책임을 면제받는 것으로 인정되지 않는다. 단 그것은 모살(murder)을 고살(manslaughter)[4]로 격하시키는 데 도움은 된다(236-40쪽 참조). 그 범행이 실제로 행해졌으나, 당시 피고인은 법률상의 책임을 지지 않을 정도의 정신이상이었다는 점을 배심이 납득하게 되면, 배심은 '정신이상을 이유로 한 무죄'라는 특별 평결을 내리게 되고, 피고인은 국왕이 희망하는 기간의 구치를 명받게 된다. 이러한 구치는 통상 종신이다. 따라서 정신이상은 모살의 기소에 대한 항변으로서 외에, 빈번히 신청된다. 그러나 모살의 사안에서도 정신이상의 항변 대신에 감형을 주장하는 쪽이, 오늘날에는 피고인에게 훨씬 유리하다.

그리고 가장 실제적인 목적을 위해 이러한 방어는 형법의 정신이상을 대체했다. 의도적으로 부상을 야기한 것을 이유로 형사 재판에 성공한 정신이상에 대한 항변의 드문 사례는 피의자가 친구에게 폭력을 행사할 당시 몽유병을 겪은 1991년의 사례였다(227쪽 참조).

민사상의 권리나 책임에 관하여 정신이상의 효과는 더욱 크게 제한되고 있다. 혼인은 혼인계약자 1인이 혼인 당시, 혼인 상태에서 생긴 의무의

4 모살(謀殺, murder)은 계획적으로 다른 사람을 살해하는 행위이다. 살인 중에서 계획을 세우지 않은 고살(故殺, manslaughter)과 구별하는 것이다. 입법상 모살과 우발적 살인을 구별하지 않는 국가에서도 우발적 살인에 비해 중형이 내려진다. 고살은 우발적 살인과 과실치사를 포함하며 처음부터 살인의 의도가 있었던 모살과 구분된다.

성질을 알지 못했을 정도로 정신이상이었던 경우, 어떤 당사자도 소송이라는 방법으로 이를 취소할 수 있다. 법원에 의해 정신이상이라고 선고된 자의 혼인은 완전히 무효이다. 또 그런 자가 행한 모든 재산처분도 마찬가지이다. 그러나 일반적으로 정신장애자(mentally disordered)의 계약은, 그가 당해 행위의 성질을 이해할 수 없을 정도로 정신이상이라고 상대방이 알지 못하는 한, 그를 완전히 구속한다. 만일 이러한 조건이 충족된 경우, 심신상실자가 그 정상 정신을 회복하게 되거나, 정신장애자를 위하여 행위하는 권리가 있는 자는 계약을 거절하거나 추인하여 이를 강행할 수 있다. 정신장애자는 위법행위에 대해 책임이 있다. 단 정신장애(disorder)라는 이유에 의해 위법행위의 본질적인 부분을 구성하는 어떤 특별한 정신상태가 배제된 경우는 그렇지 않다.

자신의 과실에 근거한 명정상태(drunkenness)는 그 자체가 형사소추에 대한 항변이 되지 못한다. 이는 필경 자신의 과실에 근거하지 않은 명정상태에 대해서도 마찬가지일 것이다. 그러나 명정상태가 자신의 과실에 근거하지 않았다고 하는 사실이 처벌감경의 이유가 되는 것은 분명하다. 모든 경우에 명정은 피고인이 소추된 범죄의 중요한 요소를 구성하는 의도를 갖지 않았다는 것을 증명하는 것으로 중요성을 띨 수 있다. 명정에 의해 생긴 정신적 질병은 형법에서 정신이상과 같이 취급된다. 계약의 문제에서 명정은 정신이상과 같은 효과를 갖는 것으로 간주된다.

9. 국왕과 그 피용인

국왕은 그 개인적 자격으로 책임을 부담할 능력이 없다. 따라서 민사소송이나 형사소추와 같은 방법에 의한 어떤 절차도 국왕에 대해 취할 수 없다. 그러나 정부의 각 부서는 1947년 〈국왕절차법〉(Crown Proceeding Act)에 의해 다음 세 가지 이유로 제소할 수 있다. ① 재산의 회복, ② 통상의 상사계약 위반. 단 노동계약의 위반이나 장래 의회에 의한 예산 지급을 조건으로 하는 계약의 위반은 제외한다. 또한 국왕이 그 자신의 실제 이행을 구속하는 경우에도 제외한다. ③ 불법행위. 국왕의 피용인은 그 최고의 집행관이나 행정관 또는 무관 이하 모두, 그 공적 행위에 대해 민사절차 및 형사절차로부터의 한 일반적인 면제를 향유할 수 없다. 그리고 상관의 명령, 심지어 국왕의 명령도 그러한 절차에 대해 어떤 항변도 할 수 없다.

그러나 이상과 같은 관리는 대부분의 경우, 사인이 행해서는 안 되는 것을 합법적으로 행하는 권능을 가지고 있지만, 그러한 관리의 행위가 그 권능에 의해 정당화되는가, 아닌가의 문제는, 통상 법원의 절차에 의해 결정되어야 한다. 국왕의 피용인은 자신이 국왕을 위하여 체결한 계약에 대해 스스로 책임을 지지 않으며, 자신의 부하의 행위나 태만에 대해 자신이 명시적으로 수권했거나 사후에 추인한 경우 외에 본인으로서는 책임을 지지 않는다.

재판관은 자신이 재판관으로서의 자격으로 한 행위에 대해, 거의 완전에 가까울 정도의 면책을 받는다. 부정하고 악의인 행위도 그러하지만, 다행스럽게도 그것은 잉글랜드의 역사상 드문 일이다. 그러나 하급 법원의 재판관은 자신에게 그 면책을 부여하기 위해 실제로 적어도 자신에게 보인 사실에 근거하여, 자신은 그 문제에 대해 재판권을 갖고 있음을 입증해야 한다.

외국의 주권자와 외국의 대사는 잉글랜드 법원의 재판권으로부터 자신이 임의로 그것에 복종하지 않는 한 면제된다. 그러나 그 면제의 실제 범위는 명백하다고 하기 어렵다.

10. 국적과 주소

외국인, 즉 잉글랜드인이 아닌 자는 공직이나 의원선거권과 같은 공적 기능에서 배제된다. 외국인은 잉글랜드 영토에 입국하기 위해 강행할 수 있는 권리를 갖지 못한다. 그리고 어떤 경우, 잉글랜드 정부는 외국인을 영국(United Kingdom)에서 배제하고 추방하는 권한도 제정법에 의해 주어진다. 형법의 어떤 규정은 잉글랜드인에게만 적용된다. 외국인은 잉글랜드의 선박이나 그 지분을 소유할 수 없다. 그 밖에 제정법은 약간의 무능력을, 특히 과거에 적성 외국인(enemy aliens)이었던 자에게 부과한다. 그러나 일반적으로 외국인의 사법상 지위는 잉글랜드인의 그것과 실질적으로 다르지 않다. 외국인에게 잉글랜드의 토지보유를 금지하는 규칙은 1870년에 폐지되었다. 너무나 놀랍게도 유럽연합 내의 모든 나라에 속하는 시민은 지금 다른 모든 회원국의 동일한 권리를 갖고 있고, 그래서 가령 잉글랜드에 사는 프랑스인이나 덴마크인도 잉글랜드 의회 선거에서 투표권을 갖는다.

잉글랜드의 국적(nationality)에 관한 법의 근본적 변경은 1948년 〈잉글랜드 국적법〉(British Nationality Act)에 의해 행해졌다. 이 법률은 영연방(British Commonwealth)의 여러 부분 사이의 공통 시민권(common citizenship)이라는 현재의 개념을 반영하고 있다. 그 계획의 본질은 잉글랜드의 잉글랜드인 국적은 잉글랜드와 식민지를 통해 수립되었다. 이러한 시민권은 ① 잉글랜드에서의 출생, ② 혈통(descent), ③ 등록, ④ 귀화, ⑤ 영토의 병합에 의해 얻어진다.

그러나 다른 영연방에서 온 남녀가 잉글랜드에 이민하는 것의 중요도는 1981년에 더 근본적으로 변경되기를 요구했다. 최근 이 문제를 다룬 1981년 〈잉글랜드 국적법〉은 다른 모든 나라에서 볼 수 있듯이 당사자가 가장 실질적으로 관련된 나라에 따라 국적이나 시민권을 갖게 한다는 목적에 근거하고 있다. 1948년 법을 대체한 그 법률 아래에서 잉글랜드 시민권은 잉글랜드, 채널 제도(Channel Islands),[5] 맨섬(Isle of Man)[6]과 밀접한 개인적 관계를 갖는 사람에게 제한되고 있다.

잉글랜드에서 태어난 아동은 그 부나 모가 잉글랜드 시민이거나 무한하게 머물 자격이라는 의미에서 잉글랜드에 정착한 경우 잉글랜드 시민이 될 수 있다. 잉글랜드에서 태어난 학생, 방문자, 불법 이민자는 더 이상 자동적으로 출생에 의한 잉글랜드 시민권을 확보할 수 없지만, 만일 부모의

5 채널 제도는 프랑스 노르망디 가까이에 있는 잉글랜드 해협의 섬들을 말한다.

6 맨섬은 아일랜드해에 있는 브리튼 제도에 속하는 잉글랜드 왕실령섬이며 위치는 그레이트브리튼섬과 아일랜드섬의 사이에 있다.

양쪽이 뒤에 잉글랜드의 시민이나 영주권자가 되는 경우, 또는 아동이 그 최초의 10년을 잉글랜드에서 보낸다면 그들은 여전히 잉글랜드 시민으로 등록할 수 있다.

외국에서 태어난 아동은 만일 부모 일방이 잉글랜드에서 태어나거나 입양된 경우 또는 등록이나 귀화에 의해 시민권을 획득한 경우, 외국에서 태어난 아동은 혈통에 의해 잉글랜드 시민이 될 수 있다. 혈통에 의해 자동적으로 잉글랜드 시민권을 갖지 못하는 다른 아동이 잉글랜드 시민으로 등록하기 위한 규정도 있다. 그 경우 부모나 조부모가 잉글랜드와 관련되어야 한다. 내무부에 의한 귀화에 의해 시민권을 획득하는 규정도 있다.

외국 여성은 종래와 같이, 잉글랜드 시민과의 결혼에 의해 자동적으로 시민권을 갖는 것이 아니다. 이와 반대로 잉글랜드인인 여성은 외국인과의 혼인에 의해 자동적으로 잉글랜드 국적을 상실하지 않는다. 시민권의 상실은 세 가지 방법, 즉 ① 외국으로의 귀화, ② 이중국적의 경우, 잉글랜드 국적 포기의 선고, ③ 귀화증명서의 취소에 의한다.

가장 사법적인 관점에서 극적보다 더 중요한 것은 주소(domocile)이다. 가령 무유언으로 사망한 자의 동산은 그 친족 사이에서 잉글랜드법 규정에 따라 분배되어야 하는가, 아니면 외국법 규정에 따라 분배되어야 하는가라는 문제는, 잉글랜드 법원에 의해, 국적에 따르지 않고 그 사망 시의 사망자의 주소에 따라 결정된다. 어떤 사람의 주소는 실제로나 법적으로 보아 그가 영구적인 주거지로 살고 있는 나라이다. 잉글랜드법은 주소를 하나도 갖지 않은 사람이나 둘 이상의 주소를 갖는 사람의 존재 가능성을 예상하는 것을 거부하기 때문에 이 문제에 관한 규칙은 복잡할 뿐 아니라 매우 인위적이다. 1987년 입법위원회는 약간의 근본적 변화와 단순화를 권고했지만, 그것은 지금까지 채택되지 못하고 있다. 지금 우리가 주목해야 할 것은, 모든 사람이 '생래적 주소'(domicile of origin)를 가지고 태어난다고 생각하지만, 이 주소는 원칙적으로 출생 시의 아버지의 주소이다.

그리고 그 생래적 주소는, 다른 주소를 확보했다고 주장하고 입증할 때까지 존속하는 것으로서, 이 주소는 어떤 하나의 취득된 주소가 다른 주소의 취득 없이 상실되면 부활한다. 과거에 아내의 주소는 필연적으로 남편의 주소와 동일했으나, 1973년 〈주소 및 혼인소송절차법〉(Domicile and Matrimonial Proceedings Act)에 의해, 아내의 종속적인 주소는 폐지되고, 현재 아내의 주소는 독신자의 것과 동일한 규칙에 따라 결정된다.

앞에서 설명한 것과 같은 경우, 약간의 외국법의 방식에 따라 주소 대신 국적을 갖게 하는 것이 일반적인 이유에서 바람직하다고 해도, 동일한 국토의 상이한 부분의 법률, 가령 잉글랜드와 스코틀랜드의 법률이나, 또는 미국의 2개주 법률이 경쟁하는 경우에 생기는 문제를 해결할 수는 없다. 주소를 표준으로 함에 의해, 잉글랜드의 법원이 국적 표준을 적용하는 나라의 법률에 의거해야 하는 경우, 만일 그 사안의 본인 국적이 잉글랜드 국적이라고 하면, 참으로 곤란한 문제가 생길 수밖에 없다.

11. 법인

인간의 단체나 집단은, 구성원의 권리 의무로 취급될 수 없지만, 법적으로는 인정되는 권리 의무를 가질 수 있다. 그러한 단체는 법인(corporation)이나 (뒤에서 말하는 단독법인(corporation sole)과 구별되는) 집합법인(corporation aggregate)으로 알려져 있다. 법인의 특징은 ① 영구적 승계, 즉 구성원이 사망하거나 탈퇴하여도, 또 새로운 구성원이 종종 가입하여도 단체의 계속성과 동일성은 변하지 않고, 이는 블랙스톤이 말했듯이 "템스강을 구성하는 각 부분은 순간마다 변화하지만, 템스강은 여전히 같은 강이다"라는 경우의 '같은' 것이라는 점, ② 적어도 더욱 정식적인 법인 행위의 증거로 공동 인장(common seal)을 사용한다는 점, ③ 당해 법인으로서의 이름으로 소송을 하는 능력을 갖는 점이다. 법인격의 법적 승인은, 다음과 같은 방법 중 어느 것에 받을 수 있다. 그 하나는 국왕의 특허장(charter)에 의한 방법이다. 약간의 비교적 새로운 법인의 경우가 그런 것처럼, 허드슨 베이 주식회사(Hudson Bay Company)나 대학교나 칼리지 같은 잉글랜드의 비교적 오래된 법인의 대다수가 그러하다. 또 하나는 일정한 공공사업의 경우처럼, 법인격을 부여하는 의회 제정법에 의해 직접, 또는 1948년 〈회사법〉(Companies

Act) — 이 법률은 어떤 합법적인 목적을 위해 결합한 여러 사람(보통은 7명 이상)이 등기 등에 관한 제정법상의 요건을 충족하는 의사를 갖는 경우, 그러한 자에게 법인격을 제공하는 — 과 같은 의회 제정법에 의해 간접적으로 주어지는 방법이다.

법적인 권리나 책무를 갖는 능력이 있는 자로서, 법인은 법의 목적으로부터 하나의 인격(person)이다. 잉글랜드 법률가들이 법인격의 성질에 대한 이론을 전개한 한, 그들은 일시적으로 대부분 이러한 인격은 사실에 기초하지 않는, 단순히 법의 의제라고 보는 교회법의 법리를 받아들였다. 그러나 이러한 법리는 그 인격이 현실의 것이고, 개인의 인격과 유사한 것이라고 보는 그 뒤의 법리에 의해 대부분 대체되었다. 여기서 그 논쟁에 상세히 들어갈 수는 없지만 다음 사실은 주목할 수 있다.

(1) 의제설(fiction theory)은 현실에 사실로 존재하는 것을, 의제의 기초로 삼고 있는 개인적 권리 의무라는 말로 설명할 수 없는 한, 역시 납득하기 어려운 것이라고 하지 않을 수 없고, 그러한 설명은 의제설로는 불가능하다고 생각된다. 즉 단체의 법적 권리 의무를 단순히 단체를 구성하는 개인의 권리 의무로 설명하는 것이 가능하다고는 생각되지 않는다. (2) 법인격이라는 관념은 법에 한정되지 않는다. 우리는 습관적으로 국민이나 사단의 행위를, 국민이나 사단을 구성하는 개인의 행위와는 구별하여 생각한다. 그리고 우리는 국민이나 사단의 행위에 도덕적 성질을 귀속시키고, 국민이나 사단에 도덕적 권리 의무를 귀속시킨다.

다양한 집단이나 사단의 생명의 실재를 부인하고, 그 인격을 부정하는 것은 사실상 불가능하다. 이러한 집단이나 사단이 법적인 생명이나 인격을 갖기 위해서는, 국가의 인가를 얻은 뒤에 그것이 정한 조건에 복종해야 한다고 법이 주장하는 것은, 국가가 이 사실을 인정하기 때문이다. 이러한 주장의 이유는 명백하다. 버크(Edmund Burke)[7]가 말했듯이 "자유는 사람들이

7 버크(1729~1797)는 아일랜드 출신의 영국 정치인이자 정치철학자, 연설가로 그가 주장한 대의정부, 자연적 귀족, 사유재산, 소집단의 중요성은 보수주의의 기본 특징이 되어 그는 최초의 근대적 보수주의자로 '보수주의의 아버지'로 알려져 있다.

단체가 되어 행동하는 경우에 권력이다." 국가는 국가 자신의 권력에 대한 경쟁상대가 될지도 모르는 하나 또는 여러 개의 권력의 창설에 대해 결코 무관심할 수 없다.

법인의 법적 능력은 어떤 점에서는 개인의 것과 다르다. 그것의 반은 일의 성질에서 오는 것이고, 다른 반은 법인의 인격이 인위적이라는 사실의 결과이다. 가령 법인이 친족관계를 맺지 않는 것은 분명하다. 형법의 적용을 받는 능력에 관하여 법인은 자연인과 마찬가지일 수가 없다. 그러한 이러한 점의 능력은 1948년 〈형사사법법〉(Criminal Justice Act)이 중죄에 대한 구금 대신에 벌금을 부과하는 권능을 재판관이나 치안판사에게 부여함에 의해 증대되었다.

한편 법인은 재산을 소유할 수 있다. 법인은 계약에 근거하여 권리를 취득하고 의무를 부담할 수 있다. 법인은 수탁자가 된다. 법인은 위법행위에 대해, 그리고 사기나 악의와 같은 일정한 정신 상태를 필요로 하는 불법행위에 대해서도 민사책임을 부담할 수 있다.

법인에 의한 계약의 체결에 관하여, 코먼로는 매우 중요도가 낮은, 또는 매일 반드시 발생하는 경우 외에 법인의 공동 인장이 날인된 문서를 요구했다. 그러나 이러한 예외를 제외하면, 소정의 방식에 따라 체결되지 않은 계약이라도 당사자의 일방이 이행을 완료하면 그 강행이 가능하다. 이상 코먼로 규칙의 일부는 회사법에 의해 폐지되었고, 1960년 〈법인계약법〉(Corporate Bodies' Contract Act)하에서 이제는 사인 간의 경우와 마찬가지로 법인을 위해 계약을 체결할 수 있다. 1989년 회사법은 더욱 나아가 법인이 사인만으로 거의 모든 서류를 이행할 수 있게 했다.

월권의 법리(doctrine of *ultra vires*)하에서는 법인이 행한 행위가 실질적으로 제약되고 있다. 코먼로상의 법인(국왕의 특허장에 의해 설립된 것)은 개인과 마찬가지로 계약능력을 갖는다고 추정된다. **일응**(*prima facie*) 그러한 법인은 그 재산으로 통상의 사람이 하는 행위와 같은 모든 행위를 하고, 통상의 사람이 자신을 구속하는 것으로 체결할 수 있는 계약과 같은 계약을 체결하며, 법인 자신을 구속하는 권능을 갖는다. 가령 당해 특허장 속에 법인 활동의 자유에 관한 제한이 있다고 해도, 그러한 제한을 넘는 행위는 특허장 취소의 원인이 되지만, 무효로는 되지 않을 것이다.

한편 의회제정법에 의하거나 이에 따라 설립된 법인은, 명시적으로 부여되거나, 법인 설립 목적의 달성에 필연적이거나 합리적으로 부수하는 권능만을 갖는다는 규칙에 복종한다. 이러한 권능을 넘어 행해지는 행위는 법률상 무효이고, 만일 필요하다면 법원은 이를 금지한다. 따라서 특별한 의회제정법에 의해 직접 설립된 회사는, 당해 제정법에 열거된 목적에 필요하거나 그것에 합리적으로 부수하는 행위에 한정된다. 1972년 〈유럽공동체법〉(European Communities Act)이 영국법에 영향을 미친 변경의 하나는 당해 거래가 회사의 이사에 의해 승인을 받는다면 선의로 행동한 자는 회사의 월권행위에 의해 권리 침해를 받지 않는다고 하는 점이다. 결국 1989년 회사법은 회사법에서 월권의 법리를 전면적으로 폐지했다. 지금은 회사 행위는 단순히 일반적으로 도전될 수 없다. 왜냐하면 그것은 회사의 기본정관 및 조항들(Memorandum and Articles of Association)에 의해 허용되지 않기 때문이다. 선의의 신뢰로 회사를 취급한 사람들은, 회사를 구속하거나 타인들이 그렇게 하도록 권위를 부여하는 이사회의 권한에 대한 회사 조직규정하에서 어떤 제한에 대항하여 보호되고 있다.

나아가 회사법하에서 설립된 회사는, 회사 설립 시에 그 최초의 구성원에 의해 서명된 기본정관 및 조항들에 서술된 변경하는, 상당히 큰 권능을 가지고 있다. 단 당해 회사의 주식이나 사채의 15%를 보유하는 자는 법원에 신청하여 변경을 취소하는 권능을 가지고 있다. 이러한 변경 취소의 권능은 여러 가지 목적에 도움이 될 수 있다. 이러한 권능은 강제적으로 토지를 취득하는 권능과 같은 엄청난 권능이, 허용되지 않는 목적을 위해 남용되는 것을 방지할 수 있고, 또 공공의 편의를 위해 구성된 법인이, 다른 활동에 종사함에 의해 이러한 목적을 위태롭게 하는 것을 방지할 수 있다. 그리고 이러한 권능에 의해 회사의 채권자는 회사 자본금이 낭비되지 않도록 보호할 수 있다. 회사 자본금은 유한책임회사의 경우, 채권자가 지불수단으로 기대할 수 있는 유일한 것이다.

그리고 이러한 권능에 의해 회사의 구성원은 자신들의 약속과 다른 목적으로, 자신들의 출자가 충당되지 않도록 보호할 수 있다. 현재 1985년에 통합되어 있고 1989년 법에 의해 보충된 1967년 회사법은 회사의 계산 서류에 대한 감사 및 이사회 보고서 형식에 대한 통제를 대폭으로 강화했다. 현재 개시를 요하는 사항 중에는 회사 내의 이사회의 주식 거래 및 정치헌금(contribution to political causes) 금액의 문제가 있다. 어떤 사람의 재정사나 개인사에 대한 제3자의 정보를 회사가 개시하는 것을 불법으로 만들고자 하는 조항은, 1984년 〈데이터보호법〉(Data Protection Act)과 1994년 〈형법 및 공공질서법〉(Criminal Justice and Public Order Act)에 포함되어 있다.

집합법인에 더하여 잉글랜드법은 어떤 종류의 관직을 대신하는 보유자, 특히 주교나 교구장(rectors)이나 교구목사(vicars)와 같은 교회 관직의 보유자에 대해, 국왕에 대한 '단독법인'(corporation sole)이라는 이름 아래 계속적인 법인격을 귀속시키고 있다. 그러나 국왕과 그러한 교회인들에게 적용되는 점에서 이러한 관념은, 역사상의 이유에 따라 만족스러운 결과를 낳지 못했다. 그리고 잉글랜드 교회는 '목사의 자유토지보유권'(parson's freehold)의 제거를 권고하는 것으로 생각된 위원회를 설립했다. 잉글랜드 교회의 총회(General Synod)[8]는 이미 1994년에, 사원의 원장과 참사회 회원들(canons)이 향유한 정년 보장이라는 유사한 안전을 취소하는 다른 위원회에 의해 권고를 이행하고자 결의했다. 그러나 그것은 편리한 관념이다. 그리고 제정법에 의해 장관이나 공익사무 변호사(Official Solicitor)와 같은 약간의 공직자에게 적용되었다.

12. 사단과 시설

어떤 합법적 목적—종교적, 사교적, 박애적, 기타 동종의 목적—을 위해 협회나 사단을 조직하는 것을 금지하는 것은 전혀 없다. 그러나 법은 이러한 사단이 (정식으로 법인이 되는 경우는 제외하고) 어떤 법인격을 갖는 것이라고 생각하지는 않는다. 법은 단지 재산을 소유하는, —그것은 공유의

8 주교(bishops)와 선거된 성속(聖俗)의 대표로 이루어진 잉글랜드 국교회의 최고 기관이다.

형태일 수도 있다 — 그리고 당해 사단의 규약 속에 발견되는 하나의, 또는 필경 일련의 계약에서 생기는 — 왜냐하면 구성원에 변화가 있을 때마다 새로운 계약이 체결되었다고 해야 하기 때문에 — 상호 간의 권리 의무를 갖는 개인만을 바라본다. 이러한 하나의 계약이나 복수의 계약을 그 구성원의 다수나 특정된 다수에 의해 변경할 수 있는 것은 규약에 그렇게 정해진 경우이고, 그러한 경우에 한정된다. 공유재산은 그것이 수중의 현금이거나 은행에 있는 단순한 현금 이상의 것인 경우 수탁자에게 돌아가고, 그 수탁자는 그 재산을 규약에 따라, 또는 명시적으로 선언된 신탁 조항에 따라 처리해야 한다.

그리고 이러한 재산은 협회가 부담한, 또는 협회를 위하여 부담된 채무의 변제에 이를 제공할 수 있다. 그러나 불법행위의 책임은 이를 (엄격하게 제한되는) 특별한 노사분쟁의 고려나 진척으로 인한 행동을 이유로 노동조합에 대해 강행할 수 없고, 기타 인격 없는 사단(society)에 대해서는 강행할 수 없다. 사단의 목적이 법적인 의미에서 공익적인 경우, 즉 빈곤의 구제, 교육이나 종교의 조성, 사회에 유익한 기타의 목적을 포함하는 경우, 과거의 제정법에 의해 규정된 방식은 1960년 〈공익신탁법〉(Charities Act)에 의해 폐지되었고, 지금 이는 1993년 〈공익신탁법〉(Charities Act)에 통합되어 있다.

그러나 이는 특별히 면제되지 않는 한, 공익신탁에는 모든 등기를 의무화하는 규정을 두고 있다. 만일 사단의 목적이 공익적이지 않다면, 영구권 금지의 규칙(rule against perpetuities)(67쪽 참조)은 유언에 의하든 기타의 방법에 의하든 관계없이 영구기증(permanent endowment)이라는 방법으로 재산을 증여하는 것은 모두 무효가 될 것이다. 그러나 증여나 유증이 비공익 사단에 대해, 당해 사단이 언제나 바라는 대로 원본을 처분할 수 있는 조건에서 행해지는 것은 조금도 방해받지 않는다. 사단의 규약과, 사단 재산을 구속하는 신탁조항은 많은 경우, 사단 행동의 자유와 사단 재산의 충당 자유를 모든 권한 외의 이론이 법인에게 가하는 제한과 흡사한 모양으로 속박할 수 있다.

그리고 지금은 1993년 법에 통합된 1992년 〈공익신탁법〉은 공익 신탁에 대한 검사와 조사, 회계와 보고절차를 규제하는 권능을 확대했다. 약간의 인격 없는 사단, 가령 등록된 노동조합과 공제단체와 같이 제정법에 의해 특별한 지위를 부여받는 경우, 권한 외의 원칙은 직접 적용된다고 판시되었다. 그러나 정치적 목적의 촉진에 관한 상당한 제한을 제외하면, 노동조합은 제정법에 의해 1913년 이래 그 자금을 당시의 규약에 따라 허용된 모든 합법적인 목적을 위해 사용하는 권한을 부여받고 있다.

약간의 법체계는 법인만이 아니라 병원이라든가 교육기관과 같은 시설(institution)을 법률상의 인(legal persons)으로 인정한다. 그러나 잉글랜드법에는 이러한 관념이 없다. 우리는 일단의 사람들 — 그것은 통상 그 시설의 운영단체이고, 이 단체는 물론 수익자로 운영에 관여하지 않는 개인(가령 칼리지의 급비생)을 포함한다 — 을 법인으로 취급한다. 그렇지 않으면 그 시설의 재산은 이를 시설의 목적을 위해 충당하고 처분하는 의무를 지고, 약간 명의 개인적 수탁자에게 귀속시켜야 한다.

13. 대리와 조합

대리(agency)는 법적 인격(legal personality)의 확대라고 생각할 수 있다. 법률상만이 아니라 일상생활에서도 우리는 어떤 자가 다른 자의 명령에 따라 행하는 행위를, 그 명령을 부여하는 자가 행하는 행위로 본다. 나아가 피용인이 자신의 직무 집행 과정 중에 행하는 행위를 사용자의 행위와 같은 것으로 간주하는 것에 법리상 인위적인 것은 전혀 없는 것으로 생각된다. 그러나 이러한 법리는 형사법 및 민사법의 각 영역에서 각각 정도를 달리하여 적용된다.

비교적 중대한 죄에 관해서는 타인이 범한 죄로 인해 처벌되는 것은, 자신이 무엇인가 어떤 죄의 수행을 실제로 교사한 경우에 한정된다. 그리고 그러한 경우 실제로 범해진 죄가 자신이 교사한 죄와는 상당히 다르다고 해도 처벌된다. 형사법에서는 범죄의 실행을 방조하고, 교사하며, 또는 주선한 자는 주범인 경우와 마찬가지로 심리되고 처벌을 받는다. 그러나 부적법하다기보다도 도리어 반사회적인 경미한 죄, 특히 제정법상의 죄(statutory offence)의 경우, 그 직무를 집행하는 자의 한 사람이 자신의 허가를 얻지 않고 행한 행위나 부작위에 대해서도 처벌된다.

계약 위반이나 신탁 위반은 제외하고, 민사상 책임을 포함하는 위법행위의 경우, 피고용인(servant)과 도급인(undependent contractor) 사이에는 구별이 설정되어 있다. 피고용인이란 사용자로부터 일을 하는 방식에 대해 지배와 지휘를 유보받는 자이다. 고용인은 자신의 피고용자의 위법행위나 부작위에 대해 — 그것들이 고용인이 허가하지 않는 것이거나 금지하는 것이라고 해도 — 그것들이 직무의 범위 내에서 행해지는 한 책임을 진다. 어느 합승마차회사는 그 운전수 중 한 사람이 경쟁 상대인 합승마차와 앞뒤를 다투고, 그것을 방해하고 있는 사이에 전복시킨 행위에 대해, 그 운전수에게 그런 행위를 금지하는 지령을 내렸음에도 불구하고 책임을 져야 했다. 도급인은 그가 어떤 하나의 업무를 하겠다고 약속하고, 그것을 하면서 자신의 임의적 방법을 선택하는 자유를 가져야 하는 사람이다. 이러한 경우에, 사용자는 일반적으로 그러한 업무를 부적절하게 실행하는 것에서 생긴 위법에 대해 책임을 지지 않지만, 자신이 실제로 허가한 불법행위가 행해지면 책임을 지게 됨은 물론이다.

대리인(agent)이 본인(principal)의 지시에 따라 체결한 계약은 모두 본인을 구속하고, 본인의 이익을 위해 효력이 발생한다. 나아가 대리인 사용의 조건마다 대리인은 그 본인을 위해 계약하는 권한을 그 광협에 관계없이, 어떤 종류의 사무에 관하여 일반에게 주어질 수 있다. 그리고 본인과 제3자 사이에서 그러한 권한은 설령 본인이 이에 제한을 가해도, 그것이 제3자에게 알려지지 않으면 그러한 제한에 의해 한정되지 않는다.

누군가가 타인의 지시하에, 또는 타인을 위해 행동한다는 사실은, 그 대리인에 대해 불법행위나 범죄를 이유로 제소된 민사 및 형사 절차에서 항변될 수 없다. 이에 반하여 대리인은 자신이 그 본인을 위해 체결한 계약 하에서 어떤 권리도 취득할 수 없다. 그리고 본인의 존재가 대리인과 계약하고 있는 자에게 알려져 있는 경우, 대리인은 원칙적으로 이러한 계약에 대해 어떤 책임도 지지 않는다. 본인의 존재가 개시되어 있지 않은(undisclosed) 경우, 계약의 상대방은 그것을 발견했을 때, 대리인에게 책임을 지워야 할지 아니면 본인에게 지워야 할지의 선택권(option)을 갖는다.

누군가가 타인을 위해, 그러나 그 타인으로부터의 수권을 얻지 못하고 행동하는 경우, 후자는 뒤에 전자의 행위를 추인하고(ratify), 그것에 의해 당해 행위의 이익과 행위에 대한 책임 쌍방을 스스로 인수할 수 있다. 그러나 그러한 추인이 없으면, 당해 대리인은 자신이 갖는다고 하는 권한을 믿어 계약한 자에 대해 책임을 지게 된다.

대리인 임명을 위해 특별한 형식은 필요하지 않다. 단 본인의 이름으로 날인증서를 작성하게 되어 있는 대리인은, 그 자체가 날인증서인 '위임장'(power of attorney)에 의해 임명되어야 한다. 본인에 의한 철회(revocation)나 본인의 사망, 또는 약간의 경우에 본인의 정신이상은 대리인의 권한을 종료시키지만, 일반적으로 철회는 본인이 권한을 갖는 자로서 대리인을 표시한 상대방에 대해서는 그 자가 철회를 알지 못하는 경우 효력을 낳지 않는다. 나아가 근대 입법은 (어떤 범위까지) 철회할 수 없는 대리권의 창설을 가능하게 했다. 따라서 본인의 사망이나 정신이상이 알려졌다고 해도, 그 대리권에 근거하여 행해진 행위의 효력에는 영향을 미치지 않는다.

대리인은 본인이 그것을 알고 승낙하지 않는 한, 자신이 본인을 위하여 거래하는 상대방으로부터 보수나 수수료를 받거나, 본인을 위해 한 행위로부터 약정한 사례 이상으로 이익을 얻어서는 안 된다. 이러한 수수료의 부정한 수수에 의해 민사 및 형사 쌍방의 책임이 초래된다.

조합(partnership)은 '이득을 목적으로 하여 공동으로 사업을 하려는 사람들 사이에 존속하는 관계'이지만 조합에서 각 조합원은 조합의 사업에 관하여 당해 상사(firm)의 대리인이고, 또 다른 조합원의 대리인이다. 상사는 잉글랜드에서 그 구성원과 별도의 법인격이 아니다. 그러나 스코틀랜드에서는 상사를 조성하는 조합원과는 별도의 법적 인격자이다. (1890년 〈조합법〉(Partnership Act) 4조 2항) 통상의 조합에서 각 조합원은 상사의 모든 부채나 채무(debt and obligation)에 대해 무한책임을 진다. 이 규칙의 엄격함은 더욱 절실하게 느껴져 왔다. 왜냐하면 조합은 그 설립을 위해 어떤 특별한 형태도 필요로 하지 않고, 조합의 존재는 어떤 사람이 사업의 이득분을 수

령했다고 하는 사실로부터 종종 추정되어 왔기 — 더욱 최근에는 종전만큼 자주 있는 것이 아님이 사실이지만 — 때문이다. 1907년 이래 법은 '유한조합'(limited partnership)을 허가한다. 유한조합은 등기되어야 하지만, 적어도 1명의 무한책임을 갖는 일반 조합원과, 조합 가입 시에 자신이 출자한 금액을 넘어 책임을 지지 않는 1명 또는 2명 이상의 유한조합원으로 성립되어야 한다. 유한조합원은 사업 집행에 어떤 역할을 맡지 못하게 되어 있고, 만일 이에 반하게 되면 제재로서 그 책임은 무한하게 된다. 또 유한조합원은 상사를 구속하는 권능을 갖지 못한다. 그러나 유한조합은 드물다. 즉 그 다음 해인 1908년 회사법에 의해 인정된 사적 회사(private company)가 더욱 인기를 끌었다. 조합은 유무한을 막론하고 20명 이상의 자로 구성되어서는 안 된다.

14. 적성(enemy status)

전시에는 적국에 거주하는 자나 적국에서 영업을 하는 자는 그 국적이나 주소 여하에 관계없이 잉글랜드 법원에 제소할 능력을 갖지 못한다. 그러나 잉글랜드에서 제소된 경우, 그는 자신을 방어할 기회를 가능한 범위에서 부여받는다. 잉글랜드에 있는 자가 그런 자나 단체나 상사 목적 또는 기타의 목적을 위하여 교섭하는 것은 국왕의 허가를 얻지 않는 한, 형법상 죄가 된다(적과의 통상(trading with the enemy)). 모든 계약이나 거래에서 그 성립이나 이행에 이러한 교섭을 수반하는 것은 무효(void)이다(또는 전쟁 이전의 것도 무효이다).

05

CHAPTER

재산

5
재 산

1. 재산의 개념

'재산'(property)이라는 말에 대해 정확하고 일관된 의미를 부여하는 만큼 어려운 일도 없을 것이다. '에스테이트'(estate)라는 말은 종종 어떤 사람의 재산권의 전부, 특히 그의 사후 재산권의 전부를 가리키는 경우에 사용된다. 에스테이트라는 말의 이러한 의미는 그것이 토지의 권리에 대해 갖는 특별한 의미와 혼동되어서는 안 된다(116쪽 참조).

우리가 재산가(man of property)라고 말할 때, 그것은 우리가 다음 둘 중 하나를 생각하는 것이겠다. 첫째, 우리는 그에게 속하는 유체의 물질, 가령 토지나 가옥, 소나 말, 가구나 보석이나 그림과 같이 그가 (물리적으로 가능한 한) 사용하거나 파괴할 수 있는 물건, 타인을 그것으로부터 배제할 수 있는 물건, 사거나 주거나 유증할 수 있는 물건, 그것에 대해 처분하지 않은 경우에 그가 사망하면 친척이 상속할 수 있는 물건을 갖는 전통적이고 고풍의 유형인 사람을 생각한다.

둘째, 우리는 그의 부가 주식이라는 투자의 목적물에 있는, 더욱 현대적인 인물상을 생각할 수도 있다. 어떤 유형의 것을 생각하든 간에, 우리는 '재산'이라는 말에 의해 물건 그 자체를 의미하는지, 아니면 물건 위에 행사되는 여러 가지 권리의 총체(aggregate of rights)를 의미하는지 분명히 말하기가 어렵다는 것을 알 것이다. 이 말을 어떤 의미에 한정하는 것은, 현학이라는 비난을 면하지 못할 것이다.

그러나 한편, 우리는 소유자가 전혀 없는 물건—그렇게 말하는 것은 아직 잡히지 않은 야수와 같이 어떤 종류의 물건의 경우를 제외하면 문명국가에서는 드문 일이지만—은 재산이 아니라는 것에 찬성해도 좋을 것이고, 또 다른 한편으로 사람이 물질적인 물건 위에 가져올 수 있는 더욱 광범한 권리에 대해 '소유권'이라는 말을 사용함에 의해 종종 혼란을 피할 수 있다.

그러나 나아가 재산이라는 개념은 유체물도 물질적이지도 않은 많은 물건과 관련된다는 것을 우리는 이해할 것이다. 우리가 사는 곳의 재산가는 저술가나 특허권자일 수도 있으므로, 그의 저작권이나 특허권이 그의 재산의 일부가 아니라고는 도저히 말할 수 없고, 저작권이나 특허권에 대해 그의 소유권이라고 표현함을 피할 수도 없다.

우리가 말하는 재산가는 채권자를 뜻할 수도 있을 것이다. 그의 거래은행은 그의 수취 계정에 있는 금액에 대한 채무자이다. 그의 금전투자는 국가로부터, 또는 법인이나 개인으로부터 지불받는 청구권이다. 그러한 채권이나 청구권은 무엇인가 특정한 유체물 위에 있는 권리가 아니다. 그것들은 지불 의무를 지는 국가, 법인이나 자연인에 대한 단순한 권리에 불과하다. 게다가 이러한 권리는 양도할 수 있고, 그가 사망하면 그의 대리인(representative)에게 이전된다. 우리는 이러한 것들을 우리의 재산 개념에서 제외할 수 없고, 여하튼 어떤 의미에서 그가 이러한 소유자라는 것을 부정할 수 없다.

한편, 그의 '재산'은 분명히 그의 권리의 모든 것을 포함하지 않는다. 자유나 명예에 대한 그의 일반적 권리는 물론이고, 남편이나 아버지로서의 그의 권리도 재산권이 아니다. 그러나 우리는 재산권 속에 계약 위반에 대해, 또는 그의 재산의 침해에 대해서도 '불확정'(unliquidated)(즉 재판관이나 배심원에 의해 확정되기까지는 불확정한 액수의)이지만, 손해배상금을 취할 권리까지 포함해도 좋을 것이다. 일반적으로 말하여 우리는 어떤 사람의 재산이라는 관념에, 그 가장 넓은 의미에서 타인에게 양도하는 것, 또는 그의 채무의 지불을 위해 충당되는 것, 또는 그가 사망하면 그의 대리인에게 이전하는 것이 가능한 모든 권리를 포함한다.

2. 소유권과 점유

유체물(tangible thing) 위의 권리에 눈을 돌리면 우리는 소유권(ownership)과 점유(possession)의 구별에 주목해야 한다. 물건의 소유자란 앞에서 말한 사용이나 향유의 권리(right of use and enjoyment), 훼손의 권리나 처분의 권리 등을 최고도로 가지고 있는 사람이다. 물론 그 경우, 타인의 권리를 보호하는 일반적 규칙의 제한을 받고, 그 자신이나 그의 앞사람(predecessors)이 타인을 위해 창설했을지도 모르는 일종의 한정된 권리의 제한을 받고, 또 토지의 경우에는 지방자치제 등 공공단체가 재산을 강제로 수용할 수 있는 제정법에 의해 부과된 규칙의 제한을 받는 것이 면제되지 않는다. 화기(firearm)의 소유자는, 법이 그에게 공공도로에서의 발사를 금지한다고 해도 소유자임에는 틀림없다. 들판의 소유자는 그곳을 횡단하는 도로를 사용할 권리를 공중이나 이웃이 가진다고 하여 소유자가 아닌 것이 아니다. 자신의 토지에 대한 수리와 유지에 일이라는 분명한 형태를 이행하기 위해 이웃 토지에 접근하는 권리를 부여하는 1992년 〈인근토지접근법〉(Access to Neighbouring Land Act)도 소유권을 침해하는 것이 아니다. 그렇다면 소유권의 본질은 하나의 권리이거나 여러 권리의 총체가 된다.

한편 점유는 일차적으로 사실의 문제이다. 시계의 소유자가 도둑에게 시계를 빼앗겨도 권리로서의 소유자의 권리는 손상되지 않고 그대로이다. 도둑은 소유자에 대해 시계에 대한 어떤 권리도 취득하지 못한다. (어떤 오래된 거리의 시장에서 선의로 행동한다면 양호 권원(good faith)을 얻는다고 하는 내용의, 장물의 구입자가 '공개시장의 판매'(sale in market overt)라고 하는 과거의 예외는 1994년 〈상품판매(개정)법〉(Sale of Goods(Amendment) Act)에 의해 없어졌다.) 그러나 소유자의 점유, 그리고 이와 함께 소유자가 자신의 여러 가지 권리를 행사하는 현실의 권능은 당분간 없어진다. 소유자가 다시 시계를 점유하고 있다고 하기 위해서는 먼저 시계를 회복 — 소유자는 자신의 행위에 의해 합법적으로 회복할 수도 있다 — 해야 한다. 마찬가지로 토지의 소유자가 점유하지 않고, 권리가 없는 타인이 점유하는 경우도 있다. 이 경우에 강제로 점유를 회복하는 것은 제정법에 의해 벌칙으로 금지되고 있다. 그러나 회복행위는 그 자체가 처벌된다고 해도, 점유를 회복하는 효과를 갖는 점에서는 다르지 않다.

도둑이나 무단거주자(squatter)의 경우, 어떤 권리도 없이 점유가 획득되는 가장 명백한 사례라고 이해된다. 그러나 점유가 합법적으로 획득되면서 소유권을 수반하지 않는 경우도 있다. 자동차나 자전거를 타인에 대한 임대의 방법으로 인도하는 소유자는 점유를 타인에게 허용하지만, 소유자임을 중단하지는 않는다. 어떤 물품을 타인에게, 그에게 그것을 가공하게 하기 위해 인도하는 경우에도 마찬가지이다. 그러한 점유의 임의 양도를 기탁(bailment)이라고 하고, 그렇게 하여 점유를 획득한 사람은 동산의 수탁자(bailee)라고 한다. 어느 경우에나 우리는 소유자가 소유의 권리를 떠났다고는 생각하지 않는다. 설령 양 당사자 간의 계약에 의해 수탁자를 위한 권리가 창설되고, 소유자는 자신의 소유의 권리를 그 권리에 우선하도록 사용할 수 있다고 해도 그러하다.

점유의 개념을 분석해 보면 두 가지 요소를 보게 된다. 첫째, 점유는 점유된 물건 위의 어떤 현실적인 지배 권능을 포함한다. 둘째, 점유는 그 지배를 유지하고자 하는 점유 측의 어떤 의사를 포함한다. 점유 구성에 필요한 지배와 의사의 성질과 범위는 사정에 따라, 특히 점유가 문제되는 당해 물건의 성질에 따라 다르다. 가령 가옥의 점유는 한 구획의 빈터 점유를 입증하기에 충분한 행위와는 다른 행위에 의해 입증될 것이다. 사적 가옥의 점유자는 (그러나 그것을 점유한 적이 한 번도 없는 집의 소유자가 아니라) 필경 가옥 내에 놓여 있거나 남겨진 모든 물건을—여하튼 그것이 숨겨져 있지 않다면—점유하고 있다고 생각될 것이다. 한편 상점의 점유자는, 공중이 가까이 간 상점의 일부분에 떨어진 물건을 점유한다고는 하지 않는다. 어느 정도 인위적인 규칙에 의해 고용인으로부터 고용인의 사용을 위해 물건을 수취한 피고용인은 그 물건을 점유하지는 않는다고 생각된다. 그러나 피고용인이 고용인의 사용을 위해 제3자로부터 물건을 수취한 경우에는 반대이다.

지금까지 우리는 소유권과 점유를 분명히 다른 것—전자는 권리의 문제이고, 후자는 사실의 문제—으로 생각해 왔다. 그럼에도 불구하고 점유는 매우 큰 법적 의의를 갖는 사실이고, 여러 가지 법적 권리가 부착되어 있는 사실이다. 첫째, 현실적 점유(actual possession)는 소유권의 증거이고, 소유권이 공적 등기 제도에 근거한 경우를 제외하고, 무엇인가 종전의 점유에 소급되는 것 외의 방법으로 소유권을 증명할 수 있는지 없는지를 이해하기 어렵다. 만일 A가 자신에 대한 B의 유증이나 매각을 이유로 하여 토지의 소유권을 주장하는 경우는 다음과 같은 문제를 낳는 것에 불과하다. 즉 B의 소유권의 기초는 무엇인가라는 것이다. 그리고 결국 우리는 A의 권원(title)의 근저에 있는 이전 소유자 X의 점유라고 하여 만족해야 할 것이다. 그러나 그러한 증거는 결정적인 것이 아니다. A나 X의 점유에서 생기는 소유권의 추정은, 가령 반대청구자 Y가 자신이나 자신의 이전 소유자가 점유한 것, 그리고 그 점유를 A나 X가 불법으로 뺏은 것임을 증명할 수 있다면 그것에 따라 뒤바뀐다.

둘째, 점유는 소유권의 증거일 뿐 아니라 (소유자의 권리는 제한되지만) 그 자체, 그 자신을 위해 법적 보호를 받을 자격이 있다. 만일 A가 B의 불법침해(trespass)에 의해 자신의 점유를 방해받은 경우, 또는 B가 A의 점유를 뺏은 경우라도 A가 B에 대해 법적 보호나 법적 구제를 청구하면 그 청구에 대해 B는 A가 아니라 C가 참된 소유자라고 항변하여 대응할 수 없다.[1] 동산의 습득자는—자신이 소유자임을 입증할 수 있는 자에 대한 경우만을 제외하고—모든 사람에 대해 법적 보호를 청구할 권리가 있다. 또 점유자의 이러한 권리는 소유자에 대한 점유자의 어떤 책임에 근거하는 것이 아니다.

체신부장관(Postmaster-General)(뒤에 체신전신부장관(Minister of Posts and Telecommunication))은 충돌선의 과실에 의해 훼손된 우편물의 손실에 대해 손해배상금을 청구할 권리가 있다고 여겨졌다. 그는 소유자가 아니고 손실에 관련된 각 소유자에 대한 모든 책임을 부인했지만, 결론은 변하지 않았다. 법이 점유자에게 부여한 이러한 구제청구권은 소유자에게 부여된 법적 보호와는 독립된 것이고, 그보다 오래되지는 않았지만 적어도 같은 정도로 오래된 것이다. 점유자의 권리는 소유자의 '일반 재산권'(general property)과

1 이를 '제3자의 권리의 항변'(plea of *jus tertii*)이라고 한다.

대비하여 '특별 재산권'(special property)이라고 한다. 그것은 점유자가 양도할 수 있는 권리이고, 점유자가 사망하면 그 유언에 근거하거나 무유언 상속 규정에 따라 이전하는 권리이다.

마지막으로 위법한 점유(wrongful possession)라도 만일 일정 기간 계속된다면, 실제로는 소유권과 구별할 수 없을 정도로까지 성숙한다는 점에 주목해야 한다. 토지에 대해서는 12년간, 동산에 대해서는 6년간의 위법한 점유는, 이전 소유자가 소송에 의해 토지나 동산을 회복할 뿐 아니라 권원(title)도 파괴한다. 그리고 그 결과 점유자는 법률에 알려진 가장 좋은 권원—누구도 다툴 수 없는 점유—을 취득한다.

3. 물적 동산과 인적 동산

모든 법제는 토지의 소유권과 동산의 소유권 사이에 그 목적물의 성질에 기초를 둔 구별을 설정해야 한다. 그러나 영국법이 설정한 구별은 1926년 1월 1일에 효력이 발생한 각종 재산법(Property Acts)[2]의 제정까지 당해 목적물의 성질에 근거한다고 하기보다도 영국 재산법의 발달의 역사적 우연에 근거한 것이었다. 재산(권)은 물적 재산(권) 및 인적 재산(권)이라는 두 가지 종류로 나누어졌다. 그리고 인적 재산(권)은 토지에 관한 인적 재산(권)(chattel real)과 순수한 인적 재산(권)(chattel personal)으로 다시 나누어졌다.

물적 재산(권)은 법이 인정한 토지상 권리의 대부분과, 가령 지역권(easement)[3]이나 토지수익권(profit)(121쪽 참조)과 같이 토지에 부착된 다른

2 (원주) 이러한 의회제정법 가운데 가장 중요한 것은 다음과 같다. 1922년 〈재산법〉(Law of Property Act)의 폐지되지 않은 부분, 1925년 〈재산법〉, 1925년 〈토지부담법〉(Land Charges Act), 1925년 〈설정토지법〉(Settled Land Act), 1925년 〈수탁자법〉(Trustee Act), 1925년 〈유산관리법〉(Administration of Estates Act), 1925년 〈토지등기법〉(Land Registration Act), 이러한 입법의 일부는 특히 1969년 〈재산법〉, 1972년 〈토지부담법〉, 1966년 및 1986년 〈토지등기법〉, 1971년 〈토지등기 및 토지부담법〉, 1989년 및 1994년 〈재산법(제조항)〉에 의해 개정되거나 대체되었다.

3 지역권(地役權)이란 타인의 토지를 자기가 점유하는 토지의 이용에 제공되는 물권적 권리를 말하

권리를 포함했다. 이 재산을 '물적'이라고 부르는 것은, 처음부터 그것이 물적 소송에 의해 특정적으로 회복할 수 있는 것이었기 때문이다. 실제로 이처럼 회복할 수 있는 것은 모두 물적 재산(권)이었다. 이와 같이 회복할 수 있는 재산(권)은 일련의 법적 성질을 발전시켰고, 이 재산(권)은 그러한 특질로 인해 단지 인적 소송(personal action)에 의해서만 회복된 재산(권)과는 상당히 다르게 되었다. 그런 탓에 물적 소송은 오래전에 폐지되었고, 그보다 훨씬 이전부터 사용되지 않게 되었지만, 물적 재산(권)과 인적 재산(권)의 차이는 잔존했다.

법에 알려진 토지상의 모든 권리가 물적 재산(권)의 범위에 포함된 것은 아니다. 토지상의 일정 연한의 권리(기간권, 즉 정기임차권(leasehold)[4])는 본래 토지상의 권리가 아니라 계약상의 권리로 여겨졌다. 토지임차인(lessee)은 물적 소송에 의해서가 아니라, 자신의 임대인(lessor)에 대한 인적 소송에 의해 보호를 받았고, 그 소송의 임차인은 토지 자체가 아니라 토지 사용을 자신에게 맡기는 취지의 계약에 자신의 지주가 위반한 것에 대한 손해배상금만을 청구할 수 있었다.

따라서 토지임차인의 권리는 인적 재산(권)(personal property)이고, 그것이 물적 재산(권)(real property)과 밀접한 관계를 갖기 때문에 토지에 관한 인적 재산권으로 구별되지만, 인적 재산(권)으로 분류된다. 토지임차권자는 훨씬 전부터 자기 토지의 특정적 회복을 구하는 구제방법을 확보했다. 그리고 이러한 구제방법은 실제로 오래된 물적 소송보다도 훨씬 우수한 것이었다. 그러나 그러한 토지상의 권리는 물적 소송에 의해서가 아니라 인적 소송에 의해 보호되었기 때문에, 그러한 권리는 일련의 법적 특질을 발전시켜 그러한 특질을 위해 물적 재산(권)으로 분류된 권리와는 다른 것이 되었다. 주목해야 할 상위는 무유언 사망(intestacy)[5] 시의 상속에 관한 규칙

고 권리의무관계는 토지와 함께 이전한다.

4 기간권(期間權)은 일정한 기간에 발생하는 권리를 말한다.

5 무유언상속(無遺言相續)이란 사망자가 유언을 남기지 않은 경우, 유언이 무효가 된 경우, 유언에 의해 처분되지 않은 재산이 있는 경우, 또는 그러한 경우에 법이 정한 바에 따라 행해지는 법정상속을 말한다.

속에서, 그리고 그러한 두 종류의 재산에서 창설할 수 있었던 권리의 종류 속에서 발견하게 되었다.

물적 재산(권) 및 토지에 관한 인적 재산권 외의 모든 재산(권)은 순수 인적 재산(권)(chattel personal)으로 분류된다. 순수 인적 재산(권)은 유채동산(tangible goods)이나 특허권 또는 주식과 같은 무채권(intangible right)으로 성립한다. 그것들은 두 가지 중요한 점에서 물적 재산(권)과 다르다. 첫째, 순수 인적 재산(권)은 소유권의 목적이 될 수 있다(own). 그러나 물적 재산(권)은 간접 또는 직접으로 국왕으로부터 보유한 것이다(hold). 둘째, 1926년까지 (형평법과 대립하는 의미에서) 코먼로에서는 순수 인적 재산(권)에서 한정적 권리를 창설할 수 없었다. 부동산권(estate)이라는 관념은 1925년 〈재산법〉이 순수 인적 재산(권)의 한정권(entailed interest)의 창설할 수 있도록 할 때까지 순수 인적 재산권에 이용되지 않았다. 이 점에서 형평법은 코먼로와 달랐다. 순수 인적 재산(권)에 대해 여러 사람을 수익자로 하는 신탁설정(세틀멘트)라는 방법으로 계승적 처분을 하고, 그런 사람들에게 한정적 권리를 부여하는 것이 언제나 가능했음은 뒤에서 설명한다(127－9, 146－51쪽 참조).

4. 토지보유조건

중세에는 토지의 완전한 소유권(full ownership)이 국왕 이외의 누구에게도 인정되지 않는다는 매우 중요한 코먼로의 상식이 존재했다. 토지소유자라고 보통 말하는 사람은 국왕의 토지를 여러 가지 '토지보유조건'의 방식에 의해 '보유한다'(holding)고 간주되었다. 그중에서 가장 명예롭지만 동시에 가장 참기 어려운 부담이 된 것은 기사 봉사(knight service)에 의한 토지보유조건이었고, 거기에는 진저리나는 토지보유의 '부수 부담'(incidents)이 다수 포함되었다(2장 주19 참조). 특별한 봉사를 통한 차지권 부여(socage)[6]에

6 soc(c)age는 잉글랜드 중세법에서 농역적(農役的) 토지보유(병역 이외의 특정한 부역에 의한 토지 보유)를 말한다.

의한 토지보유조건의 부수 부담은 고정된 명목적 농업봉사로 구성되었다. 1660년 〈부동산보유조건법〉(Statute of Tenures)[7]은 자유토지보유조건(copyhold tenure)을 모두 (중요하지 않은 예외는 있지만) 특별봉사로 전환하게 했다.[8] 그러나 1660년에 정치적 국면에서 봉건제도는 끝났지만, 사법의 영역에서는 봉건적 잔재가 수많은 어려움을 불러일으켰고, 이는 1925년까지 제거되지 않았다.

봉건제도가 남긴 흔적은 부동산 복귀의 법리(doctrine of escheat)에 있었다. 특별봉사의 부동산 보유자가 법정상속인 없이 무유언으로 사망하면, 그의 토지는 (국왕이나 영주에게) 귀속되었다(escheated). 즉 그에게 토지를 보유시킨 영주의 손에 돌아갔으나, 그 영주는 사실상 모든 경우에 국왕이었다. 1290년의 퀴어 엠프토레스(Quia Emptores)[9]라고 불린 부동산(권) 양도법은 토지보유자가 자신의 토지를 단순 부동산권으로 양도한 경우는 언제나, 양수인은 양도인으로부터가 아니라 양도인의 영주로부터 보유해야 한다는 것을 정했다. 이 제정법이 장기적으로 존재한 결과, 자유토지보유조건에 의해 보유되는 모든 토지는 국왕으로부터 보유되는 것이 되었다. 이러한 부동산

7 tenure는 토지보유조건으로서, 잉글랜드 봉건제하에서 토지가 보유되는 경우의 조건을 뜻하는 말이다. 국왕 이외의 모든 보유자는 직접 또는 간접으로 국왕으로부터 보유하는 것이 되었고, 그 보유의 조건으로 행해져야 할 봉사(service)가 자유인의 그것인지 아닌지에 따라 자유토지보유(freehold tenure), 그리고 예속적 보유(base tenure)나 농노적 보유(villein) 등의 비자유토지보유(non freehold tenure)로 나누어진다. Freehold에는 knight-service와 socage 등이 있었다. Non-freehold tenure의 예농적 봉사는 관습적으로 더욱 안정된 보유지로 발전하여 freehold 등이 되었다. 1660년 법률은 knight service를 폐지하고 지대의 지불 등만으로 군사적 역무를 수반하지 않는 socage 등으로 전환하고 tenure에 커다란 변화를 초래하여 tenure에 근거한 봉건제의 구속은 사실상 폐지되었다. 나아가 1922년 및 1925년 재산법(Law of Property Acts)은 copyhold tenure를 socage tenure로 하는 등, 극히 일부의 tenure를 제외한 모든 것을 socage tenure로 했다. 그리하여 tenure의 의미는 거의 상실되었고, 토지에 관한 권리는 그 존속기간에 따라 양적으로 규정되는 estate라고 하는 관념만으로 표현되게 되었다.

8 (원주) 비자유 토지보유 조건(unfree tenure)은 농노(villeins)의 그것이었다. 16세기에 농노가 인간으로 자유롭게 된 뒤에도 그들의 부동산 보유조건의 특성은 등본 토지보유조건(copyhold tenure)이라는 이름으로 잔존했고, 그것이 폐지된 것은 1922년이었으며, 그 부수조건이 소멸한 것은 1936년이었다.

9 1290년의 웨스트민스터 제3법률(Statute of Westminster III)을 말한다. 이 법문의 처음에 Quia Emptores(because the purchasers)라고 기입되어 있어서 그렇게 불린다.

복귀는 1925년 〈유산관리법〉(Administration of Estates Act)에 의해 도입된 새로운 제도에 의해 과거의 〈무유언상속법〉과 함께 없어졌다.

5. 점유를 수반하는 부동산권

토지보유조건(tenure)의 여러 가지 상이한 형태는 법이 인정한 토지보유의 여러 가지 상이한 형태의 일차적인 특색을 보여주었다. 그러나 그것들은 그 토지보유조건에 의해 토지를 보유한 자가, 토지에서 가진 여러 가지 권리의 성질이나 그것에 따르는 의무에 대해 아무 것도 말하지 않았다. 여기서 우리가 생각해야 하는 것은 이러한 권리의 성질이나 그것에 따르는 의무의 문제이다.

토지보유자가 토지에서 갖는 권리를 표현하기 위해 잉글랜드법이 갖는 말은 '부동산권'(estate)이라는 말이다. 부동산권이란 시간적으로 다소 제한을 받는 토지소유권(ownership)의 일부이다. 이러한 시간적 제한은 생애(부동산)권(life estate)[10]의 경우에 가장 분명하게 나타난다. 그것은 토지보유자 자신의 생애 동안에 보유되는 부동산권이거나, 보유자 외의 1인 또는 2인 이상의 생애 동안 보유되는 소위 타생애권(estate *pur autre vie*)이다. 토지에서 그런 부동산권을 보유하는 자는 소유자와 마찬가지로 그 토지를 점유하거나 사용하거나 향유할 수 있고, 자신의 권리를 처분할 수도 있다. 그러나 자기 부동산권의 범위의 기준이 되는 자의 생명이 그의 사망으로 끝나면 그 부동산권은 소멸하고, 그 보유자로부터 누군가에게 이전되는 것은 아니다. 보유자의 향유도 그 토지에 후발하는 부동산권을 가지고 있는 자의 권리를 배려하여 (보유자가 '훼손행위에 대해 책임 없다'(unimpeachable for waste)고 선언되는 경우는 별도이다.) 제한되고 있다. 보유자는 '훼손행위'(waste)라고 불리고, 나무를 자르거나 광산을 발굴하는 것과 같은 부당행위에 의해, 토지

10 Estate for life라고도 한다. 이는 자신의 생애 동안 또는 타인의 생애 동안, 보유할 수 있는 부동산권을 말한다.

의 원본적 가치를 감소해서는 안 된다.

척도(scale)의 또 다른 끝에 단순부동산권(estate in fee simple)이 있다. 그러한 부동산권은 실제로 소유권과 같은 것이다. 그것은(훼손행위에 관한 규칙에 의해 제한되지 않고) 점유와 향유의 완전한 권리를 부여하고, 토지보유자의 생존 중이든 그 유언에 의한 것이든 간에, 완전한 처분권(right of disposition)도 부여한다. 만일 토지보유자가 무유언으로 사망하면, 토지는 그런 경우에 권리를 갖는 친척에게 이전될 것이다(이 주제의 현대법에 대해서는 160−2쪽 참조). 토지보유자가 무유언으로, 또 이러한 권리가 있는 친족을 갖지 못하고 사망한 경우에만 부동산권은 끝나고 토지는 국왕에게 귀속할 것이다. 그 경우, 시간상의 제한은 실제로 존재하지 않는다.

생애(부동산)권과 단순부동산권 사이의 중간에 한정부동산권(estate tail)[11]이 있다. 한정부동산권자는 훼손행위와 관계없이, 점유와 향유의 완전한 권리를 갖는다. 이 권리는 그 상속인에게 이전되지만, 상속인 중 한정된 사람, '그의 직계 상속인'(heirs of his body), 즉 그의 자손에게만 이전된다. (상속인을 확정하기 위한 상속의 원칙에 대해서는 159−62쪽 참조) 상속의 계통은 이러한 부동산권을 남자 한정부동산권(estate in tail male), 즉 남자에게만, 그리고 남계의 자에게만 상속할 수 있는 권리라고 하는 것, 또는 이를 생각할 수 있는 것뿐이지만 (실제로 이것이 행해진 것은 과거에 없었다.) 여자에게만, 그리고 여자를 통해서만 상속될 수 있는 여자 한정부동산권(estate in tail female)이라는 것에 의해 더욱더 이를 제한할 수 있다. 보유자의 자손으로 어떤 특정한 아내나 남편의 자손에 의해서만 상속될 수 있는 '특별 한정부동산권'(special tail)으로 알려진 부동산권도 있다. 후자의 경우, 아내나 남편이 자손을 남기지 않고 사망하면, 보유자는 '자손의 가능성 소멸 후'(after possibility of issue extinct)의 한정부동산권자라고 하고, 그의 권리는 실질적으로 생애권자의 권리보다도 크지 않다. 1926년 이전에 한정부동산권자는 부동산권을 유언에 의해 처분하는 권능을 갖지 못했다. 그러나 점유하고 있는 한정부동산

11 그 승계에 관하여 상속인을 피상속인의 직계비속에만 한정하는 부동산권을 말한다. estate in fee tail, fee tail 또는 단순히 tail이라고도 한다.

권자는 자신의 생존 중, 날인 증서에 의해 한정부동산권을 폐기하는(bar) 것, 즉 그는 한정부동산권을 단순부동산권으로 전환할 수 있었고, 현재도 가능하다. 한정부동산권이 점유를 수반하지 않는 경우, 즉 그 권리가 A에게 일생 동안 그리고 그로부터 B에게 한정부동산권을 부여하듯이 한정되어 있는 경우, A는 계승적 부동산 처분의 보호자이고 B는 A의 승낙 없이는 한정부동산권을 폐기할 수 없다.

1926년 1월 1일 이후 코먼로의 부동산권으로 잔존하는 권리의 유일한 것은 단순부동산권이다. 다른 권리는 단지 형평법상의 권리로서만 존재한다. 그러한 권리의 부수적 조건은 과거 코먼로상의 부동산권의 부수조건과 같다. 단 어떤 종류의 중요한 변화가 도입되어 있다(127–9쪽 참조).

6. 장래부동산권

1926년 1월 1일 이전, 코먼로의 '장래부동산권'(estates *in futuro*)에는 다음 세 가지 종류가 있었다.

(1) 복귀권과 잔여권

생애(부동산)권은 한정부동산권보다 작은 권리였으나, 두 가지 모두 단순부동산권보다는 작은 권리이다. 단순부동산권자가 토지를 타인에게 일생 동안 또는 한정적으로 보유하도록 양도했다고 가정해 보자. 단순부동산권자가 이상의 행위를 하지 않았다고 한다면, 그는 자신의 단순부동산권을 보유한다. 그러나 그는 토지에 대해 현재의 점유와 향유의 권리를 스스로 뺏게 된다. 그의 부동산권은 장래권이 되었고, 이 장래권은 다시 현재의 부동산권, 즉 '점유를 수반하는 부동산권'이 되는데, 그것은 그보다 더욱 작은 부동산권, 즉 그것에서 단절된 '부분부동산권'(particular estate)이 끝난 경우에만 한정된다. 그때까지 그에게 남는 것은 복귀권(reversion)이라고 불렸다. 나아가 그는 동일 증서에 의해 현재의 부동산권을, 가령 A에게 현재의 생애(부동산)권을, 이어 B에게 생애(부동산)권이나 부분부동산권을 주고, 만일 그가 바란다면 자신이 좋아하는 만큼의 부분적 부동산권(생애(부동산)권이나 한정부동산권)을 더욱 다른 자들에게 차례차례 부여하고, 마지막으로는 그가 좋다고 생각하면 누군가를 지명하여 단순부동산권을 부여할 수 있었다. 이러한 장래권의 각각을 잔여권이라고 한다. 그러나 단순부동산권의 뒤에 복귀권이나 장래권을 줄 수 없었다. 이러한 잔여권의 각각은, 설령 그것이 현재의 점유권이나 향유권을 부여하지 않았지만, 이미 존재하고 있는 것으로 취급되어 현재의 부동산과 전적으로 같이 처분할 수 있고, 또 (그것이 상속 가능한 한) 상속의 목적이 되었다. 가령, 만일 A가 생애권자이고, B가 복귀권이나 잔여권 형태의 단순부동산이었던 경우, B가 A보다 먼저 죽어도 B의 단순부동산권은 없어지지 않고, B의 법정상속인 또는 B가 그것을 날인증서에 의해 양도한 자, 또는 유증한 자는 A가 사망하면 그것을 확보할 권리가 있었다. 마찬가지로 A가 한정부동산권자이고, B가 복귀권 형태의 단순부동산권의 보유자였던 경우, A의 사망 시에 A의 자손이 존재하지 않으면, 또는 그 뒤에 A의 자손이 존재하지 않게 되면 점유를 수반한 단순부동산권은 모두 당시 B를 대표하는 자에게 귀속되었다. 그러한 경우, 소유권은 소위 부동산권이라고 부르는 여러 가지 길이로 절단되었다. 부동산권의 보유자는 누구도 점유를 수반한 경우의 단순부동산권자를 제외하고, 완전한 소유자가 아니었으나 누구나 점유를 하게 되었고 동시에 '제한된'(limited) 소유자가 되었다.

(2) 이전신탁과 발생신탁

앞에서 보았듯이 (38쪽 참조) A가 B를 위해 토지를 보유한 경우, 유스법(Statutes of Uses)은 B의 형평법상 부동산권을 코먼로상의 부동산권으로 전환했다. 지금은 토지를 A에게 양도한 위탁자(settler)에게 B를 위해 보유하도록 A에게 지시한 것, 그리고 어떤 사실, 가령 B가 결혼하게 되면 B의 수익자가 C에게 이전해야 한다는 뜻의 지시를 하는 것도 가능하게 되었다. 이러한 C를 위한 신탁이 이전신탁이었다. 또 위탁자는 일정한 경우 새로운 신탁이 D를 위해 발생해야 한다는 뜻을 지시할 수 있었다. 이러한 D를 위한 신탁이 발생신탁이었다. C나 D를 위한 신탁이 생긴 경우, C나 D의 수익권은 신탁법에 의해 코먼로상의 부동산권으로 전환되었다.

(3) 유증장래권

1540년 유언법(Statute of Wills)은 유언자에게 그 유언에 의해 장래의 코먼로상의 부동산권을 설정하는 권능을 부여했다. 이러한 부동산권은 유증장래권으로 알려졌다. 1926년 1월 1일 이후, 이러한 장래의 코먼로상 부동산권은 모두 창설 불가능하다는 것, 그러나 그러한 결과는 신탁의 수단으로 형평법상의 권리를 창설함에 의해 달성될 수 있는 것에 대해 뒤에서 설명한다.

7. 공유

공유에 의해 2인이나 그 이상의 자가 동일한 토지에 대한 점유와 향유를 동시에 할 수 있다. 1925년 12월 31일까지 공유는 세 가지 형태, 즉 상속재산공유(coparcenary), 공유부동산권(tenancy in common), 합유 부동산권(joint tenancy) 중 하나일 수 있다. 상속재산공유는 누군가가 무유언으로 사망하고 그 상속인으로 2명이나 그 이상의 여자가 남은 경우에 존재했다. 그러한 여자는 토지를 상속재산공유자(coparceners)로 취득했다. 2명이나 그 이상의 자가 공유부동산권자로 취득하는 경우, 각자의 지분은 개별의 재산으로 취급되고, 그것은 그 자의 생존 중 그 자에 의해 양도될 수 있었을 뿐 아니라 그가 사망하면 그 대리인에게 이전했다. 이에 반하여 합유 부동산권의 경우, (최후의 잔존자를 제외하고) 각자의 권리는 그의 사망에 의해 소멸하고, 1인이나 수인의 잔존자 권리를 그만큼 증대시켰다. 그러나 합유권자는 자신의 생존 중에 (유언에 의해서는 불가능했으나) 자신의 권리를 양도할 수 있었다. 그리고 그러한 양도는 1926년 1월 1일 이전에 양수인을 다른 1인이나 수인과 함께 공유부동산권자로 하는 효과를 가졌다. 단 양수인 이외의 자는, 그들 자신 사이에서 합유 부동산권자였다. 공유권자는 누구라도 재산을 분할할 수 있었다. 또는 적어도 당해 재산을 팔아 자신의 지분을 자신에게 지불할 수도 있었다. 여러 명의 수탁자가 임명된 경우, 그들은 언제나 합유 부동산권자로 여겨졌으나, 그 목적은 1인이 사망한 경우에는 모든 권리가 잔존자에게 귀속될 수 있도록 하기 위한 것이었다. 그러나 다른 경우에, 합유 부동산권은 불편하고, 드물게 생겨났다. 1926년 1월 1일 이후, 이러한 세 가지 공유 형식 가운데 코먼로상의 부동산권으로 존재하는 유일한 것은 합유부동산권이다(128쪽 참조). 그러나 상속재산공유 및 공유 부동산권 양자는 형평법상의 부동산권으로 존재한다.

공동소유자와 합동소유권은 모두 토지의 경우와 마찬가지로 순수인적 재산(권)에 대해 존재할 수 있다.

8. 토지에 관한 기타의 권리

부동산권으로 알려져 있는 토지에 관한 권리와, 그것들이 현재의 부동산권인 경우 토지를 점유하는 권리를 부여한 것 외에, 잉글랜드법은 다른 여러 법제와 마찬가지로 더욱 한정된 종류의 권리를 인정한다. 그중에서 타인의 토지에 대한 통행권(rights of way), 채광권(rights of light), 인수권(right to take water), 방수권(right to discharge water)과 같은 지역권(easements)에 주목해야 한다. 참된 의미의 지역권은 언제나 한 구획의 토지에 '부속되어'(appurtenant) 있어야 하는 것이다. 가령 어떤 개인이 나의 토지에 대한 통행권을 개인으로 가질 수는 없고, 단지 이웃하는 어떤 토지의 소유자로서 가질 수 있을 뿐이다. 그러나 지역권과 마찬가지로 권리가 공중의 이익을 위해(가령 공공도로), 또는 일정한 계급의 사람들을 위해 — 가령 어떤 어촌의 어부들은 관습에 의해 어떤 구획의 토지 위에서 자신들의 망을 치는 권리를 갖는다 — 존재할 수 있다. 또 어떤 촌의 주민은 보양을 위해 촌의 공유토지(village green)를 사용하는 권리를 가질 수 있다. 토지수익권(profit à prendre)

은 토지로부터 (물 이외의) 가치 있는 물건을 채취하는 권리이고, 공동방목권(right of common pasture)이나 어업권(rights of fishery)과 같은 것이다. (입회권(commoner)은 입회지(commoner)의 소유자가 아닌 점에 주의해야 한다.) 그러한 권리는 대체로 토지에 부속되거나(appendant to land) 부수하지만(appurtenant to land) — 이 두 가지 구절 사이에는 실제로 상위점이 거의 없다 — 반드시 그런 것은 아니다. 그러한 권리는 개인의 이익을 위해, 또 어떤 경우에는 한정된 계급의 이익을 위해 존재할 수 있다. 그러나 조수가 밀려드는 수역에서 어업을 하는 공적 권리는 별도로 하고, 그러한 권리는 일반 공중의 이익을 위해 존재할 수는 없다.

토지의 점유를 장기적으로 계속하면 그 효과로 반대의 권리가 소멸하고, 그리고 점유가 소유권과 구별될 수 없는 것으로 전환되는 것은 앞에서 말했다(111쪽 참조). 이론은 다르지만 효과가 유사한 것은 1832년 〈취득시효법〉(Prescription Act)의 규정이다. 이 규정에 의하면 지역권과 토지수익권은 전자에서는 20년이 지나지 않은 기간의 향유, 후자에서는 30년을 지나지 않는 기간의 향유라는 이유에 의해 이를 확립할 수 있다. 때의 경과에 의한 공적 통행권의 취득에 관한 특별법 규칙은 1932년 〈통행권법〉(Rights of Way Act)에 의해 만들어졌다.

지대부담(rent-charge)은 토지의 수익으로부터 일정 연액을 보통은 영구적으로 받고, 지불이 지체되면 동산을 압류하거나 유치할 수 있는(distrain) 권리이다. 토지 소유자는 인적으로도 지불의 책임을 지고, 나아가 토지에 대한 구제수단이 제정법에 의해 주어졌다. 잉글랜드의 어떤 지방에서는 건축용으로 자유보유의 토지를 사서 판매자가 창설한 영구적 지대부담이라는 형태로 대금을 취득한다는 것이 관행(practice)이다. 이 관행은 더욱 일반적인 건축임대차로 바뀌었다. 1977년 〈지대부담법〉(Rentcharges Act)은 그 이상의 토지부담 창조를 금지하고, 또한 1977년 7월 22일부터 6년이 지난 때, 또는 그 뒤에 최초로 지불하게 되는 지대부담의 시기에 존재하는 모든 지배부담을 종료한다고 규정했다. 그 대신 1977년 법에 의해 지대부담은 일괄지불(lump sum payment)에 의해 구입될 수 있었다.

10분의 1세(tithe)를 받을 권리, 즉 토지 산물의 일부를 현물로 받는 권리는 본래 교회에 속하는 개인이나 단체에게만 부여되었으나, 종교개혁 시에 대부분 속세인에게 이전되었다. 그렇지만 10분의 1세는 계속 교회 수입의 가장 중요한 종류의 것이었다. 19세기 입법하에서 10분의 1세는 10분의 1세 지대부담으로, 즉 곡물 가격과 함께 변동하는 연액으로 환산되었다. 그러나 1936년에 10분의 1세 토지부담은 폐지되었다. 10분의 1세 소유자는 그 대가로 종합기금(Consolidated Fund)의 부담으로 된 상환주식(redemption stock)의 발행을 받아, 그리고 10분의 1세 부담이 포함된 토지에는 그 대신, 국왕에게 지불되어야 하는 상환연금권(redemption annuity)의 부담이 더해졌다. 그러한 상환연금권은 원래 1966년까지 지불되도록 의도되었으나, 1977년 〈재정법〉(Finance Act)에 의해 끝났다. 그리고 (정상 액수의 배에 이르는) 마지막 지불은 1977년 10월 1에 행해졌다. 성직추천권(adbowson)으로 알려진, 잉글랜드 교회에서 살기 위한 추천의 권리는 종종 일반인의 수중에 있지만, 토지의 권리로 간주되었다. 그러나 1923년의 교회총화 조례의 효과로 성직추천권은 그러한 권리에 부속된 토지의 매각 시를 제외하고 실질적으로 양도할 수 없게 되었다.

9. 토지에 관한 인적 재산권

토지에 관한 인적 재산권의 가장 중요한 종류는 정기임차권(leasehold estate)이다. 정기임차권은 권리의 존속이 일정 기간에 의해 측정되는 것이다. 그것은 정기부동산권(term of years)이라고 불리는 경우가 많다. 그러나 주나 월을 정한 부동산권(tenancy)도 같은 것이다. 이 권리에는 최고 한도가 없다. 천 년, 만 년의 기간권도 (그러한 기간권은 실제로 있다.) 정기임차권이다. 또 기간권은 기간 내에 생길지도 모르는 일이나, 분명히 일어난 일에 의해 그것이 종결된다고 하여 정기임차권이 아니게 되는 것은 아니다. 가령 A가 토지를 99년이나 999년간 "만일 자신이 그 정도 오래 산다면"이라는 조건으로 보유하는 경우, A가 이 기간보다 오래 살지 않으리라는 것이 거의 또는 전적으로 확실하다고 해도 A는 정기임차권자(leaseholder)이다.

자유보유권자(freeholder)는 어떤 존속기간의 임차권을 부여해도 좋다. 단 그가 단순부동산권자(tenant in fee-simple)이고, 당해 임차권이 계승적 부동산처분설정토지법(Settlement Land Act)에 의해 주어진 권능에 근거하여 설정된 경우가 아니면, 당해 임차권은 임차인의 사망으로 실효된다. 정기임차권자는 (자신의 임대차계약에 의해 금지되지 않는 한) 자신이 보유하는 것보다도 짧은 기간의 임차권을, 스스로 부여할 수 있다. 자신의 것과 같은 기간이나 더욱 긴 기간으로 주어지는 것은 자기 권리(interest)의 양도에 불과하다.

정기임차권의 부여자와 보유자(임대인과 임차인) 사이에는 토지보유(tenure)의 관계가 존재한다. 그리고 임차권의 존속 중에 임대인은 복귀권을 갖는다. 복귀권에 부속되는 가장 중요한 권리는, 임대차 계약에 의해 유보되어 있는 지대(rent)를 청구하는 임대인의 권리이다. 이 지대는 보통은 실질적인 것이고, 종종 당해 재산의 연간 수입의 전부와 같다. 임대인은 이 권리를 소송에 의해 강행할 수 있을 뿐 아니라, 자구적 동산압류(distree)로 알려져 있는 일종의 자구행위에 의해서도 강행할 수 있다. 이것은 당해 재산상에서 찾을 수 있는 모든 동산의 압류로, 그 동산이 임차인에게 속하든 제3자에게 속하든 무관하다. 이것은 원래 차지인에게 압력을 가하는 하나의 방법에 불과했으나, 압류한 자는 17세기 말 이후 그 동산을 매각하고, 그 결과 자신에게 지불된 나머지 잉여는 (만일 있다면) 소유자에게 인도한다는 권능을 취득했다. 당해 부동산 위에 있지만 임차인의 것이 아닌 동산을 압류하는 권리는 입법에 의해 대폭 제한되었다.

임차권자의 권리 의무는 원칙으로 임대차 조항에 의해 명백하게 정해져 있고, 이는 지대의 지불이나 수리나 경작이나 건축, 또는 일정한 영업의 금지라고 하는 것에 관한 약관(covenants)을 포함한다. 이러한 약관은 그것들이 임대차의 목적인 부동산에 관한 한, 임대인 임차인 쌍방의 승계인에 대해 구속력을 낳고, 또 이러한 자들에 의해 강행된다. 임대인은 보통 임차인이 지대 지불을 게을리하거나, 또는 기타 약관의 내용을 게을리한 경우에는 토지에 다시 들어가거나(re-enter), 임대차를 끝내는 것을 임대인에게 맡기는 조항에 의해 보호되고 있다. 임차인이 임대인의 동의 없이 목적 부동산을 양도하거나(assigning) 임차(underletting)한 경우에 다시 들어가는 것

(re-entry)에 관한 조항은 종종 매우 중압적인 방식으로 강행되었다. 그러나 1927년 〈지주임차인법〉(Landlord and Tenant Act)하에서는 임대인의 동의는 부당하게 거부될 수 없다고 하는 조항이 추정된다. 그리고 이 경우와 다른 경우에, 한둘의 예외는 있지만 법원은 차지인에게 구제를 부여하는 권능을 가지고 있다. 대부분의 경우, 다시 들어가는 권리는 차지인이 약관 위반을 변상하는 기회를 부여할 때까지 이를 행사할 수 없다. 임대차의 종료 시에, 임차인은 목적부동산을 그 지상의 모든 건물, 정착물, 수목, 식재물과 함께 자신이 부가한 것도 포함하여 인도해야 한다. 그러나 일정 한도까지 이 원칙은, 영업 및 농업상의 정착물을 위하여 완화되었다. 그리고 임차인의 정착물을 제거하는 권리가 임대차계약 조항에 의해 부여될 수 있다. 1948년 〈농지보유법〉(Agricultural Holding Act)하에서 농지의 임차인은, 그리고 1927년 및 1954년 〈지주차지인법〉하에서 기타의 임차인은, 자신이 행한 많은 개량공사에 대한 자신의 지주로부터의 보상을, 나아가 어떤 경우에는 퇴거통지에 의한 방해에 대한 보상을 청구할 권리를 갖는다. 최근의 입법은 지대를 안정시키기 위하여 합리적인 범위 내에서 몇 가지 효과를 가지며, 지주에 대해 토지보유의 보장을 차지인에게 부여하고 있다. 그리고 1987년 〈지주 및 차지인법〉(Landlord and Tenant Act)하에서 지금은, 지주가 재산의 권리를 처분하고자 제안하는 경우 상주 차지인이 최초로 거절하는 부여하고 있다.

정기 임대차의 특별한 형태는 연기부동산권(tenancy from year to year)으로, 이는 당사자 일방이 이를 종료시키는 뜻을 통고하기까지 존속한다. 통상의 경우, 이 통지는 6개월 전의 예고로 행해져야 하고, 그 뒤 반년으로 1년이 완료하여 그것으로 만료되도록 해야 한다. 그러나 농지부동산권의 경우, 1923년 〈농지보유법〉은 1년 전의 예고를 요건으로 한다. 다른 변종은 1980년 〈주택법〉(Housing Act)에 의해 창설된 단기임차 차용권이다. 이에 의해 임차인과 임대인은 1년보다 적지 않고 5년보다 많지 않은 기간으로 하는 고정 기간에 동의하면, 동의한 기간의 차용권의 자동적 안전을 초래한다.

정기임차권과 매우 가깝고, 동시에 토지의 인적 권리로 분류되고 있는 것은 임의부동산권(tenancy at will)과 용인 부동산권(tenancy at sufferance)이다. 전자는 당사자 누구라도 최단기의 예고를 한다면 언제나 그것을 종료한다는 뜻의 조항에, 당사자가 합의함에 의해 만들어진 부동산권이다. 후자는 차지권이 만료한 차지인이 지주의 동의나 부동의 없이, 점유를 계속하는 경우에 발생하는 것이다.

1967년 〈정기임차권 개혁법〉(Leasehold Reform Act)은 정기임차권을 자유보유권으로 바꾸는 행위(leasehold enfranchisement)를 처음으로 도입하고, 이에 따라 임차인은, 동법에 의해 정해진 요율(scale)에 근거한 대가(compensation)를 지불함에 의해 임차인으로 하여금 자기에 대해 자유보유권을 파는 권리를 갖도록 강제하기에 이르렀다. 그러나 모든 정기임차권이 이러한 규정의 적용을 받게 된 것은 아니다. 임차인(tenant)이 동법의 은전을 받기 위해, 임차인으로서는 자신의 임차권(tenancy)이 가옥에 관한 것이었고, 당해 임차권이 처음부터 21년을 넘는 기간에 걸친 것이고, 지불 지대가 평가액(rateable value)의 3분의 2를 넘지 않고, 평가액이 그 자체 일정한 온당한 범위를 넘지 않는 것임을 주장하고 입증해야 한다. 그러나 동법의 부작용은 정기임차권자(owners of leasehold property)의 다수가 그러한 투자를 건전한 것으로 더 이상 간주하지 않고, 당해 재산이 1967년 법의 규정의 적용을 받지 않는 경우라도 임의로 자유보유권의 매매 교섭을 하도록 되어 왔다는 점에 있다. 그리고 그 절차는 〈정기임차권 개혁, 주택 및 도시발전법〉(Leasehold Reform, Housing, and Urban Development Act)에 의해 다시 이행되었다. 그 법은 미국, 오스트레일리아, 뉴질랜드 등의 여러 나라에서 성공적으로 작용한 구분소유권법(condominium laws)에 근거했다. 그 법은 공동주택(flats)의 임차인에게 공동주택의 블록을 바꾸는 권리를 주거나, 그들의 현존 임대차계약의 확장을 개별적으로 추구하는 권리를 부여한다. 주택의 임대인에게는 비슷한 자격 조건이 적용되지만, 이제는 임차인이 주택 담보 대출 조건으로 주택을 구입할 수 있다. 즉 임차인은 담보로 융자될 수 있는 초기 지불을 할 수 있고, 그리고 현행 임대료에 해당하는 정기적인 금액으로 담보를 상환할 것이다. 전제에 있는 공동주책 전체 수의 적어도 3분의 2에 해당하는 임차인은, 이 법의 규정이 적용되기 전에 입주를 선호해야 하며, 집주인에 의한 반대가 극복될 수 있기 전에 다른 많은 세부 요구 사항이 있어야 한다. 이 체계는 건물 내의 각 개별 단위가 자유보유권을 소유한다는 것을 기초로 작동하며, 그 뒤에 소유자는 건물의 공통부분을 소유하고 관리하는 단위 소유자로 구성된 '공통 소유 협회'에 소속된다. 상호의 권리와 구속은 1993년 법에서 왔다. 대체로, 공동소유제(commonhold)[12]는 자유보유 부동산권에 대한 현저한 현대적 변화로 간주될 수 있다.

10. 재산법

이러한 의회제정법의 세 가지 중요한 목적은 다음과 같다.

(1) 법의 역사적 발달이 토지와 동산 사이에 설정한 인위적인 구별을 없애고, 그 두 가지 형태의 재산의 자연적 성질에 돌아갈 구별만을 존치시키는 것.
(2) 토지에 관한 인적재산(권)과 물적 재산(권)에 관한 법을 하나로 만들고, 이것이 가능한 한, 토지와 동산에 관한 법을 하나로 만드는 것.
(3) 토지에 관한 거래를 간편화하고 저렴화하는 것.

이러한 의회제정법의 기초자들이 그 목적을 달성하기 위해 그 수단으로 사용한 중요한 법개혁은 다음과 같이 요약할 수 있다.

(1) 물적 재산(권)과 인적 재산(권) 사이의 중요한 차이의 하나는, 무유언 사망 시 양자의 귀속 방식이었다. 1925년 〈유산관리법〉(Administration of Estates Act)은 뒤에서 보듯이, 모든 종류의 재산(권)에 대해 일률적인 무유언 상속의 체계를 규정했다. 마찬가지로 어떤 사람이 법

12 개별 아파트는 개별 세대가 소유하지만 전체 건물이나 공동 대지에 대한 소유는 공동으로 하는 제도이다.

정상속인 없이 무유언으로 사망한 경우, 토지가 국왕에게 귀속되는 방식도 달랐다. 물적 재산(권)이 국왕에게 복귀된 반면, 인적 재산(권)은 **무주물**(*bona vacantia*)로 국왕에게 귀속되었다. 그런데 부동산 복귀는 폐지되었으므로, 이상의 경우 모든 재산(권)은 무주물로 국왕에게 귀속되고 있다.

(2) 부동산 복귀의 폐지는 자유부동산 보유조건의 실제적 효과의 마지막이 폐지되는 것을 의미했다. 부동산 보유조건은 현재, 정기부동산권의 권리자인 임대인과 그 임차인 사이에서만 중요한 것에 불과하다.

(3) 부동산권 및 토지의 여러 권리에 관한 법에 대해, 엄청난 간이화가 이루어졌다. 그 결과, 재산법은 종래보다도 훨씬 일률적인 것으로 되었다.

(a) 1925년 재산법은 토지에 관한 코먼로상 부동산권의 종류를 두 가지로 줄였다. 점유부 절대단순부동산권(fee simple absolute in possession)과 절대정기 부동산권(term of years absolute)이다. 연기부동산권 보유자의 부동산권은 절대정기부동산권 속에 포함되었다. 그리고 임의부동산권자와 용인부동산권자의 권리도 인정되었다. 기타 부동산권은 존재하지만, 코먼로상의 권리로서가 아니라, 형평법상의 권리로서이다.

(b) 한정부동산권은 종래 자유보유지에서만 창설될 수 있었으나, 현재는 형평법상의 권리로서 어떤 종류의 재산으로부터도 창설될 수 있다. 그것은 한정권(entailed interest)으로 알려져 있고, 생존자 사이(*inter vivos*)에서 날인증서에 의해 한정의 제한을 해제할 수 있을 뿐 아니라, 한정권자가 점유를 갖는 것을 조건으로 하여, 그리고 그가 그 유언 속에 한정적 재산이나 그것을 창설하는 문서에 특별히 언급하는 것을 조건으로 하여, 유언에 의해서도 해제할 수 있다.

(c) 유스법은 폐지되었다. 물적 재산권에서의 장래의 코먼로상 부동산권은 더 이상 이를 창설할 수 없다. 그러한 부동산권은 현

재, 신탁(trust)의 기구를 사용함에 의해 형평법상의 권리로서만 이를 창설할 수 있다. 이는 과거에 인적 재산(권)에서의 장래의 권리를 창설할 수 있는 유일한 방법이었다. 그 결과로 장래의 부동산권과 모든 종류의 재산에서의 권리는 현재 하나로 되어 있다.

(d) 코먼로상의 공유 부동산권은 토지의 권원을 뒤에 추적함에 커다란 어려움을 낳았다. 왜냐하면 공유자는 각자의 권원을 개별적으로 조사할 필요가 있었기 때문이었다. 그러므로 공유 부동산권은 코먼로상의 부동산권으로서는 폐지되었다. 종전에는 두 사람이나 그 이상의 사람이 코먼로상의 공유부동산권자로서 권리를 취득한 경우, 현재 그러한 자는 공유부동산권을 위한 수탁자인 합유 부동산권자로서 취득한다. 그리고 이러한 코먼로상의 합유부동산권을 양도 등의 방법에 의해 분리하는 것은 허용되지 않는다. 무유언 상속에 관한 법이 개정된 결과, 상속재산공유는 한정권의 경우에만 존재할 수 있다.

(e) 부동산은 오랫동안 그 사망소유자의 일종의 채무에 대해서만 책임을 졌다. 토지에 관한 재산권과 순수인적재산(권)은 언제나 사망소유자의 채무로 그 자의 사후에 잔존하는 모든 자에 대하여 책임을 졌다. 물적 재산(권)이 이러한 채무의 모두에 대해 책임을 진 경우에도 물적 재산(권)은 인적재산권과 다른 절차에 의해, 그리고 다른 순위로 책임을 졌다. 1925년 〈유산관리법〉은 사자의 모든 재산(권)의 관리에 대해 일률적인 방법을 규정했다.

11. 토지의 양도

매우 빠른 시대부터 법원은 토지의 자유양도에 대한 제한에 반대하여 왔다. 13세기에 법원은 영주나 법정상속인의 이익을 위해 양도의 자유를 속박한 오래된 제한을 제거했다. 부동산양도에 관한 1290년의 소위 〈퀴어 엠프토레스〉(Quia Emptores)법은 모든 단순부동산권자에게, 생존자 사이의 이전의 자유(free power of alienation *inter vivos*)를 부여했다. 그리고 1540년 〈유언법〉(Statute of Wills)과 1660년 〈부동산보유조건법〉(Statute of Tenures)의 효과로서, 유언에 의한 처분의 자유(free power of testamentary disposition)가 인정되었다. 영구권 금지의 규칙(rule against perpetuities)은 토지의 자유양도를 제한하고자 하는 관행을 규제하거나 방지할 의도를 갖는 것임은 앞에서 설명했다.

이로부터 토지소유자가 이러한 양도의 권능을 행사할 수 있는 방법을 규제하는 법 — 부동산양도의 법(law of conveyancing) — 은 과거부터 토지법에서 중요한 법이었다. 거기에는 오랫동안의 복잡한 역사가 있었다. 그러나 오늘날에는 토지에서의 여러 가지 권리의 설정이나 이전에 대한 법이 요구하는 형식은, 일률적임과 동시에 단순하다. 일반적으로 말하면 유언에 의한 처분을 제외하면, 날인증서, 즉 날인된 서면이 필요하다고 할 수 있다. 그러나 3년을 넘지 않은 부동산 임대차로 임대료가 적어도 할증료 없이 얻을 수 있는 것은 날인증서를 사용하지 않거나 구두에 의해서도 설정할 수 있다. 그러나 서면에 의해 증명되고 대가를 얻어 토지의 권리를 부여하는 합의는, 형평법상 특정적으로 이를 강행할 수 있다. 그리고 날인이 없는 서면으로 대가를 얻어 처분하고자 하는 경우에, 이 처분은 이러한 합의와 같은 것으로 취급한다. 나아가 코먼로상에서도 날인증서에 의해 설정되어야 함에도 그렇게 설정되지 않은 부동산 임차권은, 만일 당해 계약에 근거하여 점유가 개시되고 임대료가 지불된 경우, 전혀 효력을 발생시키지 않는 것은 아니다. 이러한 임차인은 당해 임대차 조항에 따르는 연기부동산권자로서의 취급을, 당해 조항이 그러한 부동산권에 적용되는 한, 받을 수 있다.

토지에 관한 모든 거래에는 권원에 대한 공적 기록을 보존하는 일반적 규정도 없는 경우, 오늘날에는 대단히 많은 노력과 비용을 수반한다. 토지의 매매 시, 구입자는 통상 15년간 소급되어 당해 토지에 관한 종전의 거래를 기록하는 양도증서를 스스로 제출하여 검사할 수 있다. (1969년 재산법은 과거에 그 기간을 30년으로 정했다.) 이 기간은 종종 합의에 의해 단축되었으나, 기간의 단축은 구매자에게 위험을 지게 했다. 왜냐하면 구입자는 스스로 발견하든 안 하든, 실제로 존재하는 당해 토지에서의 모든 코먼로상의 권리에 의해 구속될 뿐 아니라, 만일 자신이 더욱더 장기간에 걸친 조사를 주장했다면 발견할 수 있었을 모든 형평법상의 권리에 의해서도 구속되기 때문이다. 분명히 어떤 구입자도 전문가의 도움 없이 그 조사를 할 수 없고, 조사의 결과는 계승적 부동산 처분 증서나 양도저당과 같은 많은 기술적 문서의 효과에 달려 있다. 조사의 결과가 만족할 정도이고 구입이 완료되었다고 해도, 다음 구입자는 다시 처음부터 같은 절차를 전부 하지 않으면 안 된다. 각 조사의 결과는 실제로 장래를 위해 보존되지 않기 때문이다. 이러한 제도의 폐해를 없애고, 사기나 위조의 위험을 피하기 위해 토지등기소(Land Registry)가 1875년 〈토지양도법〉(Land Transfer Act)에 의해 설립되었으나, 이 법률은 1897년 〈토지양도법〉에 의해 확장되었고, 두 개 법률은 1925－88년 〈토지등기법〉에 의해 폐지되고 대체되었다.

토지등기의 이상은 정부 관청이 토지의 권원을 조사한 뒤, 신청자를 소유자로 등기부(register)에 등기하고, 소유자에게 등기대로의 증명서(certificate)를 교부하는 것이고, 이 등기는 본인의 권리에 대한 결정적 효력을 가지며, 그 이전의 권원을 더욱 조사하는 것은 그 이후에는 필요 없다는 것이다. 그리고 그 뒤 당해 토지의 거래가 있을 때마다 새로운 등기가 증명서로 쓰여져 포함되어야 한다. 그러한 권원의 공적인 증명은 화폐의 날인이 금속의 진정성을 증명하는 것과 비교할 수 있다. 왜냐하면 권원의 사적 조사라는 제도는, 자신에게 제공되는 화폐의 진정성을 검사하기 위해 분석의 전문가를 고용해야 하는 것과 마찬가지이기 때문이다. 이러한 등기제도는 다른 나라에서는 잘 행해졌다. 그리고 그것이 잉글랜드에서도 전반적인 제도가 될 수 있다는 것이 확실하다. 우리는 아직 강제등기제도에 이른 것은 아니지만, 그 방향으로 확실하고 급속하게 가고 있다고 할 수 있다. 등기는 1897년 제정법하에서 런던과 미들섹스에서 강제적이 되었고, 지금은 1963년 〈런던통치법〉(London Government Act)에 규정된 대런던(Greater London)에 의해 강제되고 있다. 1925년 〈토지등기법〉은 1925년의 재산입법의 일반적 효과를 시험하기 위한 충분한 시간이 경과할 때까지 잉글랜드의 다른 지방에 성급하게 확장하는 것은 바람직하지 않다는 태도를 보여주었는데 이는 현명한 조치였다. 이 기간은 10년으로 정해졌다. 그래서 1936년 연초 이후 강제등기제를 잉글랜드와 웨일스에 확장할 수 있게 되었다. 확장은 지금 대규모로 진행되고 있다. 여러 가지 지연은 완전한 조사의 필요나, 숙련된 직원의 부족 때문이다. 이러한 강제등기제는 현재, 실질적으로 주택지역(built-up area)의 거의 모든 지역을 포함하고 있고, 이 발전과 평행하여 1965년 〈입회지등기법〉(Common Registration Act)에 의해 입회지(common land)와 입회권(rights of common)의 등기가 최근 완성되었다.

12. 계승적 부동산 처분

부유한 잉글랜드인이 자기의 자산(capital)을 처리하는 방법은 과거 150년간 크게 변했다. 빅토리아 여왕 시대 초기에는 가족재산(family property)이라고 하면, 토지를 의미하는 것이 보통이었다. 부유한 토지소유자의 관심은 가족의 재산과 사회적 지위를 계속 유지하게 하는 한 장기적으로 계속되었다. 따라서 가족의 계승적 부동산 처분에 관한 법은 가족 구성원의 이익이 되도록 제한적 권리를 설정하고, 이를 가능한 한 장래에 확대하는 방법에 관한 것이었다. 따라서 주의해야 하는 것은, 영구 구속(perpetuity)에 관한 규칙이었다. 당시에는 국내세무청(Inland Revenue)과 상속세무청(Estate Duty Office)의 소통은 염두에 없었다.

19세기의 산업 및 상업의 증대, 특히 주식회사(joint stock company with limited liability)의 발전과 함께 토지에 대한 투자보다도 도리어 금전에 대한 투자 쪽이 가장 편리하고 일반적인 형태가 되었다. 그러한 투자는 본질적으로 두 가지 형태였다. 즉 주로 국채인 고정이율증권과 증권거래소 상장회사였는데, 보다 안전한 것은 국채였다. 이자 지불이 보증되었기 때문이다. 무엇보다도 빅토리아 사람들에게는 원금(capital)이 안전했다. 영국 화폐 파운드는 빅토리아 여왕 시대에 안정된 가치를 유지했고, 영국의 안전 및 우월성이라고 하는 당시의 일반적 풍조 속에서 파운드의 가치가 하락할 가능성 따위는 생각조차 되지 않았다. 반면, 증권거래소 상장회사의 주식('보통주')에 대한 투자는 선택한 회사의 성쇠에 좌우될 위험을 도입하였다. 좋은 시기만이 아니라 나쁜 시기도 있었기에, 보통주에 대한 투자는 위험을 포함했다. 그러므로 그러한 투자는 특별한 수권이 없는 한, 수탁자가 이용할 수 없었다. 그러나 대세는 그러한 방향으로 나아갔다. 자본주의 제도는 사적 자본을 증가시키기 위해 투자를 필요로 했다. 1945년 이후에 비로소 처음으로 통화의 불가피한 인상(inflation)이 투자자로 하여금 '보통주' 쪽이 금(gilts)보다 **더욱** 안전하다고 생각하게 했다. 왜냐하면 보통주는 통화 가치가 저하한 경우에도 일정한 가치를 유지하기 때문이다. 증권거래소의 가치 대폭락이 보통주의 위약성을 보이기 시작한 것은 1929년부터 1933년에 걸친 정체기였고, 최근에는 1973년부터 1975년까지, 그리고 1987년과 1989년이었다. 현재는 투자가도 어떤 방향으로 나아가야 하는지 모르는 상태에 있다. 과거 수년간에 관해 투자가로서는 토지에 투자한 쪽이 더욱 성공적이라고 생각했다.

화폐경제의 발전과 토지의 소유권에 부수한 사회적 신분의 중요성이 저하하여 가족의 계승적 부동산 처분 형태도 변화했다. 가족의 계승적 부동산 처분 설정자는 더 이상 가정용의 대저택이나 나무가 많은 토지를 가족을 위하여 영원히 유지하려고 하지 않았다. 설정자는 가능한 한 장기적으로 가족의 구성원들이 이용할 수 있는 자산을 만들고 이를 유지하려고 노력하고 있다. 따라서 오늘날에는 주된 적은 영구 구속에 관한 규칙이 아니라 재정입법이다. 법이 허용하는 한 장기적으로 일련의 제한된 권리에 의해 재산을 구속하는 것은, 자산의 대부분이 그동안 세무당국에 의해 징수되어 소실된다면 아무런 도움이 되지 않는다. 오늘의 설정자에게 주된 문제는 소득세와 상속세를 최소한으로 하도록 가족의 계승적 부동산 처분의 한계를 기초 입안하는 것에 있다. 이러한 목적을 달성하기 위해 재산입법에 대한 넓고도 상세한 지식과 조세 플랜닝(planning)의 기술이 요구된다. 여기서는 가장 일반적인 코멘트만을 언급한다. 빅토리아 여왕 시대 이후 가족의 계승적 부동산 처분 실무에서 생긴 변화를 이해하기 위해 먼저 18세기 가족의 계승적 부동산 처분(settlement of land)의 표준적 방식에 대해,

이어 현대의 조세경감적인 가족의 계승적 부동산 처분의 개략에 대해 간단히 서술하도록 한다.

(1) 토지에 관한 가족의 계승적 부동산 처분

토지 소유자가 과거 시대로부터 가족의 토지를 보유하는 방법을 모색해온 것에 대해서는 앞에서 보았다. 그 가족의 토지는 낭비적이거나 무능한 상속인, 채권자 및 고리대, 부주의한 매매, 그리고 1870년 〈공직박탈법〉(Forfeiture Act)까지, 반역죄에 대한 몰수로부터의 법적 보호를 부여해야 했다. 이러한 목적은 가족의 어떤 구성원도 단순 부동산권을 양도할 수 없게 하여 달성할 수 있었다. 일련의 제한적 권리는, 토지 이행을 현저히 어렵게 하고, 교묘하게 행하면 불가능하게 할 수도 있었다.

엄격한 계승적 부동산 처분(strict settlement)으로 토지를 구속하는 가장 복잡하고 교묘한 방법은 17세기와 18세기에 발전했다. 토지의 점유는 세습적 작위(hereditary title)가 가족에 있는 경우, 그것이 그러했듯이 토지에 대한 통상의 상속 순위에 따랐다. 귀족미망인(dowager widows), 장남 이외의 자녀(younger son), 딸 등에 대해 특별한 규정을 둘 필요가 있었다. 구체적으로 가장에게 생애권을 부여하고, 그 잔여권은 자신의 아들들에게 계승적으로 남자 한정(in tail-mail)으로 이를 부여하고, 그 잔여권은 그 미망인(생애부동산권자가 사망한 경우)과 이익을 주고자 생각하고 있는 기타의 자를 위해 지대부담(rent-charge)에 복종하는 것을 조건으로 하여 딸에게 한정적으로 이를 부여하고, 또 토지를 상속하지 않는 장남 이외의 아들과 딸에게 분여재산(portion)을 부여하기 위해, 정기임차권에서 수입을 얻을 목적으로 수탁자에게 당해 재산의 장기 정기 임차권을 설정할 권한을 부여함에 의해 행해질 수 있었다. 그리하여 그 재산은 1세대 동안 양도의 자유를 빼앗겼다.

생애부동산권자가 사망한 경우, 즉시 잔여권자의 장남이 점유상의 한정 부동산 보유자(tenant in possession)가 된다. 잔여권자인 장남은 성년에 이른 경우, 한정 부동산권을 폐기(bar)할 수 있고, 또 단순 부동산권을 처분할 수 있었다. 그러한 사태를 회피하기 위해 세대마다 다시 계승적 부동산 재처분(resettlement)을 하는 것이 실무 관행으로 되었다. 계승적 부동산 재처분은 장남이 21세에 이를 때 행해졌다. 장남은 성년에 달한 뒤 한정 부동산권을 폐기할 수 있지만, 그는 한정 부동산권 보유자인 잔여권자(tenant in tail remainder)에 불과하기 때문에 점유부동산 보유자인 아버지의 동의를 얻어 한정 부동산권을 폐기함에 의해서만 완전히 이를 폐기할 수 있었다. 한정 부동산권 폐기(disentailment)는 아버지와 장남 사이의 결정에 의해 가능했으나, 단순부동산권을 이전하지 않고 도리어 장남의 권리를 잔여권으로의 생애권(life estate in remainder)으로 줄이고, 잔여권을 그 직계비속에 한정하여 계승적으로 부여함에 의해 행해졌다. 장남은 토지에 대해 부과된 연금(annuity charged upon the land)에 의해 보상을 얻을 수 있었다. 재산권 존속기간의 한정(limitation)은, 아버지에게 생애권을 부여하고, 장남에게 잔여권으로서의 생애권을 부여하고, 장남의 직계비속에게 한정으로 계승적으로 잔여권을 부여하고, 희망한 대로의 지대부담(rent-charges) 및 분여권(portions)에 관한 약관에 따를 것을 조건으로 하여 행해졌다. 이렇게 하여 토지는 또 하나의 세대 사이에 구속되었다. 이러한 절차는 그것이 세대마다 실행되면, 그 토지를 반영구적으로 구속할 수도 있었다. 계승적 부동산 처분과 재처분은 영구권 금지의 규칙을 준수하도록 설정되었고, 영구 구속기간은 각각의 계승적 부동산 재처분의 때부터 새롭게 기초되었기 때문에, 이 제도는 영구 구속에 관한 규칙과 저촉되지 않았다.

19세기의 상공업 확대는 발전을 위해 토지를 이용할 수 있을 것을 필요로 했다. 탄광을 열고, 공장을 건설하고, 기타 방법에 의한 개발에 의해 토지를 유효하게 사용하고자 한 토지보유자에게는 이익이 초래되었다. 유일한 매매에 적합한 권원(marketable title)이 가장의 생애권인 경우, 부동산 개발업자에게 필요한 자본을 조달하고 장기의 정기임차권을 매도하거나 양도할 수 없었다. 이 점이 계승적 부동산 재처분에 의존하는 상황이었다고 생각된다. 따라서 토지를 자유롭게 양도할 수 있도록 하는 것이, 공중의 이익에도 토지소유자의 이익에도 합치되었다.

그러한 조치는 1882년과 1925년의 〈계승적 부동산 처분 설정토지법〉(Settled Land Act)에 의해 실행에 옮겨졌다. 요컨대 문제는 토지소유자가 가족 구성원의 이익이 되도록 자신이 바라는 모든 수익권을 계승적으로 설정하고, 동시에 마치 자신이 소유자인 것처럼 매매, 장기적 정기 임대차 또는 양도저당에 의해 그 토지를 처분할 수 있는 제도를 발견하는 것이 되었다. 이러한 딜렘머는 처분 권능 승계의 법리(principle of over-reaching)에 의해 해결되었다.

1882년의 계승적 부동산 처분 설정토지법은, 생애권 보유자가 토지를 매도하고, 그 정기임차권을 양도하거나 그 토지에 양도저당을 설정하는 권한을 갖는다는 취지의 규정을 두고, 구매자, 임차인 또는 양도저당권자에 대하여 계승적 부동산 처분하에서 수익권의 구속을 받지 않는 권원을 부여했다. 그러나 금전(capital money)은 언제나 생애권 보유자에 대해서가 아니라, 수탁자에게 지불되어야 하고, 수탁자는 보유가 유지되고 있는 신탁과 같은 신탁에 근거하여 금전을 보유해야 했다. 가령 매매에 근거하여 판매자는 계승적 부동산 처분의 한정을 받지 않고, 생애권 보유자로부터 부담이 붙지 않은 권원을 취득할 수 있었다. 수익자는 (가령) 10만 파운드의 가치가 있는 토지의 권리를 잃었으나, 10만 파운드의 금전에 대해 같은 권리를 전혀 취득할 수 없었다. 그 거래행위는 투자의 변경으로 간주되었다. 그러한 정책은 수많은 수정을 거쳐 1925년 입법까지 계속되었다. 그리하여 모든 토지는 그것이 복잡한 한정 부동산권 등의 권리에 의해 어떻게 '구속된'(tied up) 것이라고 해도, 1882년 이후 제정법상의 권한에 근거하여 생애권 보유자에 의해 양도할 수 있게 되었다.

거의 동일한 결과가 토지 매매에 신탁을 설정함에 의해서도 달성될 수 있었다. 즉 매각 신탁(trust for sale)으로서 수탁자에게 토지를 양도하고, 매각 전 토지의 과실 및 매각금(proceeds of sale)을 희망하는 순서대로 수익자를 위해 신탁으로 보유함에 의해 가능하게 되었다. 여기서 처분권능 승계의 법리가 분명하다. 수익자가 매각금에 부착되어 있기 때문이다. 나아가 형평법상의 재산권의 종류 전환의 법리(equitable doctrine of conversion)는 행해져야 하는 것은 행해졌다고 간주되어, 형평법상 토지를 매각금으로 관념적으로 전환하는 법적 효과를 부여하도록 기능한다. 1925년 이후에는 부동산의 경우와 같이, 동산에 대해서도 같은 권리를 설정할 수 있게 되었고,

계승적 부동산 처분 하에 설정할 수 있는 수익권도 모두 마찬가지로 매각신탁 뒤에서 설정할 수 있게 되었다.

이상과 같이 계승적 부동산 처분을 설정한 토지는 생애권 보유자에 의해 언제나 양도할 수 있음을 보았다. 생애권 보유자는 적당하다고 판단하기 어려운 토지를 매각할 수도 있고 보유할 수도 있다. 매각신탁하에서 수탁자가 매각할 수 있음은 분명하고, 수탁자는 제정법에 의해 보유하는 재량적 권한도 부여받는다. 이와 같이 두 가지 절차는, 토지의 계승적 부동산 처분을 설정하는 방법으로서 양자택일적인 것이다. 매각신탁은 동산에 관한 신탁 또는 토지와 동산 두 가지에 관한 신탁에도 이용할 수 있다고 하는 막대한 이익이 있고, 또 재량신탁(discretionary trust)을 설정하는 경우에도 더욱 편리하다. 물론 재량신탁에는 생애권 보유자는 없지만, 엄격한 계승적 부동산 처분의 방법은 오늘날 거의 사용되지 않는다. 그러나 과거의 권원은 양도절차의 이해에 여전히 관련되는 경우가 많다.

(2) 현대의 계승적 부동산 처분

현대의 계승적 부동산 처분은 동산 또는 토지와 동산이 혼합된 기금(mixed fund)에 관한 것이 보통이고, 소득세와 상속세를 가능한 한 낮게 억제하기 위해 고안되었다. 신탁의 수익은 그것이 지불되는 수익자에게 적용되는 세율에 따라 소득세를 지불할 책임을 지고 있다. 가령, 수익이 소득액이 낮은 수익자에게 지불되는 경우, 더욱 낮은 세율로 지불할 수 있다. 자산매각소득세(capital gain tax)는 투자 물건을 매각했을 때, 또는 신탁이 부분적이든 아니든 관계없이 종료하고, 수익자가 수탁자에게 계승적 부동산 처분의 대상이 된 재산의 권리를 절대적으로 취득할 수 있게 되었을 때, 수탁자가 지불해야 한다. 상속세는 사망에 의해 이전하는 재산(property passing on a death)에서 지불된다. 사망에 의해 이전하는 재산이란 1969년 〈재정법〉(Finance Act)에 의해 수정된 1894년 재정법에서 정의되었듯이 사망자가 절대적으로 소유한 재산, 사망자가 사망 전 7년 동안에 처분한 재산, 사망자가 사망 전 7년 동안 제한적 권리(limited interest)를 가진 재산이 포함된다.

가령 생애권 보유자가 사망하면, 그의 재산권은 이전되고, 상속세가 사망자가 보유한 권리의 원본 가치(capital value)에 근거하여 지불된다. 이에 대한 유일한 예외는 생존 배우자의 제한적 권리이다. 상속세를 최초로 사망한 배우자의 사망 시에 지불했다면, 그 동일 재산에 관해서는 제한적 권리를 갖는 다른 배우자가 사망해도 상속세를 지불할 필요가 없다. 일련의 생애권 기타 제한적 권리를 내용으로 하는 구식의 엄격한 계승적 부동산 처분은 상속세의 관점에서는 그다지 잘 고려된 것이 아님이 분명하다.

따라서 계승적 부동산 처분의 설정자는 상속세를 회피하기 위해 사망한 7년 전에 계승적 부동산 처분을 설정해야 하고, 그것은 수익자에게 제한된 권리를 부여하지 않고 수익자에게 이익을 부여하도록 의도된 것이어야 한다. 1969년 이전에는 재량적 신탁의 설정에 의해, 그러한 요건은 실질적으로 구비된 것으로 간주되었다. 재량적 신탁에 의해 신탁재산은 신탁으로서 수탁자에게 이전되고, 수탁자가 그 절대적 재량에 의해 결정하는 수익자 집단의 1인 또는 복수의 자를 위해 과실이 원본으로 충당되었다. 수익자는 어느 경우에나 재산에 대해 어떤 권리도 갖고 있지 않지만, 그에게 현실적으로 지불된 원본에 대한 과실은 그 예외로 간주된다. 1969년까지 재량적 신탁하에서는 수익자의 1인이 사망해도 재산권의 이전은 없고, 따라서 재량적 신탁이 계속되는 중에는 상속세를 지불하지 않아도 좋았다. 이 점은 조세 입안자에 의해 너무나도 커다란 구멍이었다. 즉 상속세를 임의적 세금이라고 해도 이상하지 않았다. 1969년 〈재정법〉은 실질적으로 다음과 같이 규정했다. 즉 상속세는 수익자의 사망에 의해 그 사망 전 일정 기간(보통은 7년) 내에 수령한 소득의 비율에 대응하는 원금 부분에 근거하여 지불되어야 한다고 규정했다. 원금의 지불은 상속세의 납세 의무를 발생시키지 않지만, 원금에 의해 생긴 소득이 지불되지 않은 경우에는 그렇지 않다. 소득이 보유되고 있는 한도 내에서, 원금에서의 지불은 소득으로 간주된다. 이와 같이 재량적 신탁은 조세상 이점의 많은 것을 상실해 왔다. 그러나 그 유연성은 수탁자에게 특히 개인으로서의 수익자의 필요도와 조세 상황을 포함하는 모든 상황에 가장 적합한 방법으로 지불하는 것을 가능하게 하고 있다.

그러나 그중에서 상속세를 대체하는 자본 이전세(capital transfer tax)를 도입하고자 하는 입법조치를 지금 강구하고 있다. 그 개정이 완성되면 그 사정거리는 확대되고, 현대의 계승적 부동산 처분을 설정하는 방법에도 변화가 생길 것이다.

여기서는 현재 통상 설정되는 신탁, 수탁자의 권한 및 의무 또는 신탁 관리의 방법에 대한 여러 유형에 대해 더 논의할 수 없으므로 이러한 논점에 관한 전문가들의 저작을 살펴볼 필요가 있을 것이다. 계승적 부동산 처분에 관해, 여러 가지 광범한 선택이 가능하다. 개별의 계승적 부동산 처분 설정자는 자기 희망을 법률 조언자에게 표명하고, 조언자로서는 개별 상황에 합치되는 가장 적당한 신탁의 유형을 추천할 것이다. 여기서 이해해야 할 중요한 점은, 상이한 신탁의 유형이 상이한 상황에 합치하도록 예정되어 있다는 것이다. 과거 1세기 동안, 계승적인 제한적 권리에 근거하여 가족에게 특정한 토지를 존속시키고자 의도한 과거의 엄격한 계승적 부동산 처분으로부터, 상속세의 목적 이외에 특정인에게 권리를 부여한다는 취지가 아닌 동산의 재량적 신탁으로 나아가는 가족 신탁의 표준적 방식의 변화가 보인다. 다음 세기에 어떤 변화가 생길지는 예측하기 어렵다. 그러나 자본주의가 존속하는 한, 신탁은 사회적 조건과 조세 체계의 변화에 대응하기 위해 변화하고 계속 발전할 것이다.

13. 토지의 양도저당

앞에서 말했듯이, 여러 재산법 이전에 사용된 자유 보유권에 의한 토지의 양도저당의 보통 방식하에서, 코먼로상의 부동산권은 저당권자에게 양도되었고, 그 결과 코먼로상에서는 저당권자가 그 재산의 소유자가 되었다. 그러나 저당권 설정자(mortgator)는 형평법에 의해 소유자로 취급되었다. 즉 설정자는 그 토지의 형평법상의 부동산권인 상환권(redemption)이라는 형평법상의 권리를 가졌다. 그리고 설정자는 어떤 명확하게 정해진 방법, 가령 상환권 상실절차(foreclosure) 또는 매각에 의한 것이 아니면 자신의 형평법상의 상환권을 빼앗기지 않았다. 그런데 토지를 양도저당에 넣는 이 방법을 허용하는 것은, 재산의 소유자가 당해 재산에 영향을 미치는 모든 형평법상의 권리로부터 해방된, 유효한 코먼로상의 권원을 구매자에게 양도할 수 있는 것으로 하고자 하는 여러 재산법의 정책과 전적으로 상반된 것이다. 그런데 참된 소유자인 저당권 설정자는 자신이 어떤 코먼로상의 권원도 갖지 않았으므로 그것을 양도할 수 없었고, 또 코먼로상의 소유자인 저당권자는 설정자의 형평법상의 상환권에 제한되는 권원을 양도할 수 있을 뿐이었다. 이러한 이유로 여러 재산법은 양도저당 설정의 방법과 양도저당의 법적 효과에 일대 변혁을 가했다.

코먼로상의 양도저당은 현재, 다음 두 가지 방법 중 하나로 이를 발생시킬 수 있다.

(1) 설정자는 토지를 저당권자에게 절대적 정기부동산권(a term of years absolute)으로 양도하고(demise), 그것에 단서를 붙여 설정자가 차입금을 지불하면 그 정기부동산 건은 종료해야 한다고 한다. 설정자가 기간 임차인이라면 임차권을 전대(sub-lease)하여 양도저당을 설정한다. 코먼로상의 2번 양도저당은 토지를 2번 저당권자에게, 1번 저당권자에게 부여한 기간보다 최소한 1일 이상의 장기로 임대차함에 의해 이를 설정할 수 있다.

(2) 설정자는 날인증서에 의해 토지 위에 코먼로상의 부담을 설정한다. 양도저당을 설정하는 이러한 방법들은, 모두 저당권자에게 토지의 코먼로상의 권리를 부여한다. 저당권자에게 토지의 형평법상의 권리만을 부여하고자 한다면 다른 방법을 사용할 수 있다. 그래서 가령 만일 A가 B로부터 돈을 빌리고, 그 차금의 담보로 자기 토지의 권원증서(title-deed)를 B에게 주면, B는 A의 토지에 형평법상의 양도저당권을 취득한다. 이러한 기탁의 경우, 토지의 권리 설정을 위해서는 서면이 필요하다는 규칙이 면제된다.

양도저당이 코먼로상의 것이든, 형평법상의 것이든 간에, 저당권자는 법원에 상환권 상실의 명령을 신청함에 의해 자신의 담보권을 실행할 수 있다. 양도저당의 증명이 있으면, 법원은 상환권 상실의 가명령(foreclosure *nisi*)을 내릴 수 있게 된다. 이 명령에 근거하여 법원의 직원은 원본과 이자와 비용에 얼마를 지불해야 하는지를 조사하도록 지시를 받는다. 그리고 설정자는 그 금액이 증명된 때부터 6개월 이내에 지불하도록 명령을 받는다. 설정자가 지불하지 않으면, 저당권자는 상환권 상실의 확정 명령을 받게 된다. 이 확정명령의 효력에 의해 저당재산은 저당권자에게 절대적으로 귀속하지만, 동시에 저당권자는 — 재산의 가격이 불충분한 점이 판명된 경우에도 — 상환을 하기 위한 신규의 권리를 설정자에게 부여한다는 조건에 근거하는 것 외에 설정자로부터 지불을 요구하는 것을 방해받는다. 상환권 상실에 더하여 법원은 재산의 매각을 명할 수도 있다. 그리고 이는 그 매각 시에 생기는 잉여금은 모두 설정자에게 귀속하고, 한편 저당권자는 부족액에 대해 소를 제기할 수 있기 때문에 당사자 쌍방에게 더욱 공평할 것이다.

상환을 하기 위해서 설정자는 6개월 전에 예고를 하거나, 6개월간의 이자를 지불해야 한다. 설정자는 만일 그의 상환하는 권리가 다투어지면 법원에 신청할 수 있다. 저당권자는 만일 자신의 저당이 코먼로상의 부동산권이나 소유권의 양도에 의한 것이라면, 법원에 대한 신청을 그치지 않고 점유를 개시할 수 있다. 그러나 이러한 방식은 위험하다. 왜냐하면 저당권자는 상환소송에서 자신이 실재로 수령한 이득에 대해서만이 아니라, 자신의 해태가 없었더라면 자신이 수령했을 이득에 대해서도 엄중하게 계산할 것이 요구되었고, 게다가 모두 이러한 이득은 지불기가 도래하고 있는 이자를 초과하는 한, 원본에 대해 상계되어야 하기 때문이다. 양도저당에는 저당권자에게 매각의 권능을 부여한다는 취지의 조항을 포함할 수 있다. 그리고 이러한 권능은 (일정한 조건에 따라) 현재 양도증서에 의해 설정된 모든 양도저당 속에 존재하는 것으로 추정된다. 만일 이 권능이 행사된다면, 매각금은 법원이 명한 매각으로부터의 금액과 같도록 충당되고, 부족액을 지불할 의무는 설정자에게 남게 된다. 저당권자에게 부여된 지대나 수익을 취하는 수익관리인(receiver)을 지정하는 권리는 오늘날, 양도증서에 의한 양도저당 속에도 존재한다고 추정된다. 수익관리인을 지정하는 것은, 저당권자에게 점유를 개시하는 것보다도 편리하다. 왜냐하면 수익관리인은 설정자의 대리인이므로 저당권자는 수익관리인의 행위나 해태에 대한 책임이 없기 때문이다. 그리고 출비(수익관리인의 보수도 포함하여)와 지불기가 도래하고 있는 이자를 넘는 잉여금은 설정자에게 모두 지불되어야 하고, 원본의 감액에 향해지는 것은 아니다.

저당권 설정자도 저당권자도, 각각 점유하고 있는 동안은 양도저당의 목적인 토지를 양도증서에 의해 임대한다고 하는 상당히 큰 권능을 갖는다. 단 저당권 설정자의 경우, 그러한 권능이 양도증서에 의해 배제되는 경우에는 그렇지 않다.

양도저당의 형식에 관하여 행해진 여러 개정은, 동일한 토지에서의 연속적인 양도저당 사이의 순위에 관한 법에 대폭의 개정을 초래했다. 현대적 규칙의 대강은 다음과 같다.

코먼로상이든, 에퀴상이든 관계없이, 모두 코먼로상의 부동산권의 저당권자는 1972년 〈토지부담법〉(Land Charges Act)하에서 자신이 자신의 부담을 등기한 그 날짜에 따라 순위가 정해진다. 그러나 이 규칙은 언뜻 보아 그렇다고 생각될 정도로 단순하지 않다. 왜냐하면 그것이 의미하는 것은, 선순위가 등기에 의해 얻어진다는 것이 아니라, 등기를 하지 않아 선순위가 상실된다는 것이기 때문이다. 권원 증서의 이전을 수반한 양도저당 외의 다른 어떤 양도저당도, 그것이 만일 미등기라면, 뒤의 저당권자에 대해 그 자가 자신의 저당권을 등기하든 않든 간에 무효이다. 권원증서를 받은 저당권자는 등기할 수 없다. 그리고 그의 지위가, 등기는 가능하고 현재 등기되어 있는 양도저당권을 갖는 저당권자에 대해 어떤 것인지는 현재 판례가 없기 때문에 단순히 추측할 수 있을 뿐이다. 코먼로상의 부동산권은 형평법상의 부동산권에 우선하고, 빠른 시기의 것은 늦은 시기의 것에 우선한다고 하는 1926년 이전의 원칙은, 그것이 1925년의 입법조항에 의해 폐지되지 않는 한, 여전히 적용이 있다고 하는 견해가 옳다고 생각된다.

어떤 경우에는 선순위의 저당권자가 설정자에게 다시 대부를 하고, 그것이 뒤의 저당권자에 대해 선순위에 서는 것이 있다. 그것은 다음 세 가지 경우이다.

(1) 저당권자가 다시 대부를 했지만, 그 저당권자가 뒤의 양도저당에 대해 몰랐던 경우, 그러나 뒤의 양도저당 등기는 고지와 같다.
(2) 선순위의 양도저당이 분명히 당좌계정이나 기타의 추가적인 대부금을 담보하기 위해 설정되고, 그 선순위의 저당권자가 추가적으로 대부를 한 경우, 그 자는 최초의 대부금과 추가적 대부금 쌍방을 위한 담보로서 당해 토지를 보유할 수 있다. 단 그 자가 뒤의 양도저당에 대해 알고 있는 경우에는 그렇지 않다. 등기는 (어떤 특별한 경우를 제외하고) 통지와 같지 않다.
(3) 양도저당 설정의 양도증서가 저당권자에게 추가적 대부를 할 의무를 지는 경우, 저당권자가 뒤의 양도저당에 대해 알고 있다고 해도 그 자는 그 대부금을 위해 선순위를 부여받는다.

당해 양도저당이 형평법상의 부동산권의 양도저당인 경우, 연속적인 저당권자 사이의 순위는 그러한 자가 서면에 의한 통지를 수탁자 또는 코먼로상의 부동산권을 갖는 자에게 부여된 순위에 따른다. 그 규칙은 종래 청구소송물(chose in action)에 관한, 또 동산인 신탁재산에 관한 형평법상의 권리에만 적용되지만, 현재는 모든 종류의 재산에 대한 형평법상의 권리에 적용된다.

많은 양도저당 문서의 복잡성, 그리고 설정자에 대한 인위적으로 높은 이자 비율에 비추어, 1991년 입법위원회는, 법원이 공정 취급의 원칙에 위반된 어떤 양도저당의 기간도 취소하거나 변경하는 권한을 가져야 한다고 제안했다. 그러나 이를 실천할 입법은 여전히 기다려지고 있다.

14. 동산

동산(goods)의 이전은 단지 그것을 인도하는 것에 의하는 것이 가장 보편적이지만, 이러한 이전은 그것이 대가(value)를 수반하는 것이든, 증여로 하는 것이든, 언제나 유효하다. 특정되고, 인도(delivery)의 준비가 되어 있는 동산의 무조건 매매계약(unconditional contract of sale of goods)은, 인도 없이 소유권을 이전하는 것으로 충분하다. 동산이 선박 내에 있는 경우, 선하증권(bill of leading)(이는 선장이 부여하는 동산 수령 승인서(acknowledgement of receipt of the goods)의 이서(indorsement) 및 인도에 의해 소유권이 이전된다. 나아가 동산은 인도를 하지 않고 날인 증서에 의해 이전되어도 무방하고, 거래가 대가를 수반하는 경우에는 비날인의 서면에 의해 해도 무방하다. 이러한 날인증서나 서면은 원칙적으로 그 효력을 갖기 위해 1878년 및 1882년 〈매매증서법〉(Bills of Sales Act)에 근거하여 등기될 필요가 있다. 이러한 법률들은 사람들이 자신의 동산상 권리를 비밀리에 타인에게 이전할 때 동산의 점유를 그대로 계속함에 의해 신용대차를 받는 것을 방지하기 위해 제정된 것이다. 최근에 법원은 종종 피고가 민사소송에서 그의 재산을 처분하거나 재산을 법원의 관할로부터 옮기려고 하는 것을 저지하기 위한 금지명령을 부여했다. 매매증서는 보통, 동산의 양도저당 방법으로 사용된다(151쪽 참조). 그러나 그것은 오로지 양도로도 사용되는 경우가 있다. 영국 선박의 소유권은 오로지 매매증서라는 방법에 의해서만 이전할 수 있고, 매매증서는 선박등기부(shipping register)에 등기된다.

동산의 이전은 그 동산의 소유자가 아닌 자에 의해서는 행해질 수 없다고 하는 일반적 규칙에는 약간의 예외가 있다. 유상이자 선의로 통화를 수령한 자는 도둑으로부터도 유효한 권리를 취득한다. 동시에 1889년 대리상법(Factors' Act)은, 동산이 그 소유자에 의해 판매되거나 담보되기 위해 위탁된 상업대리인(mercantile agent)으로부터 그 동산을 선의이고 유상으로 수령한 자를 보호한다.

15. 개인적 무체재산(intangible personal property)

특허권(patent)이란 어떤 발명을 "사용하고 행사하며 판매하도록"(using, exercising, and vending) 국왕에 의해 부여된 배타적 권리(exclusive right)다. 이러한 권리의 부여는 1623년 〈독점법〉(Statute of Monopolies)에 근거한 것으로, 이 법은 한편으로 독점권의 부여를 금지하면서 어떤 종류의 특허권을 위하여 예외를 인정했다. 이는 "영국 내에서 어떤 새로운 제조의 방법(any manner of new manufacture)을 실시하거나 실행하기(working or making) 위하여, 위에서 말한 개봉특허장(letters patent) 및 권리부여장(grants)을 작성할 당시 타인이 사용하지 않는 위 제조 방법의, 1인 또는 그 이상의 참된 최초의 발명자에게 14년간이나 그 이하의 기간을 정하여" 부여하는 특허권이다. 그렇게 정립된 일반적 원칙은 지금도 적용되고 있지만, 그 법은 1977년 특허법과 유럽연합법의 적용에 의해 광범위하게 개정되었다. 현재 특허의 기간은 20년이지만, 법원은 특별한 경우에 그 기간을 연장한다. 특허를 획득하는 하나의 조건으로, 신청자는 자신의 발명의 성질과 그 실시 방법을 보여주는 발명명세서(specification)(이는 모두 통상의 경우, 공중에게 열람된다)를 제시하여야 한다. 특허등록부는 특허국(Patent Office)에서 보관하고, 특허권의 양도(assignments)나 사용허가(licences)는 거기에 반드시 기록되어야 한다. 약간의 경우, 특허권의 사용을 합리적인 조건하에서 부여하도록 특허권자를 강제할 수 있다.

저작권은 1988년 〈저작권, 디자인, 특허법〉하에서 사진, 조각, 건축을 포함하는 모든 독창적인 문학, 연극, 음악, 예술로 확대되었다. 그것은 그 작품을 어떤 물질적인 형식으로 제작하거나 다시 제작하고, 또는 공개 실연하거나, 강의하는 경우에 그것을 공개 석상에서 발표하는 독점적인 권리를 의미한다. 나아가 번역이나, 연극적 작품을 비연극적 작품으로 변화시키는 것, 또 그 반대의 독점권, 그리고 축음기의 레코드나 영화 필름, 텔레비전과 케이블 프로그램, 기타 작품의 기계적 실연을 위한 동일한 장치를 만드는 독점권도 포함한다. 원칙적으로 이 권리는 먼저 저작자에게 귀속하고, 그 사후 40년간 존속한다. 그러나 사진과 축음기 레코드의 경우, 음화나 음반의 최초 소유자가 저작자로 취급되고, 이 권리는 그 음화나 원반이 제작된 때로부터 40년간 존속한다. 이 권리는 인적 재산이고 소유자가 사망할 때에는 그 유언 속에서 지명된 자, 또는 유언 없이 사망한 경우에는 그것을 취득하는 권리를 갖는 자에게 이전된다. 소유자는 그것을 그 생존 중, 서면으로 양도할 수 있다. 그러나 저작자가 행한 어떤 양도나 합의에도 불구하고, 그것은 저작자의 사후 25년이 경과하면 저작자의 인적 대리인에게 복귀한다. 컴퓨터에서 생긴 작업의 시대에는 더 상세한 저작권 규칙이 있지만, 그것을 이 책에서 적절하게 서술할 수는 없다.

등록상표(registered trade mark)에 대한 권리는 코먼로와 형평법의 규칙에서 생긴 것으로, 이러한 규칙하에서는 상인이 자기의 상품을 공중에 대해 타인의 상품이라는 것으로 사칭하여 통용하여(passing off) 그 타인에게 제소당하는 경우, 상인은 손해배상의 책임을 지고 금지명령을 받는다고 판시되었다. 이러한 규칙은 지금도 존재하지만(210－3쪽 참조) 제정법상의 여러 규정에 의해 보충되어 있다. 이러한 규정은 상인이 특허국에서 등록을 받는 경우에 자신의 상품에 관하여 독특한 상표를 사용하는 배타적 권리를 취득하는 것을 가능하게 한다. 1994년 〈상표법〉(Trade Marks Act)하에서 형태, 음향, 심지어 냄새라고 하는 3차원도 등록할 수 있게 되었다. 등록되지 않은 상표에 대한 권리는 관련된 사업의 신용(goodwill)과 관계가 있는 경우에만 양도할 수 있고, 그 신용과 함께 종료한다.

국채(National Debt)나 정부 공채(public funds)에 관한 권리, 지방자치체 등 관청의 부채에 관한 권리의 이전, 그리고 회사의 사채권(debenture)이나 주식의 이전은 다수의 제정법에 의해 규정되어 있다. 이러한 권리는 서면 없이 이전될 수 없다. 그리고 대부분의 경우, 날인증서가 요구된다. 어느 경우에나 당해 양도는 잉글랜드에서 은행 기타 관련 단체나 관계 회사의 장부에 기입되지 않으면 완료한 것이 되지 않는다.

통상의 채무나 '소송 청구물'의 양도에 관해서는 이미 상당히 설명했다. 유통증권에 관한 법—환어음, 수표, 약속어음—은 다음 장에서 다루어진다.

16. 신탁

제2장에서 말한 것을 주의 깊게 읽은 독자라면 이미 영국법의 가장 특징적인 제도의 하나인 신탁(trust)의 본질과, 신탁이 영국 재산법의 일부로

서 매우 중대하다는 점을 인식했을 것이다. 신탁의 중요성은 재산 관련 법에 의해 매우 높아졌다. 왜냐하면 이미 설명했듯이(128-9쪽 참조) 현재 토지에서의 장래권(future interest)은 신탁이라는 방법에 의하지 않으면 설정될 수 없기 때문이다.

토지의 신탁은 서면(writing)에 의해 설정되어야 한다는 점을 제외하면 신탁은 이를 설정한다는 의사가 충분히 표명됨에 의해 설정되는 것이고, 코먼로상의 소유권이 타인에게로, 그 자가 수탁자(trustee)로서 보유하도록 양도되었는가, 또는 신탁 설정자(creator of the trust)에게 남아 있는가—이 경우 설정자는 자신이 수탁자가 된다—는 묻지 않는다. (형평법상의 권리 자체도 신탁의 목적이 되는 점을 주의해야 한다. A를 위한 신탁으로서 B가 보유하고 있는 재산에 대한 권리를 가지고 있는 A는, 이 권리를 D를 위한 신탁으로서 보유하거나 또는 D를 위한 신탁으로서 C에게 그것을 이전할 수 있다.) 그러나 수탁자에게의 양도에 의해 신탁을 설정하고자 하는 시도가 행해지지만, 이러한 양도 자체가 형식상의 결함으로 인해 효력을 낳지 못하는 경우—가령 토지가 비날인의 서면에 의해 양도되거나, 회사 주식의 양도에 재무부(Treasury)의 필요한 동의를 얻지 못한 경우—는 신탁도 효력을 낳지 못한다. 단 당해 행위가 대가를 얻어 행해지는 경우에는 예외이다. 대가가 있는 행위라는 말은 예기된 혼인을 대가로 하는 세틀먼트나 세틀먼트의 합의를 포함하지만, 이미 식을 치른 혼인을 대가로 하는 것은 포함되지 않는다. 마찬가지로 직접의 증여를 하고자 하는 시도는, 그 증여가 적당한 양도 방법이 사용되지 않았기 때문에 효력을 낳지 못한다면, 신탁으로 효력을 낳게 하지는 않는다. 한편, 신탁은 믿었던 수탁자가 신탁의 인도를 거부했다고 하여, 또는 유언에 의해 설정된 신탁의 경우에 유언자보다 먼저 죽었기 때문이라고 하여 효력을 상실하지는 않는다. 신탁의 설정과 다른 의미의 신탁 처분(disposition)은 그 목적물이 무엇이든 간에 서면으로 되어 있어야 한다. 그리고 처분이라는 명칭은 수탁자에 대한 수익자의 당해 신탁을 누군가 다른 사람을 위하여 보유하게 하는 지시를 포함한다.

신탁은 의사의 직접적인 표시에 의해 생길 뿐 아니라, 현실의 의사라는 것에 합치할지 모르는, 또는 합치하지 않을지도 모르는 추측이나 묵시에 의해서도 생긴다. 그래서 토지매매의 합의에 의해, 판매자는 대금을 지불받을 권리를 갖지만, 여하튼 구매자를 위해 수탁자가 된다. 또 어떤 수익자(beneficiary)를 위하여 수탁자에 대해 신탁 유증이 행해진 경우, 수익자가 유언자보다도 빨리 죽으면 수탁자는 그 재산을 유언자의 인적 대리인를 위하여 보유하게 된다. 또 재산을 무상으로, 명의상 자신과 타인을 합동양수인으로 양도한 경우, 그 양도는 양도하는 자를 위하여 신탁적으로 행해진 것으로 추정된다. 단 양수인에게 어떤 이익을 주는 의사가 있었다고 하는 것을 보여주는 무엇인가가 있는 경우에는 예외이고, 그러한 의사는 가령, 아버지가 아들에게 양도하는 경우로 추정된다. 나아가 어떤 사람이 수탁자로서의 자신의 지위를 이용함에 의해 자신의 이익을 위해 재산을 취득한 경우, 그는 재산을 그 신탁의 권리자의 이익을 위해 보유하는 것으로 취급된다.

모든 수익자가 될 수 있는 사람이 성년자이고 무능력자가 아닌(가령 미성년자나 정신이상자가 아닌) 경우에 이러한 수익자는 수탁자를 향하여 그 재산을 자신들에게 양도할 것, 또는 자신들의 지시대로 처분할 것을 요구함에 의해 신탁을 종료시킬 수 있다. 이는 세틀먼트에 반대의 지시, 가령 수익자가 25세에 이르기까지 그 수익자에게 금전 지불을 해서는 안 된다고 하는 지시가 있어도 그러하다.

수탁자의 의무는 그 신탁을 설정하는 문서의 조항에 의해 무한정으로 변화될 수 있고, 그 범위는 수익자의 요구에 의해 코먼로상의 양도를 하고, 그동안 수익자에게 신탁재산의 점유와 향유를 수탁자가 보유할 수 있도록 하는 단순한 의무로부터, 나아가 경영, 매각, 투자, 원금과 수입의 충당과 같은 광범위하고 중대한 의무에까지 미치게 된다. 일정한 예외의 경우를 제외하고, 수탁자는 자신의 수고에 대해 세틀먼트 조건이 그렇게 규정되어 있지 않는 한 보수를 받을 수 없고, 수탁자는 신탁의 취지에 반하여 신탁재산을 부정으로 처분한 경우만이 아니라, 모든 손실 그것이 세틀먼트에 있는 지시나 법률의 일반 규정의 위반에 기인한 것이든, 또는 형평법과 제정법이 수탁자에게 의무로 요구하고 있는 고도의 주의 의무 결여에서 비롯된 것이든 간에, 모든 손실에 대해 책임을 져야 한다. 가령 세틀먼트가 별도의 규정을 갖지 않는 한, 허용된 투자의 범위는 제정법에 의해 한정되고 있다. 그러나 제정법이나 세틀먼트에 의해 허용된 투자의 범위 내에서도 수탁자는 자신의 자유재량(discretion) 행사에서 적당한 주의(due care)의 결여로 인해 책임을 져야 할 경우가 있다. 수탁자가 의무를 게을리하는 것은, 그것이 도덕적으로 아무리 무해하다고 해도 하나의 신탁 위반(breach of trust)이다. 그러나 실제로는, 또한 특히 투자에 관해서는 수탁자의 행동에 대해 무정하게 경계를 하는 냉혹한 형평법의 낡은 그림은 소멸되고 있다. 누구라도 그 자에게 위탁되는 자유재량권이 매우 많이 주어진 것이 아니라면, 수탁자의 역할을 하도록 설득하는 것은 불가능할 것이다. 그리고 현재에 와서는 수탁자에게 특별한 기술이 필요한 개개 사무만이 아니라, 신탁의 모든 사무를 대리인에게 위임하는 것은 가능하게 되었고, 또 수탁자가 선의로 행동하는 한, 책임을 면하는 것도 가능하게 되었다.

의심이 있는 경우에 수탁자는 신탁 재산의 비용으로 법원의 지시를 받아 자신을 보호할 수 있고, 또 1925년 〈수탁자법〉(Trustee Act) 61조에 의해 법원은 선의로 정당하게 행위한 수탁자에게 신탁의 위반과 또 그러한 법원의 지시를 받지 않는 해태에 대한 책임을 면할 수 있게 했다. 1958년 〈신탁변경법〉(Variation of Trusts Act)은 신탁을 변경하고 수탁자의 이익을 위하여 신탁 재산을 처리하는 것을 인가하는 광범위한 권한을 법원에 부여했다.

수탁자의 사망이나 인퇴 시에 잔류하는 수탁자는, 세틀먼트에 어떤 규정도 없는 경우에 그를 대신하여 타인을 임명하는 권능을 갖는다. 법원은 또한 새로운 수탁자를 선임하는 권능과, 수탁자를 부적임 또는 부당행위를 이유로 하여 해임하는 권능을 갖는다.

신탁상의 수익자의 권리는 이미 설명했듯이, 코먼로상의 권리와 유사한 재산상의 권리이지만, 확실성의 점에서는 코먼로상의 권리에 미치지 못한다. 수익자의 권리는 수탁자 자신에 대하여, 그로부터 그 생존 중의 채권자와 그 사후의 인적 대리인에 대하여 유효할 뿐만 아니라, 수탁자로부터 재산을 양도받는 자로서 자신들이 재산을 유상으로 그리고 신탁의 존재를 알지 못하고 취득한 것을 입증할 수 없는 모든 자에 대해서도 유효하다. 수탁자가 신택 재산을 횡령한 경우라고 하여도, 신탁 기금은 그 동일성을 잃지 않고, 따라서 그 동일성이 입증되는 한, 수익자의 권리는 수탁자에 의해 변형된 어떤 형태의 것이든 간에, 그 변형된 기금에 부착하는 것이다. 수탁자가 신탁 기금을, 자신의 은행 예금 잔고를 늘이기 위해 사용한 경우에는, 그 잔고로부터 인출함에서 수탁자는 신탁의 돈에 손을 대기 전에, 먼저 자신의 돈을 인출한 것으로 추정한다. 수탁자가 신탁의 돈으로 투자한 경우에는—투자가 그 자체로 신탁 위반이 된다고 해도—그 투자는 역시 신탁재산에 포함되고, 이에 대하여 수탁자의 채권자는 어떤 청구권도 갖지 못한다.

수탁자로 행동할 적임자에게 무보수로 노무를 제공받는 것은 어려우므로, 수탁자가 되어 줄 사람에게 자연스럽게 더욱 광범위하게 자유재량의 범위를 넓히지 않을 수 없게 되었다. 따라서 현재에는 정직한 수탁자가 부당하게 처벌을 받을 위험은, 부정직한 수탁자가 처벌을 받지 않고 수익자에게 손실을 가할 위험만큼 크지 않을 것이다. 수탁자의 1인인 직업적 전문가에게 보수를 주는 규정이, 종종 세틀먼트에 삽입되어 있으나, 그러한 규정에는 상당한 반대가 있다. 왜냐하면 그러한 규정에 의해 그 수탁자는 비용을 지불하는 것에 이해관계를 갖게 되고, 어떤 경우에도 다른 수탁자가 신탁의 경영을 그 자에게 대부분 맡기는 경향을 낳기 때문이다. 1906년 의회 제정법은 공공수탁자(Public Trustee)라고 하는 관직을 만들었다. 그 관리는 유언이나 세틀먼트하에서도 수탁자로 임명될 수 있고, 이 경우 단순한 '보관'(custodian) 수탁자가 되면, 신탁 재산의 소유권은 그 자에게 귀속하고, 적극적 의무는 다른 수탁자에게 맡겨진다. 또는 통상의 수탁자가 되면 신탁 관리의 권능과 의무를 지게 된다. 공공수탁자의 손에 있는 모든 재산에 관하여 그 가격에 비례한 수수료가 지불되어야 하지만, 공공수탁자의 보수는 다른 정부 관리의 그것과 같이 고정급이다. 공공수탁자와 그 부하의 행위 및 해태에 대해서는 영국의 통합기금이 수탁자에 대해 책임을 진다. 그러나 최근에는 수탁자 및 유언집행자의 직무에 관하여 공공수탁자의 업무 전체에 차지하는 비율은 낮아져 삭감되는 경향이 있다(162-3쪽 참조). 1972년에 조사위원회(Committee of Enquiry)는 아무런 새로운 업무가 없기 때문에 공공수탁자의 사무국을 해산하고 공공사무변호사(Official Solicitor)의 사무국에 병합되어야 한다고 권고했다. 당시 정부는 그 권고를 수용했지만, 1974년에는 정부에 의해 거부되었다. 따라서 공공수탁자의 사무국은 여전히 계속되어 종전으로부터의 임무를 이행하고 있으나 그 업무는 여전히 줄어지는 경향에 있다. 사무국의 업무는 1988년 공공사무변호사의 사무국에 통합되었다.

17. 동산의 양도저당과 동산질

소위 양도저장(mortgages)은 토지에 대해서와 마찬가지로 순수 동산에 대해서도 설정할 수 있다. 채권의 양도저당(mortgage of debt) 및 동산에 관한 형평법상 권리의 양도저당은 환매를 조건으로 한 양도(conveyance with a provision for redemption)로 저당 설정자가 저당권자에게 양도라는 형식으로 설정할 수 있다. 연속적인 양도저당자 사이의 순위는 저당권자가 채권자나 수탁자에게 통고하는 날짜에 의해 정한다. 주의 양도저당은 일반적으로 주권(share certificate)을 대주(貸主, lender)에게 기탁함에 의해 설정된다. 이는 토지의 경우에 권원증서를 예치하는 것과 마찬가지로(139-41쪽 참조) 형평법상의 저당권을 성립시킨다. 주의 연속적인 양도저당권자 사이의 순위는 저당권 발생의 날짜에 의해 결정된다. 회사는 저당권자에 의한 통고를 수락할 의무를 지지 않기 때문이다. 유채재산의 저당권자는 매매증서(bill of sale)라고 불리는 양도증서에 의해 설정된다. 그리고 1882년 〈매매증서법〉(Bill of Sale Act)(1974년 〈소비자신용법〉(Consumer Credit Act)에 의해 개정된)하에서 그것은 뒤 법률의 부칙에 있는 형식에 의해야 하고, 그 법이 요구하는 대로 증명하고 등록해야 한다. 매매증서는 모두 30파운드 이하의 금액을 대가로 주어서는 안 된다. 연속적인 양도저당권자 사이의 순위는 매매증서의 등록 순서로 정한다. 여러 매매증서법은 동산의 점유가 옮겨지는 거래에 부수하는 문서에는 적용되지 않는다. 따라서 이러한 법률은 동산질(pledges)에 적용되지 않는다.

동산질이란 모두 코먼로상의 소유권 양도를 수반하지 않는(without the

conveyance of any legal ownership) 동산 자체의 점유의 현실적 이전(actual transfer of possession), 또는 선하증권(bills of lading)과 같은 동산을 위한 권원증권(document of title)의 현실적 이전에 의해 설정된 동산에 대한 담보(security)이다. 동산질은 매각의 권능을 수반하지만, 유질(forelosure)에 해당되는 것은 없다. 동산질로 돈을 빌리는 것으로 성립하는 전당업자(pawnbroker)의 영업은 특별한 제정법의 규제 대상이 되고 있다.

18. 유치권

유치권(lien)이라고 하는 말은 여러 가지 상이한 의미로 사용된다. 코먼로상의 유치권(common law lien) 또는 점유적 유치권(possessory lien)이란 자신의 점유 내에 있는 동산이나 금전이나 문서를 그 소유자로부터 그가 지불해야 할 어떤 청구권이 지불되기까지 유치하는 권리를 말한다. 이는 보통 동산의 운송의 경우와 같이, 당해 재산에 관하여 행해진 노무에 대해 생겨난다. 그러나 사무변호사나 은행가의 경우처럼, 약간의 경우에 유치권은 그 고객이 지불해야 하는 일반적 잔고 채무에 대해 이를 주장할 수 있다. 또 여관업자(innkeeper)는 자신의 청구권에 대해 여관에 유숙하고 있는 여행자가 여관에 들고 온 물품에 대하여 유치권을 갖는다. 그리고 통산의 규칙과는 반대로, 제정법에 의해 그러한 동산을 매각하는 권능을 부여받는다. 이러한 종류의 유치권은 유치하는 권리(right of retention)에 불과하기 때문에 점유가 포기되면 즉각 상실된다.

토지의 판매자가 당해 재산권은 양도했으나 대금의 지불을 아직 받지 않은 경우, 그의 형평법상의 유치권(equitable lien)은 점유와는 완전히 독립된 것으로 법원의 명령에 의해 그 재산을 매각할 권리를 갖는다.

선박 및 적하(積荷) 위에 존재하는 해사유치권(marine lien)도 점유와는 독립된, 양도저당 또는 부담(charges)의 성질을 갖는다. 그것들은 충돌에 의해 초래된 손해에 관하여, 또 금전의 전대금(advance)이나 비상시의 해난구조와 같은 노무의 제공에 대해 생긴다. 후일의 전대금이나 노무는 그 이전의 유치권의 보유자에 대해 이익이 되는 경우에 한에서만 원칙적으로 그 이전의 유치권에 대해 선순위가 된다.

19. 강제집행 및 파산

모든 금전채무나 책임에 관하여 어떤 사람에 대한 판결이 내려진 경우, 필요하다면 그 판결은 강제집행(execution)에 의해 그 이행이 강제된다. 즉 법원은 명령을 내리고, 그 명령에 근거하여 채무자의 재산으로부터 필요한 부분을 압류하여 매각하거나 기타의 방법으로 지불에 충당하게 한다. 이전에는 채무자의 신체에 대해서도 강제집행을 했고, 채무자는 채무불이행으로 인해 부정기간 감금되었다. 1869년 이후 채무로 인한 감금(imprisonment for debt)은 거의 없어졌고, 1970년 〈사법 운영법〉(Administration of Justice Act)에 의해 완전히 폐지되었다. 그리고 소득압류 구제절차, 즉 법원이 채무자의 소득 일부를 직접 채권자에게 지불하도록 명령하는 절차로 대체되었다.

채무자의 재산이 그 채무의 지불에 충분하지 못한 경우에, 최초로 판결을 얻어 집행하는 채권자는 완전히 지불받고, 뒤에 자신의 청구권을 강행하고자 시도한 자에게는 아무 것도 남지 않는다고 하는 것은 분명히 부당하다. 또 어떤 사람이 자기가 지불하지 못하는 채무의 부담(그것은 자신의 과실에 의한 것이 아닐 수도 있다)을, 언제까지나 진다는 것도 바람직하지 않다. 이것이 파산법(Law of Bankruptcy)을 정당한 것으로 만드는 이유이다. 파산법은 원래 상인에게만 적용되었으나, 지금은 약간의 예외를 제외하면 지불불능에 빠진 모든 사람에게 적용되고 1986년 〈지불불능법〉(Insolvency Act)의 적용을 받는다. 법인은 파산자가 될 수 없다. 그러나 1985년 〈회사법〉(Companies Act)이나 그것과 유사한 그 이전의 법들하에서 설립된 회사는 파산에 적용되는 규칙과 유사한 규칙에 의해 해산되거나 그 재산이 처리될 수 있다.

채무자나 채권자는 채무자가 거주하는, 또는 영업을 하고 있는 지역의 파산법원 — 런던에서는 고등법원, 기타 지역에서는 지방법원의 하나 — 에 신청할 수 있다. 어떤 파산행위는 입증되지 않으면 안 되고, 그 파산행위라는 말에는 채무자의 지불 불능 또는 채무자가 지불을 지체하거나 채권자를 사해(詐害)하려고 하는 의사를 보이는 여러 가지 행위가 포함되어 있다. 파산행위가 입증되면, 법원은 '재산관리 명령'(receiving order)이라고 하는 예비적 명령을 내린다. 그 명령은 채무자의 재산을 보호하고, 채권자가 법원의 허가 없이 채무자를 제소하는 것을 방지한다. 그 뒤 채무자는 법원의 승인을 얻어 채권자와 화의(composition)하거나 채무정리(arrangement)의 계획을 세울 수 있다. 그러나 만약에 이를 행하지 않게 되면, 채무자는 파산 선고를 받아 그 재산의 전부(단 채무자 자신이 수탁자로서 보유하는 신탁 재산 또는 20파운드까지의 채무자의 상거래 도구나 채무자 자신과 그 가족에게 필요한 의류와 침구는 포함되지 않는다)는 '공적 수익관리인'(official receiver)(이는 공무원이다)이나 기타 수탁자에게 귀속되고, 자신의 채권을 입증하는 채권자 사이에 분배되어야 한다. 지방세(rates)와 국세(taxes), 사무원 및 피고용인의 급료, 기타 약간의 청구권은 일정한 한도 내에서 다른 채권에 우선하여 지불된다. 그리고 양도저당권자와 같이 담보된 채권자의 권리도 파산에 의해 침해받지 않는다. 그러나 일반적으로 분배는 비율에 의한다. 무상(voluntary)의 세틀먼트(승계적 부동산 처분)(특히 혼인 후에 설정된 가족 세틀먼트)는 만약 그것이 파산 전 2년 이내에 설정된 것이라면 파산에 의해 취소된다. 10년 이내에 설정된 것이라도 마찬가지이다. 그러나 이 경우에 파산자가 그 당시 설정 재산이 없이도 자신의 채무를 지불할 수 있었음을 증명하면 그렇지 않다.

파산자는 파산 선고 후에는 언제나, 법원에 면책을 신청할 수 있다. 이 신청이 허가되면 파산자는 그 재산이 박탈되지만, (일정한 예외를 제외하고) 파산에서 자신에게 불리하게 입증되는 것이 가능했던 모든 청구권에서 해방되어 재출발할 수 있다. 그러나 만일 파산자가 파산에 관련된 일정한 범죄나 부당행위에 대해 책임이 있거나, 또는 만일 파산자의 자산이 1파운드 당 10실링을 지불하는 것에 부족하다면, — 단 그것이 채무자의 과실에 기인하는 것이 아님이 증명된다면 예외이지만 — 면책은 거절되거나 연기된다.

20. 유언

유언자는 1939년 7월 12일까지, 그리고 1925년 이후에는 점유를 수반하는 한사권(限嗣權)을 포함하여 자신의 사후에 잔존하는 모든 자신의 재산권에 대해 유언에 의한 무제한의 처분권을 가졌다. 그러나 그날과 그 이후에 1938년 〈상속(가족부양)법〉(Inheritance (Family Provision) Act)은 유언자의 피부양자(dependant)에게, 그리고 1952년 〈무유언 사망자 유산법〉(Intestates' Estates Act)은 무유언 사망자의 피부양자에게, 유산으로부터의 상당한 부양료를 그것이 유언에 의해, 또는 무유언 상속에 관한 법에 의해, 또는 무유언 상속이 단지 부분적이었을 때에는 유언과 법의 공동의 효력에 의해 재산상 수당을 받지 못한 경우에는 법원에 신청하는 권능을 부여한다. 1938년 법은 1975년의 〈상속(가족 및 피부양자)법〉에 의해 폐지되고 대체되었다. 1975년 법은 사망 규정을 적용할 수 있는 피부양자의 범위를 확대하고, 법원에 대해 그 전에 존재한 것보다 더 폭넓은 권한을 부여하여 어떤 형태의 질서도 상황에 가장 적합할 수 있도록 만들었다. 1975년 법에서 피부양자는 아내나 남편, 재혼하지 않은 이전의 배우자, 사망자의 자녀(비적출자나 양자를 포함하여), 사망자에 의해 사망자의 결혼과 관련된 가족의 자녀로 취급된 사람(가령 이전의 결혼에 의한 사망자의 아내의 자녀), 그리고 자신의 사망 이전 직후에 죽음에 의해 전반적으로나 부분적으로 유지된 다른 사람이다. 이 마지막 범주를 충족하기 위하여 피부양자는 사망자와 관련될 필요는 없고, 따라서 정부(情婦)도 포함될 수 있다. 나아가 신청자가 사망 이후부터 부양을 받아야 할 기간을 필요로 하지 않는다. '부양'이란 사망자가 신청자의 합리적인 필요를 향하여 돈이나 돈과 같은 가치로 실질적인 기여를 하고, 그가 이를 위한 완전히 가치 있는 배려를 받지 않는 것을 뜻한다. 따라서 그 정의에는 식사와 주거가 포함된다. 법원은 이 허가를 부여하면서 스스로 적당하다고 생각하는 조건을 붙일 수 있다. 부양료의 명령은 일괄 지불의 방식, 또는 소득의 정기적 지불이라는 방식, 또는 특정한 재산의 이전이나 다양한 세틀먼트에 의할 수 있다. 그리고 지불은 배우자가 재혼하면 끝날 것이지만, 성년의 나이에 이르거나 결혼하면 더 이상 혜택을 받지 못한다는 1938년 법의 본래 규정은 1975년 법에 의해 폐지되었다. 법원은 유언자의 재산의 성질, 피부양자의 재정 상태, 유언자에 대한 피부양자의 행동, 기타 관련된 모든 사정, 유언자가 유언에서 그러한 처분을 하게 된 이유를 고려하여야 한다.

유언을 하는 데에는 다음의 방식에 따르는 것이 현재 필요하다.

(1) 유언은 서면에 의하여야 한다.
(2) 유언서에는 유언자가, 또는 유언자의 입회하에, 그리고 유언자의 명시적 지시에 따라 누군가의 서명이 있어야 한다.
(3) 서명은 두 사람이나 그 이상의 동시 입회하에 유언자에 의하거나 또는 승인되어야 한다.
(4) 증인은 유언자의 입회하에 유언을 증명하고 또는 그것을 위해 서명해야 한다.

작전에 관련되어 근무 중인(on active service) 육군 장병이나 비행사, 또는 항해 중인 해원은 약식 유언(informal will)을 할 수 있다. 그것은 구두에 의할 수도 있고, 유언자의 청취자에 대한 전달이 단순한 진술이 아니라, 예언자의 의사가 이행되는 것을 보도록 청취자에게 의뢰하는 성질의 것이 아니면 유효하지 않다. 1982년 〈사법 운영법〉도 〈국제유언협약〉(Convention on International Wills)을 비준한 모든 나라에서 공식적으로 유효한 것으로 인정되는 국제적 유언의 형태를 설정했다.

유언에 의해 증인에게 또는 증인의 아내나 남편에 대해 주어진 유언이나 이익은 모두 무효이지만, 전체로서의 유언은 영향을 받지 않는다. 그러나 1968년 〈유언법〉(Wills Act)은 유언이 본인 이외의 자격 있는 두 사람의 증인이 입회하여 이미 적법하게 작성되어 있는 경우에, 이 규칙의 적용을 받았을 자의(유언서의 진정한) 증명은 무시되어야 한다.

유언자는 자신의 유언을 그 생존 중에는 언제라도 취소할(revoke) 수 있다. 그러나 유언을 취소할 수 없다는 계약의 위반이 있으면, 위반자의 유산은 손해배상 청구에 대해 책임을 지게 될 것이다. 나아가 두 사람의 당사자(보통은 남편과 아내이지만, 항상 그렇다고는 할 수 없다)가, 최종의 수익자가 동일인인 '상호적 유언'(mutual will)을 한 경우, 당사자 일방이 유언을 변경하지 않고 사망하면 일종의 신탁이 발생하고, 이에 근거하여 유언 내용이 그대로 수행되어야 한다는 의미에서 그 사망은 생존자를 구속하고 유언의 변경을 하지 않게 하는 효과를 갖게 된다.

유언은 다음 사유에 의해 취소된다.

(1) 남녀를 불문하고 유언자가 혼인하는 경우. 단 유언에 그것이 특정한 사람과의 혼인을 예상했다는 취지의 표시가 있고, 그가 그 유언(또는 유언의 특정한 성향)이 그 혼인에 의해 취소되어서는 안 된다고 의도했고, 그 혼인이 실현된 경우에는 제외한다.
(2) 새로운 유언서를 작성하고, 유언보충서 기타 유언서와 같은 방식으로 작성된 서면을 작성하는 것. 단 그 뒤의 서류가 종전의 유언서와 모순되는 범위에 한한다. 유언보충서는 실제로 보충적인 유언서로, 보통은 유언서를 전체로 취소시키지 않고, 유언서 가운데 약간의 변경을 가하기 위해 사용된다.
(3) 유언서를 태우거나 파기하거나 기타의 방법으로 훼손하는 것. 단 그 행위가 유언자에 의해 행해지거나 그의 입회하에 그의 지시에 의해 누군가가 유언서를 취소할 의사를 가지고 해야 한다.
(4) 유언서 또는 그 일부를 완전하고 고의로 말소하기 위해 쓰인 것이 더 이상 보이지 않게 된 경우, 말소된 부분은 취소가 된다. 그러나 단순히 펜으로 글자에 선을 그은 것, 또는 글자를 바꾸어 쓴 것은 그 말소나 변경이 새로운 유언서와 같이 유언자에 의해 서명되고 2명의 증인에 의해 증명되지 않으면 어떤 효력도 생기지 않는다. 유언자가 유언서를 작성한 뒤에 그의 결혼이 해소되거나 취소되면 그 유언서는, 마치 이행자로서의 이전의 배우자 약속이 누락되고 그러한 이전 배우자의 부동산 유증(device)이 소멸하는 것과 같은 효력을 갖는다.

유언서가 우연하게 상실되거나 훼손되는 것은 그 효력에 아무런 영향을 초래하지 않고, 그 내용은 복사본이나 초고의 제출에 의해, 또는 유언서를 보거나 유언서 낭독을 들은 사람들의 기억에 의해서도 입증할 수 있다.

유언으로 부동산을 증여하는 것은 기술적으로 부동산 유증이라고 하고 동산의 증여를 동산 유증(legacy)이라고 한다. 동산 유증은 특정적일 수 있다. 즉 특별한, 그리고 그 밖에는 없는 물건이 의미 있음을 보여주는 문언(가령 "나의 단 하나의 금시계", "나의 옥스퍼드 시채권"과 같이)으로 주어질 수도 있다. 특정의 물건을 지명하지 않고, 특정의 물건이 그 속에서 가져와야 되는 특정한 자금이나 집합물(collection)(가령 "나의 바이올린 세 대 중의 하나")을 지명하는 동산 유증은 지시적(demonstrative) 유증이라고 한다. 특정한 물건이나 집합물을 지정하지 않는 동산 유증(가령 "바이올린 한 대", "500파운드")은 일반(general) 유증이라고 한다. 잔여물의 유증은 잔여재산(residuary) 유증이라고 한다. 특정(specific) 유증은 유언자가 당해 물건을 사망 전에 처분한 경우에 무효가 된다. 그러나 지시적 유증은 어떤 기금 중에서 그 유증의 금액이 나오도록 되었지만 그 기금이 사망 전에 없어진 경우에 일반 유증으로 지불된다. 부동산 유증에는 특정 부동산 유증과 잔여 부동산 유증이라고 하는 두 종류만 있다. 유언에 근거하여 취득하는 모든 사람의 권리는 사망자의 채무 지불 후에만 효력을 낳는다. 1925년 〈유산관리법〉(Administration of Estates Act)하에서는 물적 재산권도, 인적 재산권도 평등하게, 이러한 채무의 지불에 대해 책임을 진다.

1982년 〈사법 운영법〉하에서 유언서가 유언자의 자녀나 가까운 후손에게의 부동산 유증을 포함하고, 의도된 수익자가 유언자의 사망 시에는 살아 있던 자식을 떠나 유언자 앞에서 죽는 경우, 유언서에 반대의 의도가 나타나지 않는 한, 부동산 유증은 유언자 사망 시에 살아 있는 자녀에게 옮겨간다. 이러한 규정의 목적을 위해 그러한 자녀에는 비적출 아동과 유언자 사망 이전에 사기 당한 사람과 그로 인해 태어난 사람들을 포함한다.

유증이 수익자로 의도된 자의 사망에 의해 실효하고, 그 실효한 유증이 그 자체 잔여재산 유증이었던 경우는 반드시 그러해야 하듯이, 잔여재산 유증하에서는 당연히 귀속하지 않는 경우, 당해 재산은 무유언 상속 시와 마찬가지로 처리된다.

21. 무유언 상속

1926년 이전에는 어떤 사람이 전혀 유언 없이, 또는 일부만 무유언으로 사망한 경우, 그 사람의 재산 분배는 그것이 물적 재산권인가 인적 재산권인가에 따라 크게 달랐다. 즉 물적 재산권은 1833년 및 1859년 제정법으로 정한 규칙에 따라, 법정상속인(heir)에게 귀속되었다. 그리고 인적 재산권은 찰스 2세의 치세 중 및 제임스 2세의 치세 중에 제정된 여러 유산분배법(Statutes of Distribution)에서 정한 규칙에 따라 분배되었다. 그런데 1925년 〈유산관리법〉은 유산분배법을 완전히 폐지하고, 1833년 법과 1859년 법 적용을 세 가지의 특별한 경우에 한정했다.[13] 이러한 경우를 제외하여도 모든 재산—단 재산에 대한 사망자의 권리가 그 사망과 함께 종료하는 것을 제외하고—은 유언집행자나 유산관리인에 의해 매각을 위해 신탁적으로 보유되는 것이고, 그러한 신탁의 목적은 첫째로 그의 채무 지불이고, 둘째로 1952년 〈무유언 사망자 유산법〉에 규정되어 있는 것과 같은 분배이다. 나아가 그 법은 1925년 법의 관련 조항에 의해 대체되었다. 그러나 그러한 조항에 따라 상속된 재산에 관한 사건이라는 것은, 필경 앞으로도 오랫동안 법원에 올 것이다.[14]

13 (원주) 앞에서 설명했듯이 무유언 사망자의 재산은 매각을 위한 신탁재산이 되지만 다음 두 가지 경우에 물적 재산은 그 신탁 외에 선다. 즉
(1) 앞에서 말했듯이 점유를 수반한 한사권의 소유자가 1925년 법에 의해 그에게 부여된 권리를 유증하는 권능을 행사하지 않고 죽은 경우
(2) 1925년 말에 성년자이고, 유언하는 것이 당사자의 상태에서는 불가능한 정신장애자가, 그 유언 능력을 회복하지 못하고 물적 재산권을 소유한 채 죽은 경우
위 두 가지 경우에 물적 재산권은 1833년의 제정법 및 1859년의 제정법에 규정된 규칙에 따라 상속된다.
또 이러한 규칙이 적용되어야 하는 제3의 경우(무유언 상속과는 아무런 직접 관련이 없다)가 있다. 즉 어떤 종류의 것이라도 모든 재산이 유언이든, 생전 처분이든 관계없이, 문서에 의해 분명히 사망자의 법정상속인에게 부여된 경우에 재산 설정자나 유언자는 구법에 속한 용어를 사용하게 되고, 따라서 1925년 법은 논리적으로 법정상속인은 그 구법이 정한 바에 따라 찾아야 한다는 취지를 규정하고 있다.

14 (원주) 1926년 1월 1일과 1952년 12월 31일 사이의 재산 상속에 적용되는 1925년 법의, 수정되기 전의 규정 내용은 다음과 같다.

현재의 규칙은 다음과 같다.

(1) 생존 배우자의 권리

생존 배우자인 남편이나 아내는

(a) 모든 인적 동산(즉 가구, 자동차, 가사용품, 일용품이나 장식품과 같은 동산을 말하고, 영업용의 동산은 제외한다)을 취득한다.
(b) 자손이 있는 경우에는 상속세 면제로 8,750파운드를 취득한다.
(c) 자손이 없는 경우에는 상속세 면제로 30,000파운드를 취득한다.
(d) 자손이 있는 경우에 잔여 재산에 반에 대해 생존권을 취득하지만, 생존 배우자인 남편이나 아내는 그 선택에 따라 그 생존권을, 그 원본에 해당되는 금액의 지불을 받아 [유언 집행자나 유언관리인으로부터] 매입할 수 있다. 그리고 나머지 반은 앞의 반에 대한 복귀권과 함께 자손을 위하여 '제정법상의 신탁' 재산으로 보유된다.
(e) 자손이 없고 부모가 있는 경우, 또는 부모가 없지만 완전한 혈통(whole blood)의 형제자매가 있는 경우, 생존 배우자가 잔여 재산의 반을 절대적으로 취득하고, 나머지 반은 그 경우 여하에 의해, 또는 부모에게 가거나 형제자매를 위해 '제정법상의 신탁' 재산으로 보유된다.
(f) 배우자의 청구권은 (e)에서 말한 자보다 더욱 먼 모든 친족의 청구권에 절대적으로 우선한다.
(g) 유산의 일부가 '혼인 생활의 거주'(matrimonial home), 즉 사망 당시에 생존 배우자가 거주한 집인 경우에 생존 배우자는 보통 그 집에

생존 배우자는 인적 동산, 그리고 상속세 면제로 1,000파운드를 취득했다. 자손이 있는 경우에 생존 배우자는 잔여 재산의 반에 대해 생애권을 취득하고, 다른 반과 생존 배우자가 취득한 반에 대한 장래권은, 무유언 사망자의 인적 대리인에 의해 자손을 위해 제정법상의 신탁재산으로 보유되었다. 자손이 없는 경우에 생존 배우자는 잔여 재산의 전부에 대해 생애권을 취득했다. 그러나 잔여 재산에 대해서는 159-62쪽에 열거된 범위 내의 친족이 없는 경우에만 절대적인 권리를 부여했다.

대한 사망자의 권리를, 유산에 대한 자신의 절대적 권리의 변제에 충당하도록 인적 대리인에게 요구할 수 있다.

'제정법상의 신탁'이라는 문구는 약간의 설명을 요한다. '자손'(issue)이라는 말은 자녀만이 아니라 무유언 사망자보다 빨리 사망한 자녀의 자녀도 포함한다. 법의 본래 취지는 이러한 자가 '절대적으로 주어진 권리'를, 18세에 이른 때, 또는 혼인했을 때에만 취득한다는 것이다. 그때까지 그 재산은 그러한 자를 위해 신탁으로 보유된다. 자녀가 권리를 절대적으로 부여받기 전에 사망하면, 자녀의 권리는 차순위자, 즉 다른 자녀, 부모, 완전한 혈통의 형제자매, 생존 배우자에게 가고, 만일 생존 배우자가 없으면 더욱 먼 친족에게 간다. 인적 대리인는 1925년 〈수탁자법〉에 의해 수탁자에게 주어진 권한에 의해, 사망자의 자녀를 부양하고 성장시킬 권능을 갖는다. 자녀의 상속분을 평등하게 하기 위해 무유언 사망자에 의해 자녀에 대한 전대금(advancement)[15]이라는 방법으로 지불된 액, 또는 자녀 결혼 시에 지불된 액은 모두 계산에 넣어야 한다.

생존 배우자가 없는 경우 자녀의 권리는 다른 친족의 권리에 절대적으로 우선한다. 1975년 〈아동법〉(Children Act)하에서 양자는 다른 아동이 친부모에게 대해 갖는 것과 같이, 양부모의 무유언으로 계승할 동일한 권리를 갖는다.

(2) 부모의 권리

자손이 없고 생존 배우자도 없는 경우, 부모는 만일 모두 살아 있으면 평등한 상속분으로 재산을 취득한다. 편부모가 살아 있으면 그 편부모가 전부를 취득한다.

15 (원주) 전대금이란 자녀에게 상거래를 시작하도록 하기 위해, 또는 자녀를 위해 영구적인 재산상의 수당을 지급하기 위해 자녀에게 지불되는 금액을 뜻한다. 이는 증여로, 또는 일시적 곤란을 극복하기 위해 주어지는 임시의 지불을 포함하지 않는다.

(3) 혈통이 완전히 동일한 형제자매의 권리

배우자도 자손도 부모도 모두 없는 경우, 재산은 혈통이 완전히 동일한 형제자매나, 또는 사망한 그 형제자매의 자녀를 위하여 제정법상의 신탁으로 보유된다.

(4) 먼 친족의 권리

부모나 혈통이 완전히 동일한 형제자매의 자녀보다 먼 친족은, 만일 생존 배우자가 있으면 유산의 어떤 부분에 대해서도 상속권이 없음을 강조해야 한다. 만일 생존 배우자가 없다면, 그러한 자는 다음 순서로 취득한다.

(a) 혈통이 반(half blood)인 형제자매.
(b) 평등한 상속분으로 조부모.
(c) 무유언 사망자의 부모의 혈통이 완전한 형제자매인 아저씨, 아주머니.
(d) 무유언 사망자의 부모의 반혈통 형제자매인 아저씨, 아주머니.

(b)에 속하는 자는 재산을 절대적으로 취득한다. (a), (b), (d)에 속하는 자의 경우에 재산은 자손의 경우와 같이, 제정법상의 신탁으로 보유된다. 이렇게 하여 조카와 질녀 및 종형제 자매는, 손자가 재산을 취득할 수 있는 것과 완전히 동일하게 취득한다. 그러나 그러한 부류의 사람들의 경우에 전대금을 계산에 포함시키는 것에 관한 규칙은 적용되지 않는다.

22. 유언집행자와 유산관리인

유언에 의해 재산을 수탁자에게 주지 않는 경우라고 해도 그 재산은 물적 재산이든 인적 재산이든 간에, 그것이 그 사람의 이익을 위해 주어진 당사자에게 직접 가는 것이 아니다. 또한 무유언 사망 시에 상속되는 재산도 위에서 말한 규칙에 근거하여 권리를 갖는 당사자에게 직접 가지 않는다. 재산은 먼저 '인격 대리인'(perdonal representatives), 즉 유언에 의해 지명된 유언집행자(executor)가 없는 경우에는, 법원에 의해 지정된 유산관리인(administrator) — 보통은 당해 재산에 대해 이해관계를 갖는 자 — 에게 귀속한다. 공공수탁자는 유언집행자나 유산관리인으로 지정될 수 있다.

유언집행자나 유산관리인은 많은 점에서 수탁자의 의무와 유사한 의무를 갖지만, 먼저 장례식 비용과, 유언의 검인(probate of the will)이나 '유산관리징부'(letters of administration)를 얻기 위한 비용(상속세 지불을 포함), 그리고 사망자의 채무를 지불해야 한다. 이러한 청구권이 지불된 뒤에야 유언집행자나 유산관리인이 당해 권리자에게 재산을 이전할 수 있고, 또 만일 그 재산이 유언에 의해 세틀먼트가 되어 유언 집행자 자신은 수탁자가 되지 못하는 경우에 그 재산을 권리자를 위해 수탁자에게 이전한다. 당해 권리자가 성년자가 아니거나, 생존해 있지 않거나, 행방불명이라는 것과 같은 다수의 경우에 유언집행자나 유산관리인은 재산을 상당히 장기간에 자신이 보관해야 한다. 단 유언집행자나 유산관리인은 종종 법원에 지불하거나 이전함에 의해 책임을 면할 수 있다. 여하튼 자신이 취해야 할 적당한 방침에 관하여 의문이 제기된 경우, 법원의 지시를 받을 수 있다.

06
CHAPTER

계약

6
계 약

1. 법률행위

'법률행위'(act in the law)라는 용어 속에 편의적으로 포함되는 커다란 부류에 속하는 행위에 대해, 법은 행위자의 의사에 다소간 완전히 일치하는 효과를 부여한다. 가령 상품의 구매자는 그 상품의 소유자가 되거나 소유자가 될 권리를 갖기를 욕구하고, 그 상품에 대해 지불하도록 구속되는 것을 바라고 있다. 그리고 이것이 바로 법이 구입에 대한 합의에 부여하는 법적 효과(legal consequence)이다.

일반적으로 법률행위는 그것이 완전히 효과를 완전히 발휘하기 위해, 두 사람 이상의 협력을 필요로 한다. 왜냐하면 사람은 자신의 법적 지위를, 자기 외의 1인이나 2인 이상의 자의 법상 지위에 영향을 주지 않고 변경하는 것은 거의 불가능하기 때문이다. 또 사람은 이익이라고 해도 자신의 의사에 반하여 그것을 수용하도록 강제되지 않는다. 가령 증여(gift)나 유증(legacy)은 그것을 받아야 하는 자로 의도된 자가 받기를 거부한다면 무효가 된다. 그러나 일방적, 즉 '편면적'(unilateral) 행위와 쌍방적, 즉 '쌍면적'(bilateral) 행위를 정확하게 구별할 수 있는 특별한 의미가 있다. A가 B에게 100파운드를 지불한다는 취지의 무상 약속을 했다고 하자. 이때 A의 약속은 B가 알지 못하는 사이에 행해졌다고 해도 만일 적당한 형식으로 행해진다면 A는 이를 철회할 수 없다는 정도로 A에 대해 구속력을 갖는다. 물론 B는 그 이익을 거부하고 그렇게 함에 의해 A를 면제할 수 있다. 그러나 약속자(promisor)인 A는 그때까지 구속된다. 그러한 행위는 편면적이다. 이에 반하여 행위가 각 당사자에게 이익과 부담이라는 두 가지를 부과하는 경우, 가령 매매(sale)의 경우, 쌍방 당사자가 구속되기까지는 어느 당사자도 구속하지 않는다. 쌍방이 구속되는 순간까지는 어느 쪽도 철회할 수 있다. 이러한 행위가 쌍무적이다.

2. 양도와 계약

우리는 이론상, 법률행위 중에서 양도(conveyance)와 계약(contract)이라는 두 가지 형태를 엄격히 구별해야 한다. 양도의 경우, 당해 행위의 결과는 이른바 행위가 완료함과 동시에 끝나고, 당사자 사이에 특별한 관계가 이행되지 않은 채로 남지 않는다. 증여는 수증의 목적물에 대하여 증여자가 전에 소유자였던 것과 마찬가지로 수증자(recipient)로 하여금 완전한 소유자로 만든다. 증여자는 수증자의 소유권을 존중해야 한다. 그러나 그 의무는 증여자 이외의 모든 사람이 지는 의무 이상의 것이 아니다. 새로운 소유자는 자신이 모든 제3자에 대해 갖지 않는 권리를 증여자에 대해 갖지 않는다. 이러한 행위는 순수한 양도이기 때문이다. 반면 A가 B에게 노무를 제공할 것을 합의하고 B가 A에게 급료를 지급을 약속한다는 합의(agreement)는 A와 B 사이에 채무(obligation)라는 말로 알려진 종류의 특별한 의무를 설정한다. 그리고 이러한 의무는 적어도 먼저 계약의 당사자에 의해, 이어 그 당사자에 대해서만 이행을 강제할 수 있다. 이러한 행위가 영국법에서 계약이라고 불리는 가장 순수한 형태이다.

이러한 두 가지 형태의 이론상 차이는 명확하지만, 대부분이라고는 할 수 없어도 다수의 통상 행위는 두 가지 형태에 속하는 요소를 포함하고 있다. 따라서 어떤 행위가 전자에 속하고 또는 후자에 속하는지를 정하기란 어려운 문제이고, 이는 엄격한 논리에 의해서만 결정할 수도 없다. 토지 매매의 합의는 얼른 보기에 순수한 계약처럼 보인다. 그 합의는 구입자에게 토지소유권을 부여하는 것은 아니고, 소유자가 될 수 있는 권리를 부여함과 동시에 대금 지불의 의무를 부여한다. 그러나 이는 1972년 〈토지 부담법〉(Land Charges Act)하에서 등기할 수 있는 '부동산권 계약'(estate contract)이 되었다. 그것이 적법하게 등기되면 모든 사람에게 강행할 수 있는 하나의 물적 권리(proprietary interest)가 된다. 만약 구입자가 등기를 하지 않은 경우, 그의 권리는 토지의 그 후 수증자(donee)만이 아니라 그 토지에 대한 형평법상 권리의 구입자에 대해서는 대항할 수 있으나, '금전이나 금전에 상당한 가격으로'(for money or money's worth) 구입한 코먼로상 부동산권(legal estate)을 매입한 사람에 대해서는 무효가 된다. 나아가 그 합의가 소정 양식에 의한 요식 양도에 의해 완결된 경우에는 그 부동산의 권원(title)상에 어떤 하자를 시정해야 하는 특별한 의무는 판매자의 부담(담보)으로 현존하는 것이 있다. 임대차(lease)는 주로 양도로서, 그것은 임차인(tenant)에게 당해 토지에 대한 권리를 부여하고, 그 권리는 보유 기간(tenancy) 중에 대세적 효력을 갖는다(good against the world)는 점에서 양도로 분류된다. 그러나 임차인이 임대료(rent)를 지불하거나 임차지를 수리해야 한다는 임차인의 계약은 그 본질상 계약상의 채무관계라고 할 수 있다. 동산매매는 주로 계약이다. 그러나 동산매매의 다수는 직접으로 소유권(ownership)을 구입자에게 이전하고, 널리 제3자에게 대항할 수 있는 권리(right against world at large)를 구입자에게 부여한다.

그러나 분류의 실제적인 목적을 위해, 어떤 행위를 그것이 두 가지 형태 중 어느 것과 대소간 완전히 일치하는 바에 따라 어느 쪽인지를 분류하는 것은 원칙적으로 어렵지 않다. 양도에 대해서는 재산법과 관련하여 몇 가지 서술했다. 양도는 재산의 각각 다른 종류에 따라 각각 다르고, 많은 경우에 형식상의 특별요건을 갖추어야 한다. 반면, 계약은 그 내용이 무한정으로 상이하지만, 그 성립과 효력발생의 조건에 대해서는 공통점이 많다. 여기서 계약에 대해 서술하는 많은 점은 특히 뒤에서 착오(mistake), 사기(fraud), 부실표시(misrepresentation), 위법성(illegality) 등의 효과에 대해 설명할 때, 적어도 양도에 대해서는 그 효력이 계약의 효력과 같이 합의 여하로 정해지는 한, 또는 어느 정도 상이점이 있어도 거의 준하는 것을 잊어서는 안 된다.

3. 요식계약

계약은 법적으로 구속력이 있는 하나의 약속 또는 여러 약속(set of promise)으로 그것만으로 또는 그것을 주로 하여 성립하는 하나의 행위(transaction)로 설명할 수 있다. 영국법에서는 어떤 약속도 하나의 형식적 요건을 충족하거나, 유가 약인(valuable consideration)에 대해 주어지는 것에 의하지 않으면 구속력이 없다. 소위 '기록 계약'(contract of record)은 법원의 기록에 기입함에 의해 그 효력이 생기기 때문에 요식계약으로 분류되지만, 그 대부분은 결코 계약이 아니다. 패소 판결을 받은 자는 그 판결에 따르도록 구속되지만, 실제로 그렇게 계약을 한 것도, 또는 약속한 것도 아니다. 그러나 판결은 그것이 타협의 결과로 동의에 의해 기입되는 경우처럼, 현실의 합의를 구체화하는 때가 있다. 그리고 그러한 경우, 진정한 계약이 사법적인 형식(judicial form)으로부터 효력을 갖게 된다. 또 서약(recognition)의 경우도 마찬가지로서, 이는 국왕에 대해 어떤 사건, 가령 재판을 거부하는 피고사건에 대해 일정한 금액을 지불하겠다는 것을 말한다.

그러나 요식계약의 가장 일반적인 것은, 날인증서(deed), 즉 날인된 서면에 의한 계약으로 종종 스페셜티(specialty)로 알려져 있다. 그리고 그러한 증서에 기재된 약속은 날인계약(covenant)으로 알려져 있다. 날인의 방식은 모든 계급에서 문맹이 보통이고 필적의 판별이 어려웠던 옛날에는 진위 감별의 기준으로 유용했으나, 1989년 〈재산(잡규정)법〉에 의해 없어졌다. 그러나 날인증서가 그 효력을 발휘하기 위해서는 날인과 입증에 더하여 '교부될'(delivered) 필요가 있다. 교부는 형식적으로, 가령 "나는 이것을 나의 행위로 교부한다"라는 말을 상대방 앞에서 하고, 당해 서면을 그에게 건네어 줌에 의해 행해진다. 그러나 당해 서면이 효력을 발생시킬 의사를 충분히 보여주는 문서나 문언은 모두 형식으로서 충분하다. 인도는 조건부로 행해질 수도 있다. 즉 그것이 당해 날인증서는 어떤 조건이 충족되는 경우에만 효력을 낳는다는 선언을 수반하는 것은 가능하고, 그렇게 인도된 날인증서는 조건부 날인증서(escrow)라고 한다.

4. 약인

법인의 계약에는 날인증서가 필요하다는 것을 제외하면, 날인증서가 계약의 목적을 위해 중요한 용도는 사람이 자신을 무상의 약속(gratuitous promise)에 의해 구속할 수 있기 위해서이다. 금전을 지불하겠다는 약속이나 노무를 제공하겠다고 하는 약속, 또는 어떤 이익을 부여하겠다는 약속은 만일 그것이 기록이나 증서에 의한 것이 아니고, 또 약속자가 그 약속에 대해 약인(또는 대가)(consideration)으로서 아무 것도 받지 않는 경우에는 전혀 구속력을 갖지 못한다. 약인이란 자기의 약속에 대하여 대가로 받는 것으로, 상대방의 행위나 부작위(forbearance) 또는 그의 어떤 행위나 부작위를 말한다. 그래서 동산매매의 경우, 동산의 공급이나 동산 동급의 약속은 지불 약속의 약인이 되고, 지불의 약속이나 현금 지불은 상품공급 약속의 약인이 된다. 약인이 현실의 가치를 갖는지, 약속자에게 현실에서 이익을 주었는지는 중요하지 않다. A가 B에게 매우 가치 없는 물건을 인도하거나, B의 요구에 의해 거의 무가치한 행위를 하였다고 해도 큰 금액의 금전을 A에게 지불하겠다고 한 B의 약속의 약인이 될 수 있다. 유행성 감기의 특효약을 제조하는 사람이 특정한 기간에 그 약을 사용하여도 역시 감기에 걸리는 사람에게 100파운드를 준다고 광고를 한 경우, 어떤 여성이 지시대로 그 약을 사용했지만 감기에 걸렸다면 그 여성은 그 약속에 대한 약인을 제공했다고 판시되었다. 약속자는 광고하기 전에는 자신이 지금까지 취득하지 못했고, 그것을 요구하는 어떤 법적 권리도 갖지 않았던 것을 취득한다면 그것으로 충분하고, 그것이야말로 또한 절대적으로 필요한 것이다. 이전의 노무에 대한 대가로서의 약속은 구속력이 없다. 즉 '과거의 약인'(past consideration)은 약인이 아니다. 왜냐하면 약속자는 자신의 약속에 대해 이미 과거에 받지 못한 것을 아무 것도 받지 않기 때문이다. 따라서 어떤 사람이 X를 위해 그가 그전에 X에 대해 어떤 작위 의무를 지고 있던 것을 하거나, 또는 하겠다고 한 약속은 X의 약속에 대한 약인이 되지 않는다. 가령 오늘 내가 Z에게 100파운드의 빚을 지게 되었다고 하자. 만약에 내가 지금 50파운드를 지급한다면, 그가 내게 대해 그 부채의 잔액을 면제해 주겠다고 약속한 경우 그 약속은 법적으로 효력이 없다. 왜냐하면 그에게는 이미 50파운드를 받은 권리가 있기 때문이다. 그러나 형평법상의 규칙에 의해 만일 내가 Z에 대한 나의 채무를 포기하는 취지의 Z의 약속을 신뢰한 경우, 나는 그 차액에 대하여 뒤에 나에 대해 제기된 소송에 대하여 유효한 항변을 할 수 있게 된다. 마찬가지로 경찰관이 직무 수행 중 현상금이 붙어 있는 범죄에 대해 정보를 제공한 것과 같이, 공적 의무를 부담하고 있는 사람이 그의 의무를 수행하는 것은 약인이 될 수 없다. 그 현상금은 경찰관이 어떤 점에서 자신의 의무 범위 이외의 노무를 제공했음을 증명할 수 없다면 청구할 수 없다. 마찬가지로 위법행위를 중단하는 것, 또는 중단한다는 취지의 약속은 어떤 약속에 대해서도 약인이 될 수 없다. 위법한 행위나 위법한 행위의 약속, 또는 법에 의해 인정된 의미에서의 부도덕한 행위나 그러한 행위의 약속도 약인이 될 수 없을 뿐 아니라, 다른 충분한 약인이 존재하는 행위까지도 무효로 할 때가 있다.

5. 청약과 승낙

계약의 성립은 보통 청약(offer)과 승낙(acceptance)이라는 방법으로 행해진다. A가 B에 대해 어떤 약속을 B에게 하고자 제의하고, 그 대가로 어떤 행위를 하는 것, 또는 반대 약속(counter-promise)을 하는 것을 요구하는 것이다. 이러한 제안을 청약이라고 한다. 청약 자체는 양 당사자의 어느 쪽도 구속하는 힘을 갖지 않고, 청약이 승낙되기 전에는 언제나 그것을 철회할 수 있다. 그러나 이 청약은 승낙되기 전에 상당한 기간 이상의 기간이 경과되거나 어느 일방 당사자가 승낙하기 전에 사망한 경우에는 무효가 된다. 청약은 그것이 승낙되기 전에 상당한 기간을 경과하거나 승낙 이전에 당사자 중 누군가가 죽으면 효력을 잃는다. 청약을 일정 기간까지 유효하게 하겠다는 명시적 선언(express declaration)이 있다고 해도, 만일 그것이 날인증서에 의한 것이 아니거나, 주식거래소의 특별부 매매의 경우와 같이 그것에 대한 대가로 무엇을 지불한 것이 아니라면 구속력이 없다. 그러한 선언의 효력은 철회를 하지 않는 한, 그 청약은 지정 기간 이전에는 단순한 시간의 경과로 인해 실효하지 않고, 그 뒤에 효력을 지속하지 않는다는 것을 확실하게 하는 데에 불과할 것이다. 청약이 승낙되면 그것은 유효한 약속으로 변질된다. 승낙은 서면이나 언어에 의해, 또는 승낙을 표시하는 행위에 의해 할 수 있다. 만일 대가로서 반대의 약속을 청약받은 경우, 그 승낙은 반대의 약속을 한 것과 같다. 만일 청약받은 대가가 어떤 행위인 경우, 그의 승낙은 그의 행위가 된다. 가령 A가 정보의 제공에 대해 상품을 주겠다고 청약하고, B는 이에 응하여 정보를 제공했다고 하자. 그렇다면 B는 이에 의해 A가 요구하는 대가를 제공하는 같은 시각에 A의 청약을 그의 약속으로 전환시키게 된다.

청약도, 그 철회(revocation)도 상대방에 대한 통지 없이는 할 수 없다. 만일 어떤 사람이 광고에 의해 희귀본에 대해 1,000파운드를 지불하겠다고 청약한 경우, 다른 사람이 그의 청약에 대한 인식 없이 우연히 그에게 그 책 한 권을 그 가격으로 청약자에게 송부했다고 해도, 계약은 성립하지 않는다. 왜냐하면 그 발송인에게 청약한 일이 없기 때문이다. 마찬가지로 어떤 청약을 받은 사람은 그 청약이 실효되지 않는 한, 그것이 취소된다는 통지를 실제로 수령하기까지는 그것을 유효한 것으로 취급할 수 있다. 이와 반대로 청약에 대한 승낙은 통지를 필요로 하지 않는다. 물론 청약은 통지를 유효한 승낙의 요건으로 할 수 있다. 그러나 청약의 성질과 청약이 되는 상황에 의해 현실의 통지는 요구되지 않는다고 추정할 수 있는 경우가 많다. 이는 보통 승낙이 어떤 행위를 함으로써 되는 경우이다. 공적인 장소에 놓인 자동판매기는 그 기계에 통화를 넣는 행위의 대가로 물품을 제공한다는 뜻의 약속에 관한, 그 장소에 그 기계를 비치한 회사의 이른바 영속적 청약(standing offer)인 것이다. 즉 통화를 넣은 사람들은 모두 그 청약을 승낙한 사람들이고, 따라서 그들은 회사에 대해 약속품 제공 의무의 이행을 강제할 수 있다. 마찬가지로 유행성 감기의 특효약을 사용하였지만 실패한 어느 부인은 그것으로 인해 제약자의 청약을 약속으로 전환시켰다고 판시되었다. 그 부인의 존재 자체를 복약 당시에 제약자는 물론 몰랐다고 해도 그렇다. 통신에 의한 계약 체결의 경우, 영국의 법원은, 승낙장이 설령 우송 중에 상실되었다고 해도 그 서신이 우편함에 투입된 순간에 완전한 승낙이 성립된다는 원칙을 설정했다. 따라서 승낙자의 승낙장이 발신되기 전에 철회의 통지가 도착되지 않는 경우, 그 철회는 무효가 될 것이다. 반면, 통신이, 가령 전화나 텔렉스를 사용함에 의해 즉각적이라고 할 수 있는 경우, 계약은 승낙이 청약자에게 최초로 현실적으로 통지되었을 때 완성된다. 1955년의 어떤 사건에서, 결정되어야 할 문제는 계약 완성의 장소였다. 청약은 런던에서 텔렉스에 의해 행해지고, 암스테르담에서 마찬가지로 텔렉스에 의해 승낙되었다. 그 계약은 런던에서 체결되었다고 판시되었다.

6. 서면계약

기록이나 날인증서에 의하지 않는 계약을 단순계약(simple contract) 또는 구두계약(parol contract)이라고 한다. 구두란 '구술'(oral)을 뜻하고 날인의 계약이 아니라는 의미로 사용된다. 그것은 영국의 고대법이 서면상의 날인이 의해 인증되지 않으면 중시하지 않았기 때문이다. 그러나 서면은 제정법에 의해 어떤 종류의 계약이 유효하게 성립하기 위해, 그리고 그것과 다른 종류의 계약을 강행할 수 있도록 하기 위해 필요하게 되었다. 그러한 경우는 다음 두 가지 범주로 나누어진다. ① 어떤 종류의 계약, 가령 해상보험계약이나 금전대부업자(money-lender)와 체결한 대부금 반제의 계약은 반드시 **서면으로** 해야 하고, 그렇지 않으면 무효가 된다. 이 범주에 더해진 가장 중요한 집단은 1989년 〈재산법(잡규정)〉에 의해 만들어졌다. 그 법에 의해 매매나 다른 토지 처분의 계약은 반드시 서면으로 해야 하고 계약의 모든 당사자에 의해 서명되어야 한다. 따라서 이제 더 이상 토지매매를 위한 구두계약을 할 수 없다. ② 다른 약간의 계약은 그 자체 서면으로 되어 있거나, **아니면** '책임을 물어야 할 당사자'(party ti be charged)나 그 대리인에 의해 서명된, 그 계약에 대한 서면으로 되어 있는 노트(note)나 각서(memorandum)가 있어야 한다. 이러한 요건을 정한 제정법 규정은 1677년의 〈사기방지법〉(tatute of Frauds) 4조이다. ①의 범주에 속하는 계약에 대해 규정하는 의회제정법과 달리, 그러한 법률은 그 적용을 받는 계약의 효력에 영향을 미치지 않고, 단지 서면으로 되어 있는 노트나 각서—그 작성 시기는 그 계약에 근거하여 소송이 제기되기 전이라면 언제나 무방하다—가 없으면 입증할 수 없다는 취지를 정한 것에 불과하다. 나아가 만일 '책임을 물어야 할 당사자'(피고)도 서명하면 상대방이 서명하지 않았다는 것은 중요하지 않다. 사기방지법 4조 중에서 1954년 〈법개혁(계약의 강행)법〉에 의해 폐지되지 않은 유일한 부분은 서면에 의한 각서라는 요건을, 보증계약, 가령 친구의 거래은행에서 그 친구의 당좌이월을 보증하는 계약에 해당되는 부분이다.

다른 두 가지 계약의 유형에 대해서도 여기서 편의상 설명할 수 있다. ① 1975년 〈고용보호법〉에 의해 재시행된 1972년 〈고용계약법〉(contract of Employment Act)하에서 고용인은 피고용인의 통상 근무시간이 최소한 1주 21시간을 넘는 경우에 대해, 그 고용조건에 관한 명세서(written particulars)를 교부해야 한다. 그러한 규정에 따르지 않은 경우에는 형사상의 범죄를 구성한다. 그래서 그러한 계약의 대부분은 그 법이 사용자에게 대하여 직접 의무로 부과하지 않는 경우에도, 지금은 서면에 의하는 것이 관행화되어 있다. ② 20세기에 와서 동산을 '하이어 퍼치스 계약'(hire-purchase contract)으로 구입하는 것이 급격하게 일반화되어 왔다. 즉 판매자가 할부금(instalment)에 의해 물품을 지급하는 데에 합의한 고객에 대해 그 물품의 점유를 바로 이전할 것을 내용으로 하는 계약이 바로 그것이다. 그러나 그 물품의 소유권(property)은 마지막 할부금이 지급될 때까지 고객에게 이전되지 않는다. 코먼로에서는 판매자가 언뜻 소액으로 보이지만 실제로는 가격표에 기재된 현금 가격을 훨씬 넘는 총액이 되는 할부가격을 설정할 수 있었다. 또한 구입자가 1회의 할부금 지불을 나태한 경우, 판매자로서는 그 물건의 반환을 청구하고, 이미 지불한 금전 금액을 유보할 수 있다는 취지의 계약서를 작성할 수도 있었다. 그러나 지금은 초기의 1939년 및 1964년의 〈하이어 퍼치스 계약법〉을 대체한 1973년 〈공정거래법〉(Fair Trading Act)과 1974년 〈소비자 신용법〉(Consumer Credit Act)하에서 구입 가격의 총액이 5,000파운드를 넘지 않는 '하이어 퍼치스 계약'의 경우, 구매자에 대한 실질적인 법적 보호가 부여되었다.

'공정거래 총감독'(Director General of Fair Trading)은 소비자 신용의 모든 영역에 대한 전반적 감시를 하고, 제정된 특별한 규칙에 위배될 수 있는 공급자에게 대항하는 법적 절차를 주도하는 권능을 갖는다. 1974년의 소비자 신용법은 신용 합의의 모든 형태에 적용되는 통일된 시스템을 부여했다. 그 시스템의 수많은 세부 사항 중에서 '하이어 퍼치스 계약'은 반드시 서면으로 해야 하고 양 당사자에 의해 서명되어야 한다는 것이 주목될 수 있다. 대부분의 경우에 임차인(hirer)은 서명 후에 바로 자신이 서명한 서면의 사본을 받고, 그 뒤 7일 이내에 사본 한 부를 인도받거나 송부받는다. 그 서면이 '특정한 영업소'(appropriate trade premises) 외의 장소에서 서명된 경우에는, 제정법에서 요구되는 제2의 사본을 받은 뒤 4일 이내에 그 계약을 해약하는 권리를 갖는다. (이 규정은 무절제한 방문판매자로부터 주부를 보호하는 것을 주목적으로 하고 있다.) 임차인은 또한 '하이어 퍼치스' 가격 총액의 반액 이상을 총지불액으로 하는 액과 함께, 지불 기일이 이미 도래하고 있는 할부액을 지불하고, 그 계약을 경우와 시기에 관계없이 종료할 수 있다. 그러나 그보다 적은 액이 계약자에게 특약되어 있으면 예외이다. 임차인이 지불의 불이행에 빠진 경우, 판매자는 당해 채무불이행의 통지를 임차인에게 한 뒤가 아니면 계약을 종료하거나, 당해 물품의 반환을 청구하는 권리를 강행할 수 없으며, 대부분의 경우, 법원을 통해서만 이 권리를 강제할 수 있게 되는 것에 불과하다.

7. 착오

단순한 착오가 계약의 효력에 영향을 미치는 경우는 비교적 드물다. 아마 다른 많은 법체계에서보다 더욱 드물 것이다. 가령 매매의 경우, 우리는 목적물의 품질에 관한 착오(mistake as to quality)와 본질에 관한 착오(mistake as to substance)를 구별하고자 하지 않는다. 특정한 식기를 산 자가 그것을 오래전의 것이라고 생각했지만 사실은 최근의 것이기 때문에, 또는 금이라고 생각했지만 사실은 은이라는 이유로 자신의 거래를 취소할 수 없다. 이는 설령 판매자가 구입자의 착오를 알았던 경우라고 해도 착오를 야기하거나 확인하는 행위를 하지 않은 이상 그것은 아무런 영향을 주지 못한다. 그러나 만일 구입자가 그 매수품이 실물과 다를 뿐 아니라, 그 물건이 사실상 보유하지 않은 품질을 보유하는 것으로 판매자가 보장하고, 또 그가 착오가 있는 것을 알고 있었다고 생각되는 경우에 판매자는 구입자에게 그 매수를 강요할 수 없다. 물론 판매자가 일정한 종류의 물품을 약속하면서 다른 종류의 물품을 공급한 경우에 구입자는 그것을 수령할 필요가 없다. 그러나 이 경우는 착오가 있었던 것이 아니라 이행을 게을리한 경우이다. 계약은 여전히 유효하고 구입자는 게을리한 자에 대해 손해배상을 청구할 수 있다. 이와 반대되는 경우에도 거의 유사하다. 즉 어떤 사람이 자기가 요구하는 것 이상으로 청약을 하고(가령 숫자의 기재를 틀리게 하는 경우) 상대방이 그 청약에 착오가 있음을 인식하고 승낙한 경우이다. 법원은 1992년과 1993년의 일련의 판결에서 하나의 계약에 따른 총액의 과다 지불이 착오로 행해진 경우, 그리고 수령자가 그때 이 사실을 몰랐더라면, 거래와 관련된 어떤 것이, 과다지불을 유지해야 할 권리가 없는 그에게 과다지불이 가능함을 경고하는 구두나 서류 형태로 존재하지 않는 한, 수령자는 그 초과분을 반납할 의무는 없다고 판시했다. 반면에 국세청과 같은 공공기관은 합법적인 권위 없이 과다지불된 것에 대해 반제할 코먼로상의 의무를 진다.

어느 당사자의 착오가 계약을 무효로 하는 중요한 경우는 다음과 같다. 첫째, 법률행위의 모든 성질(종류)에 관하여 착오가 있는 경우(가령 어떤 사람이 자신은 보증서에 서명하는 것으로 알고, 또는 단순한 증인으로 서명하는 것일 줄 알고 환어음에 서명한 경우), 둘째, 상대방의 동일성에 관하여 착오가 있는 경우(가령 화물주문장은 발송하였지만 그 발송인이 타인의 성명을 위조한 경우)이다. 이러한 경우는 사기에 의하지 않고서는 거의 발생하지 않는다. 그러나 사기는 본래 사기를 당한 자에게 계약의 취소권—그 계약하에서 유상으로 소유권을 취득한 선의의 제3자에게 대항할 수 없는 권리—을 부여할 뿐인 반면, 위에서 말한 종류의 착오는 어떤 계약의 성립도 완전히 무효로 만든다. 따라서 선의의 제3자라고 하여도 어떤 권리도 취득할 수 없다. 가령 위조에 의한 주문의 경우에도 판매자는 위조자에게 매수한 선의의 제3자에게 그 물품의 반환을 청구할 수 있다. 만일 그 물품을 허위표시(false representative) — 가령 그 구입자의 신용이나 자력에 관하여 한 경우 — 에 의해 취득한 경우, 그 판매자로부터 선의로 매입한 사람은 소유권을 취득하게 된다.

계약 목적물의 존재에 관한 당사자 쌍방의 공통된 착오 — 가령 생명보험 증권, 또는 연금의 매매로 문제의 생명이 이미 정지된 경우 — 는 계약을 무효로 하고, 계약에 근거하여 지불된 것은 상환을 받을 수 있다. 계약 목적물의 증명서에 다 같이 적용되는 두 개의 물건 — 가령 동일한 이름의 선박 두 척 — 이 있고, 각 당사자가 각각 다른 물건을 생각하는 경우에는 계약이 존재하지 않는다고 판시되었다. 물건이 일방 당사자에 의해 충분히 설명되었지만, 상대방이 그 목적물에 대해 착오한 경우 — 가령 경매에서 어떤 사람이 귀를 먹었기 때문에 A무더기인 줄 알고 입찰을 했으나, 사실은 B무더기인 경우 — 위와 같은 판정을 받을 수 있지만 이는 아직 분명하지 않다.

8. 부실표시와 사기

A가 B에 대해 B를 유인하여 자신과 계약을 체결하게 할 목적으로 어떤 부실표시(misrepresentation)를 하고 그 목적을 달성한 경우, 만일 그 표시가 매매 목적물인 상품의 성질, 또는 거래 상대방의 성격이나 신용과 같은 어떤 중요 사항에 관한 부실표시라면 B는 그것을 이유로 하여 계약을 취소할 권리를 취득한다. 의견(opinion)이나 의사(intention)의 진술은 부실표시가 아니고, 의견이 잘못된 것으로 판명되거나 의사가 실행되지 않기 때문에 부실표시가 되는 것도 아니다. 그러나 의견이나 의사의 존재는 사실문제(matter of fact)이고, 그것이 존재한다는 허위의 표시는 충분히 중요한 부실표시가 된다. 표시가 단순히 허위일 뿐 아니라 표시자가 허위임을 아는 경우, 또는 진실인지 허위인지를 알지 못하고 주의도 없이 표시자에 의해 표시된 경우에 그 표시는 사기(fraud)나 기만(deceit)이라고 할 것이다. 계약 취소권의 발생 원인이라는 점에서는, 부실표시가 선의적인 것인지 사기적인

것인지가 문제되지 않는다. 그러나 사기적 표시가 계약을 유인하려는 목적으로 행해진 것이라는 추정에 대항하는 것은 상당히 어려울 것이다.

일반적으로 모든 의도된 계약의 당사자는 상대방에게 상대방의 판단에 영향을 줄 수 있는 중요 사실을 개시(disclosure)해야 한다는 의무는 존재하지 않는다. 그러나 특수한 계약(최고 신의(ubrrimae fidei)의 계약) — 그중에서도 보험계약 — 에 존재하는 사실은 일반적으로 보통의 경우보다 더욱더 일방 당사자의 지식 내에 있기 때문에 법률은 개시의무를 부여하며, 만일 그 의무를 이행하지 않으면 상대방에게 취소권을 부여한다. 토지나 물품의 매매계약에서 판매자는 매매조건(condition of sale)에 의해 설정될 수 있는 유보조항(exception)을 제외하고 완전한 권원(good title)을 줄 의무를 진다. 그리고 권원상의 하자의 비개시에 대해 판매자는 구입자가 계약 전의 의무불이행으로서가 아니라 도리어 계약상의 의무 위반으로 이행을 거부할 수 있는 권리(right to repudiate)를 부여한다. 이는 상품성에 대한 품질(merchantable quality) 및 특정 목적에의 적성(fitness)에 관한 조건에서도 마찬가지로, 이 조건은 일정한 사정하에서 동산 매매가 행해지는 경우에 법률상 당연히 존재하는 것으로 묵시된다(implied). 현대 복지국가에서 지불되는 사회보장 급부(social security benefit)는 법률에 의해 국가보험기금에 대한 보험료(contributions)의 지불을 의무화하는 경우처럼 사람들이 체결 의무를 지는 계약에 근거하고 있다.

강박(duress) 및 부당위압(undue influence)도 사기와 같은 효과를 낳는다. 강박은 일방 당사자가 상대방이나 그 가족에게 현실적으로 폭행하거나 폭행하고자 할 때, 또는 그를 감금함에 의해 성립하고, 부당위압은 신뢰라는 요소를 포함하는 여러 관계(confidential relations)(가령 부모와 자녀, 또는 사무변호사와 의뢰인의 관계)로부터, 또는 일방 당사자를 타방 당사자에 대하여 매우 불리한 입장에 두고, 특별한 사정에서 생기는 힘을 비양심적으로 행사함에 의해 성립한다.

위에서 설명한 원인의 하나를 이유로 하여 계약을 취소하고 양도행위에 의해 완료된 거래행위까지 취소하는 권리는, 제3자가 유상으로 그리고 선의로 취소한 권리에는 대항할 수 없고, 나아가 취소권이 거래행위의 적극적인 추인에 의해, 또는 거래행위를 유인한 원인이 작용하지 않게 된 뒤에 거래행위의 암묵적 허락(acquiscence)에 의해 소멸될지 모른다고 하는 가능성을 남긴다.

9. 위법성

법에 위반되는 행위, 가령 범죄는 물론 민사상 불법행위처럼, 법에 반하는 행위를 한다는 약속을 강행할 수 없음은 명백하다. 이는 성적 부도덕처럼, 법이 처벌하지는 않아도 저지하고자 노력하는 행위를 하는 계약에 대해서도 마찬가지이다. 이러한 종류의 계약은 위법성(illegality)을 이유로 무효라고 하며, 무효의 범위는 위법 또는 부도덕한 행위이거나 그러한 행위의 약속이 대가가 되어 있는 금전지불의 약속과 같이 그 자체로서는 무해한 행위의 반대 약속도 포함하는 모든 계약에 미친다. 그러나 계약에 적용된 위법성이라고 하는 개념의 범위는 더욱 넓다. 이는 약속된 것이 위법 또는 부도덕하다는 이유에서가 아니라, 어떤 경우에는 사람에게 그 약속을 지킬 의무를 부담시키는 것이 법의 정책에 반한다고 하는 이유에서 법이 무효로 하는 계약에도 적용되는 것이다. 어떤 사람에게 영국 내라면 어디에서도 영업을 하지 않거나 상거래 자체를 중지시킨다는 것은 위법한 것도 부도덕한 것도 아니다. 그러나 어떤 사람이 일반적으로 널리, 또는 당해 사정하에서 합리적이라고 생각되는 것보다도 넓은 범위 내에서 상거래를 하지 않는다는 의무를 자신에게 부담시키는 것은 공익에 반한다. 그리고 계약 당사자의 이익과 공공 이익이라고 하는 두 가지 방향에서 보아, 합리적이라고 입증할 수 없는 영업제한계약(contract in restraint of trade)은 무효로 판시된다. 옥스퍼드의 어느 식료잡화상이 자신의 영업을 매각하면서 같은 종류의 영업을 150마일 반경 이내에서 유사한 영업을 하지 않겠다고 보장했다면 그것은 불합리한 제한일 것이다. 마찬가지로 피고용인이 만일 그 고용인의 직장을 떠나게 되었다면 같은 영업을 하거나 영업에 종사하지 않는다는 계약을 한 경우도 불합리한 제한일 것이다. 그러나 군수품제조업자가 자신의 기업을 매도하면서 일정한 종류의 영업을, 세계의 어디에서도 하지 않는다고 합의하는 것은 불합리하지 않다고 판시되었다. 도박에서 져서 돈을 지불하는 것은 위법도 부도덕도 아니지만, 도박의 관행은 제정법에 의해 저지되고 있고, 제정법은 도박계약에 대해 소송을 대폭 제한하고 있다. 재혼은 위법한 것도, 부도덕한 것도 아니지만, 이미 결혼한 남자가, — 실제로 이혼의 가판결(decree *nisi*)을 받거나 그런 판결을 받은 자는 제외 — 현재의 결혼이 종료하면 다른 사람과 결혼한다는 약속을 한 경우, 그 약속은 무효이다. 이와 마찬가지로 자기 자녀의 감호를 타인에게 합법적으로 위탁할 수 있지만, 타인에게 정식으로 양자로 주지 않는 한 감호권의 회복에 대한 거절이나 그들의 종교교육에 대해 결정하는 자신의 자유권을 속박하지 않겠다고 하는 약속은 할 수 없다.

불법 계약에 의한 재산 이전이나 금전 지불이 있었다면 법은 그 반환 청구자에게 일반적으로 아무런 구제를 부여하지 않는다. 그러나 결혼 중개계약(marriage broken contract, A가 B에게, B가 결혼을 성립시킨 것에 대해 제공한 노무에 관해 일정 금액을 지불한다고 합의한 경우)은 예외이다. 일단 돈이 지불되면 그것을 다시 찾을 수 없다. 그러나 도박의 결과를 준수하기 위하여 금전을 도박금 보관자(shake-holder)에게 기탁한 경우에는 그러한 규칙이 적용되지 않는다. 즉 기탁자는 도박에서 졌다고 해도 자기의 기탁금을 도박금 보관자가 승리자에게 지불하기 전에는 언제나 그 금전을 도로 찾을 수 있다. 이러한 규칙은 다음의 경우에도 적용되지 않는다. 즉 일정한 불법 목적이 아직 전혀 실행되지 않은 경우(가령 채권자를 기망할 목적으로 재산 이전을 하는 경우), 또는 상환 청구를 하는 당사자가 양 당사자 중 죄가 덜한 경우(가령 아파트를 빌리기 위하여 〈지대법〉(Rent Acts)하에서 이를 강요하는 것이 위법으로 되어 있는 '권리금'(key-money)을 지불한 경우)이다. 1978년의 어느 사건에서, 영국에 사는 한 여성이 스페인에서 주택을 매매하기 위해 9,400파운드를 지불해야 했으나, 외국인에게 송금하는 것에 대한 교환 통제 입법하에서 당시 재무부의 허가를 받아야 하는 것을 알지 못해 결국 지불하지 못했다. 매각인은 관련된 집의 유효한 권원(good tiltle)을 갖지 못해 사기의 책임을 물었다. 따라서 법원은 원고가 고의로 법을 어긴 것이 아니라는 사실은 그녀가 지불한 돈의 반납을 허용하기에 충분하다고 판시했다.

10. 계약상 권리 의무의 한계와 확대

계약에 의한 권리 의무는 먼저 계약 당사자에 한정된다. 만일 A가 B에 대해 어떤 금액을 지불하겠다고 약속하였다면, A 외의 다른 사람은 책임을 지지 않으며, B 외의 누구도 청구할 권리가 없다. A가 B에 대해 C에게 지불하겠다고 약속한 경우에도 C는 어떤 권리도 갖지 못한다. 만약 그 계약이 이행되면 C가 이익을 받는다는 사실도 그것을 변경하지 못한다. 그러나 계약의 이러한 한정된 작용은 여러 가지 방법으로 확대될 수 있다. 대리인이 체결한 계약에 의해 본인은 자신이 계약을 체결한 것과 같은 지위에 놓인다는 것은 이미 설명했다. 마찬가지로 또한 계약에 근거한 권리는, 그것이 너무나 개인적인 성질의 것이 아닌 한 양도나 신탁의 목적이 되고, 그 경우에 양수인이나 수익자는 그 권리를 강화할 수 있다. 그러한 권리와 그것에 대응하는 의무는 또 계약 당사자의 사망 시에 그 대리인로 옮겨진다. 최근 입법위원회는 만일 계약 당사자가 의도한다면 '계약 관계'(privity of contract)에 관한 규칙을 모두 삭제하여 제3자가 계약에 대해 제소할 수 있도록 제안했으나, 이행을 위한 입법은 여전히 대기 중이다.

하나의 명백한 변칙상태가 1957년에 시정되었다. 즉 상원은 만일 지주가 그의 차지인에게 그 집을 수리하겠다고 약속하고서 그 수리를 하지 않았기 때문에 그 집에 온 손님이 부상을 입었다고 해도 그 손님은 지주에게 어떤 청구권도 갖지 못한다고 한 1906년 판결에 의해 엄격한 '계약 관계'에 관한 규칙을 극단적으로 확장했다. 그러나 이 판결은 1957년 〈점유자 책임법〉(Occupiers' Liability Act) 4조 1항에 의해 뒤집혔고, 지금은 여전히 더욱 강력한 1972년 〈결함주택법〉(Defective Premises Act)에 의해 대체되고 있다. 현재의 입장은 지주가 차지인에 대해 당해 주택의 유지 관리나 수리 의무를 지고, 또는 그러한 의무를 지지 않지만 입회권이나 수리권을 갖는 경우에 지주는 그 가옥 내에 합법적으로 존재하는 사람이나 합법적으로 존재하는 동산의 소유자에 대하여, 자신의 약관을 이행하는 것을 게을리하여 생긴 위험에 관하여 자신이 점유자이고, 그 사람이나 동산이 자신의 초대나 허가에 의해 그 가옥 내에 있는 경우와 같은 의무를 진다고 규정하고 있다.

이러한 배려의 의무는 또한 통행자나 이웃과 같이 가옥의 결함에 의해 영향을 받는 것으로 합리적으로 기대되는 모든 사람들에 대해서도 발생한다.

토지와 '관계가 있는'(touch and concern) 약관(covenant)의 이익과 부담(benefit and burden)은 대부분의 경우, 토지에 대한 재산권에 부가된 것으로 취급되고, 그러한 재산권과 함께 물권적으로 이전하여 '이행'(run)된다. 이러한 원칙이 부동산 임대차 계약 중의 약관에 적용되는 것에 대해서는 이미 설명했다(124쪽). 토지를 매매하는 경우, 토지계약상의 판매자의 권리는 그 토지 매매와 함께 '이행'된다. 이와 마찬가지로 건물의 건축이나 토지의 사용에 관한 인접 소유자(adjacent owners) 사이의 증서 계약상 권리와, 또 준요식계약(less formal agreements)상의 권리까지도 그 계약 체결의 목적인 이익이 존재하는 토지와 함께 이전할 수 있다. 그러나 그러한 증서 계약이나 합의상의 부담은 그 채무관계가 소극적인 경우에 한하여 그 뒤에 오는 소유자를 구속한다. 가령 10만 파운드 이하 가격의 가옥을 **건축하지 않겠다**고 하는 증서 계약을 말하는 것이지 같은 가격의 가옥을 **건축하겠다**는 증서 계약을 말하는 것이 아니다. 그러나 그러한 경우에도 '금전이나 금전적 가격'으로 코먼로상의 부동산권을 매매한 사람은 구속할 수 없다. 단 그 계약이 정확하게 토지상의 부담으로 등기되는 경우는 그렇지 않다.

1964년 〈소매가격법〉(Resale Prices Act)은 실제로 동산에 관한 제한적 약관이 판매자의 판매 가격에 관하여 제3자를 구속할 수 없다고 하는 과거의 코먼로상의 규칙(이는 1956년에 변경되었으나)을 다시 확립하기에 이르렀다. 단 어떤 종류의 물품의 도매가격에 관해서는 일정한 경우에 법원에 의해 그 규칙의 적용을 면하는 규정이 있다. 지난 40년간, 정부는 잠정적인 입법하에서, **특히** 계약 당사자는 물품 가격 및 임금의 상승을 규정한 계약 조항을 무시할 수 있다는 취지를 규정하거나, 또는 일정한 상승을 금지하는 등의 여러 가지를 시도했다. 그러나 그 점을 영구적으로 입법화하는 방식은 아직도 확정적이지 않다.

11. 유통증권

유통증권(negotiable instrument)은 환어음(bill of exchange), 수표(cheques) 및 약속어음(premissory note)을 포함하고, 그것은 상관습에 의해 양도할 수 있으며(transferable) 그 양도가능성은 오래전부터 영국 법원에서 인정되어 왔다. 가장 친숙한 예를 든다면 수표는 은행 앞으로 지참인(bearer)이나 특정인 또는 그의 지정인에게 일정한 금액을 즉시 지불할 것을 명령하는 것이고, 또 발행인(drawer)과 수취인(payee) 사이에서는 전자가 후자에게 금전을 지불하겠다는 약속이다. 만일 그것이 지참인불(payable to bearer)인 경우에 소지인(holder)의 권리는 단순한 수표의 인도만으로 이전할 수 있다. 그러나 만약 그것이 지정인불(payable to order)인 경우에 수취인은 이서(endorsement), 즉 어음의 이면에 자신이 서명만을 함으로써 자기의 권리를 이전할 수 있다. 만약 그가 그 이상 아무 문구도 기재하지 않고 오로지 자기의 서명만을 하는 경우에, 그 이서는 백지식(in blank)이라고 하며, 그 수표는 지참인불이 된다. 그러나 수취인은 특별 이서, 즉 어떤 다른 지명인에게 지불하도록 명령할 수 있다. 1992년 〈수표법〉(Cheques Act)은 지금은 수표에 일반적으로 쓰이거나 인쇄되는 '계정 수취인'(account payee)이라는 말에 법적인 힘을 부여함에 의해 수표발행자를 더욱 안전하게 하도록 규정했다. 지불은 오로지 기명된 수취인에게만 합법적으로 행해지며, 수표는 다른 사람에게 이서될 수 없다.

수표가 이전될 때, 그것이 인도에 의하건 이서에 의하건 간에, 그것은 유통된다고 한다. 그리하여 이 유통(negotiation)은 이전의 일종으로서, 여러 가지의 중요한 점에서 일반 채권양도와 다르다. 첫째, 지참인불의 수표를 소지한다면 누구나 — 설령 그가 도둑이라고 해도 — 그러부터 선의 유상으로 취득한 사람에게 완전한 권리를 주게 되고, 그것은 금전과 같이 이전된다. 둘째, 이서에 의한 이전은 선의 유상으로 취득한 피이서인(endorsee)에게 완전한 권리를 부어하게 되고, 이서인에 대해서 원용할 수 있는 사기나 강박 또는 불법에 근거한 어떤 항변에 의해서도 구속되지 않는다. 그러나 그러한 사기나 강박 또는 불법의 당사자였다는 점이 입증된 소지인(피이서인)은 구상을 하지 못한다. 나아가 우리는 대가에 대한 규칙이 유통증권에 관하여 상당한 수정을 받게 되었음을 주의해야 한다. 무상으로(gratuitously) 받은 수표는 발행인과 수취인 사이에서 만약 전자가 대가의 결여를 증명할 수 있다면 아무 권리도 창설하지 못한다. 그러나 대가를 준 뒤의 소지인은 마치 대가를 원수취인에 의해 지불된 것처럼 완전한 지위에 서게 되며, 또한 유상의 소지인으로부터 무상으로 양수한 자도 역시 완전한 지위에 서게 된다. 그리하여 결과적으로 수표의 대가를 지불하지 않은 소지인은 아무런 대가도 받지 않은 발행인에 대해 승소할 수 있다고 할 수 있다. 즉 수표의 유토에서는 한 번만 대가가 지불되면 그것으로 충분하다. 법은 정당한 소지인(a holder in due course)에게 유리하도록 대가가 지불된 것으로 추정한다. 그러나 발행이나 유통은 사기나 강박 또는 불법에 의해 된 것이라고 증명되는 경우, 입증책임은 소지인에게 이전되고, 따라서 그는 그 뒤에 대가는 선의로 지불한 것임을 증명해야 한다.

그러나 20세기 후반기에는 회계와 유통에서 혁명적이었으나, 여전히 컴퓨터 없이 일하는 기업이 있는 반면, 더 많은 사람들이 거래의 지불 수단으로 플라스틱 신용카드를 사용하고 있다. 현금은 물론 많은 거래에서 사용되고 있고, 수표도 일반적이지만, 그 두 가지가 신용카드보다 더욱 희귀하게 사용될 날이 멀지 않았다. 따라서 의회가 컴퓨터 시스템에 대한 불법적인 접근을 범죄화하고자 의도한 1990년 〈컴퓨터 오용법〉(Computer Misuse Act)과 같이 새로운 기술에 의해 초래된 사기와 싸우기 위한 입법에 대해 관심을 두는 것이 전혀 놀랍지 않다.

12. 계약 위반

계약 사항을 이행하지 않으면 계약 위반이 되고, 그것은 피해자에게 손해배상청구권을 부여한다. 일반적으로 손해배상이라고 함은 금전을 가지고 배상을 할 수 있는 한, 마치 계약이 이행된 것과 같은 지위에 피해자를 놓을 수 있는 금액을 말한다. 그러나 계약 당사자는 계약 체결 당시에 계약 당사자들이 예상할 수 없었던 비정상적인 손실에 대해서는 배상을 주지 않는다는 규칙에 따라야 한다. 가령 물건의 구입자가 판매자의 인식 없이 그것을 막대한 이익으로 다시 매각할 것을 약정한 경우, 판매자가 그 물품을 인도하지 않았다고 해서 구매자는 그 이익 상실분의 책임을 판매자에게 부담시킬 수 없고, 다만 그들의 협정 가격과 계약 위반이 있었던 당시 시장에서 구입할 수 있었던 같은 종류의 다른 물품의 가격과의 차액에 대해서만 책임을 부담시킬 수 있을 뿐이다. 어떤 경우에는 법이 인정하는 손해배상이 단순히 명의상(nominal)의 손해배상일 수도 있다. 가령 약정 기한에 채무 지불이 없었다고 해도 대부분의 경우에 실제 채권액 이상을 청구할 수 없다. 반면 혼인 예약 위반의 경우에 손해배상은 금전적 손해를 훨씬 넘는 경우가 있는데 이는 감정의 피해에 대한 배상인 것이다. 그러나 성적 평등이 진전되는 시대에는 이러한 법은 현대의 필요와 일치하지 않는 것이 분명하기 때문에, 1970년에 혼인예약 위반은 소송 원인으로는 폐지되었다. 더욱 최근에는 어느 외과 의사가 빈곤한 환경에서 결혼한 부부와 계약하여, 남편에게 정관 수술을 실시하여 돌이킬 수 없는 불임을 하도록 했는데, 부부가 나중에 건강한 딸을 낳자 딸의 출생과 17세 생일까지의 비용을 포함하는 피해 보상을 해야 했다.

계약에는 종종 위반 시에 일정 금전을 지불해야 한다는 규정이 있다. 그리고 이러한 금액은 위약금(penalty), 즉 상대방이 입는 모든 손해에 관계없이 지는 금액으로 간주되어야 하거나 — 위약금이라면 그 회복 청구는 거부된다 — 아니면 확정손해배상금(liquidated damage), 즉 예상되는 손실의 예정평가액을 표명하는 것으로 청구가 가능하거나 하는 것 중 어느 것을 결정하기 위한 규칙이 설정되어야 한다. 그 결정이, 계약 중에 사용된 표현이 '위약금'인가, 또는 '확정 손해배상금'인가의 문제 여하에 관련된 정도는 가벼운 것에 불과하다. 1971년 〈산업관계법〉(Industrial Relations Act)에 의해(그 뒤 다시 제정되었다.) 피고용인이 고용인에게 부당하게 해고된 경우에 산업법원(industrial tribunal)의 심판절차에서 보상을 받을 수 있다.

계약에 근거한 소극적 의무(negative duty)는 또한 금지명령(injunction), 즉 어떤 행위를 하는 것을 금지하는 법원의 명령에 의해 이를 강행할 수 있다. 어떤 경우에는 적극적 의무(positive duty)를 특정이행(specific performance) 명령의 이행에 의해 강행할 수 있다. 이 명령은 거의 토지상의 권리의 매매계약이나 양도계약에, 그리고 토지 이외의 재산으로서 특이하고 희귀하기 때문에 손해배상금으로는 만족할 만한 구제방법이 되지 못할 물건의 이전계약에 한정되는 구제수단이다. 법원은 금지명령과 특정이행명령을 허가할 때 자유재량권(discretion)을 가지며, 그 자유재량권을 행사하는 경우에 그 사건의 모든 정황, 특히 구제명령을 청구하는 당사자의 행동을 참작한다. 이러한 명령에 복종하지 않는 경우에는 금고나 벌금형의 처벌을 받게 된다.

현대의 기업 실무에서는 상품을 판매하거나 고용을 하는 사람들은 계약상 조건으로 과실에 대한 코먼로상의 책임을 제한하거나 제외하려고 하는 것이 일반적이 되어 왔다. 이것은 필연적으로 구매자나 피고용자를 불리하게 만들며, 특히 그의 미래의 책임을 줄이려고 하는 당사자가 자동차 제조자나 서비스 산업과 같이 구매 상품의 제공에서 실질적으로 독점을 행사하는 경우에 그러하다. 20세기의 많은 판결에서, 법원은 일부 행위나 유예가 해당 조항에서 다루지 않는 계약의 근본적인 위반이라고 주장함으로써 계약에서 '제척 조항' 뒤에 숨은 많은 의도를 무효화시켰다. 그리고 지금은 1977년의 불공정계약기간법에 의해 사망이나 상해에 대한 과실책임은 계약에 의해 전혀 배제할 수 없으며, 기타 손실이나 손해에 관한 책임은 계약상 조건의 타당성 검사를 만족하는 경우에만 제외하거나 제한할 수 있다고 규정하고 있다. 후자의 시험을 만족시키기 위해, 계약 체결 당시 당사자들에게 알려진 상황을 고려하여 조건은 공정하고 합리적이어야 한다.

최근의 사건에서 원고는 건축 협회 저당권을 신청했고, 협회는 조사관들로부터 평가를 받았다. 가치평가보고서는 그 부동산이 필수적인 수리를 필요로 하지 않고 쉽게 팔릴 수 있다고 명시했지만, 그 정확성에 대한 책임의 면책도 포함하고 있었다. 실제로 조사관은 1층 객실에 있는 두 개의 굴뚝 허리 부분이 잘려나간 점, 그리고 원고의 매입 후 18개월여 만에 굴뚝이 붕괴되어 큰 피해를 입었다는 심각한 결함을 간과했다. 상원은 1977년 법률에 따르면, 보고서를 전문적 의견으로 취급할 권리가 있는 저당권자에 대한 자신의 책임을 배제하기 위해, 조사관이 그것에 회신하는 것을 허용하는 것은 공정하고 합리적이지 못하기 때문에, 면책 조항이 효력을 상실했다고 주장하고 있다.

13. 계약상 권리 의무의 종료

계약에 의해 발생하는 권리 의무는 이행에 의해 충족될 때 소멸되는 것은 물론이지만, 계약의 효력은 특정 사건의 발생에 의해 소멸된다는 것을 계약으로 명시적으로 규정할 때가 종종 있다.

그 밖에 당사자는 계약의 근거로써 어떤 사태의 계속을 기대했다는 것이 계약의 내용으로부터 나타나는 수가 있다. 그러한 경우에 그 계약의 채무는 그 사태가 정지될 때부터 소멸된다. 또 인적 노무계약(contract for personal service)은 노무의 공급을 약속한 자의 지속된 생명과 건강, 그리고 원칙적으로 고용인의 생명에 의존한다. 이 법리는 에드워드 7세 대관식의 관람석 임차계약(contract for seats to view)에서 극도로 확장되었다. (그 식은 국왕의 병으로 인해 연기되었다.) 그리고 그 적용은 1914년부터 1918년까지, 또 1939년부터 1945년까지의 양차 세계대전 중에 여러 가지 문제를 낳았다.

당사자 일방이 계약상의 자기 채무를 이행하지 않는다고 해서 반드시 상대방을 면책(release)해 주는 것은 아니다. 그러나 다음과 같은 경우에는 면책된다. 즉 이러한 취지의 조건이 계약에 명시되거나 묵시되어 있는 경우, 일방 당사자의 불이행이 완전한 거절(repudiation)에 해당되거나 상대방으로 하여금 이행할 수 없도록 한 경우, 일방 당사자의 불이행이 절대적이기 때문에 상대방은 계약의 실질적 이익(substantial benefit)의 전부를 상실하게 되는 경우이다. 법의 변경에 의해 생기는 이행불능은 계약상의 채무를 소멸시킨다. 그 밖에 계약 성립 후에 생긴 불능이 계약상 채무를 소멸시킬 수 있는 경우는 위에서 말한 법칙, 즉 당사자가 계약의 근거로 어떤 사태의 계속을 기대한 경우에 적용되는 법칙에 해당하는 것으로 생각된다.

당사자는 계약 체결 후, 또는 그 위반 후라고 해도 자기의 채권 채무를 소멸시키는 합의를 할 수 있다. 그러한 합의는 계약 성립에 관한 일반

원칙의 지배를 받는다. 따라서 쌍방에 미이행 채무(outstanding liabilities)가 있는 경우에 상호 면책(mutual discharge)은 어떤 형식에 의해서도 유효하다. 왜냐하면 쌍방의 면책은 상대방에 의해 부여되는 면책의 대가가 되기 때문이다. 일방 당사자에게만 채무가 있는 경우에 상대방은 오로지 날인증서에 의해서나, 어떤 새로운 대가를 받고서 자기의 채권을 포기할 수 있다. 만약에 면책될 권리가 계약 위반에 대한 소권(right of action)인 경우에는 그 대가는 단순히 약속에 그칠 것이 아니라 이행되어야 한다. 그리하여 그 권리는 대물변제(accord and satisfaction)에 의해 면책되어야 한다. 이 법칙의 한계는 분명하지 않지만 그 목적을 위한 유통증권의 작성 교부(execution)는 충분한 이행이 된다는 것은 틀림없는 사실이다.

계약 위반에 대한 소권은 단순계약의 경우는 그 위반 후 6년, 그리고 날인계약의 경우는 금전채권으로서 토지에 관한 날인증서를 담보로 한 것은 그 제소기간(period of limitation)은 12년이 경과된 뒤에야 비로소 소멸된다. 금전채권에 대한 소권(right of action for the debt)은 이자의 일부 지불이나 전부 지불에 의하여, 또는 서면에 의한 지불 약속이나 채무자의 서명이 있는 채무 승인서(acknowledgement)에 의해 존속 또는 갱신(revived)할 수 있다. 이 경우에 기간은 그 지불이나 서면 작성일로부터 새로 진행한다.

07

CHAPTER

불법행위

7
불법행위

1. 불법행위에 대한 책임

앞 장의 계약법에 대해 설명하면서 말했듯이 영국법은 (로마법과 달리) 계약의 성립과 효력 및 효과에 대해 일련의 포괄적인 규칙을 발전시켰고, 여러 종류의 계약 사이에서 그 내용(subject-matter)의 성질에 의해 생긴 차이에 대해서는 비교적 중시하지 않았다.

그런데 계약과 신탁의 위반과는 별개 독립의 권리 침해(wrongs), 즉 불법행위(tort)의 책임에 대해서도 같은 말을 할 수 있을지에 대해서는 오랫동안 의문시되어 왔다. 19세기 말까지 일반적 의견에 의하면 법은 오로지 약간의 특수한 불법행위에 대해서만 책임을 인정하였고, 어떤 행위라도 이미 법에 의해 인정된 어떤 불법행위에 해당되지 않는 한 불법행위에 대한 어떤 책임도 발생하지 않았다. 그러나 지금의 일반적 견해에 의하면 법은 고의(intentionally)나 과실(negligently)에 의해 타인에게 가한 어떤 침해(harm)도 가해자가 그의 작위(act)나 부작위(ommission)에 대해 어떤 정당한 이유(just cause)나 면책사유(excuse)를 갖지 않는 한 불법행위에 대한 책임을 진다는 일반원칙을 인정하고 있다.

불법행위에 대한 상세한 규칙의 대부분이 특정한 불법행위가 범해지는 정황에 관하여 법원이 결정한 조건을 둘러싸고 성장했다는 것이 사실이다. 동시에 우리가 잊어서는 안 될 것은, 여러 세기 동안 법원은 기회가 있을 때마다 새로운 불법행위를 창조하는 데에 조금도 주저하지 않았다는 점이다.

그리하여 사기(deceit)와 같은 근대적 불법행위(modern tort of deceit)는 18세기 말에 나타났고, 과실, 즉 원고에게 손해가 되는 법적 의무의 불이행에 관한 근대적 불법행위(modern tort of negligence)는 19세기 초반에 나타났다.

상이한 다수의 불법행위에 관한 규칙은 낡은 것과 새것이 축적되었기 때문에 책임에 관하여 어떤 일반적 원칙이 출현되어야 한다는 것이 불가피했다. 따라서 지금은 도리에 맞지 않는 가해가 불법행위법상의 책임을 창조한다고 말할 수 있다. 그러므로 지금은 어떤 사람이 타인을 해한 경우, 그는 그의 행동에 어떤 정당한 이유나 면책사유를 가졌는지 아닌지는 어떤 일정한 행위가 어떤 특정한 불법행위에 포함되는지 안 되는지를 고려하는 것보다 많은 경우에 중요하다고 할 수 있다. 왜냐하면 어떤 정당한 이유나 면책사유를 갖느냐 갖지 못하느냐는 법이 불법행위에 대한 책임을 부과하는 일반 조건에 대체로 의존해야 할 문제이기 때문이다. 상원은 1994년에 계약과 불법행위 쌍방의 구제가 가능한 원고는, 계약이 그렇게 하는 것을 방해하지 않는 한 그에게 가장 유리한 것을 선택할 수 있다고 확인했다.

2. 책임의 일반 조건

(1) 고의

행위자가 그 행위로부터 필연적으로 또는 개연적으로 발생하리라고 예상했을(contemplate) 경우에 그 결과 자체가 희망한 것인지 아닌지를 불문하고 그 행위의 결과는 고의(intention)였다고 말할 수 있다. 사람은 그 행위의 개연적 결과(probable consequence)에 대해 고의가 있었다고 추정하지만, 개연적 결과를 예상하지 못했다면 실제로 그것은 고의가 아니라 과실(negligence)이라고 할 것이다. 만일 이러한 주장을 고의 판정을 위한 증거 법칙 이상의 것이라고 한다면, 그것은 어떤 목적을 위해서는 과실이 고의와 마찬가지로 책임을 낳는다고 말할 수 있다. 고의는 불법행위의 가장 일반적인 조건이다. 왜냐하면 어떤 종류의 불법행위는 고의가 아니고서는 이를 할 수 없고

(가령 사기와 같이) 또 불법행위라고 하는 어떤 행위라도 그것이 만약 고의로 실행되었다고 한다면 불법행위가 된다는 것이 분명하기 때문이다.

(2) 동기와 악의

행위를 하게 된 동기(motive)는 대부분의 경우 중요하지 않다. 합법적 행위는 나쁜 동기, 가령 나쁜 감정(ill-will)을 가지고 행한 것이라고 해서 위법한 것이 되지 않고, 또 위법한 행위는 최선의 동기를 가지고 행하였다고 해서 면책되는 것도 아니다. 그러나 악의가 중요한 요소(essential ingredient)를 구성하고 형성하는 것같이 보이는 어떤 종류의 불법행위가 있다.

모든 시민이 보유하는 고소권은 법과 정의의 보호(vindicating law and justice)를 위해 부여된 것으로 악의나 강요를 위해, 또는 정당한 목적 외의 어떤 목적을 위해 그 권리를 행사하는 고소인은 만약 어떤 다른 조건이 동시에 존재한다면 악의 소추(malicious prosecution)의 책임을 면할 수 없다.

명예훼손(defamation) 소송에서 원고는 그 언어나 문서를 '악의로'(maliciously) 발표한 것이라고 주장하지만, 그것이 동기와는 아무런 관계가 없고 오로지 항변사유의 존재를 미리 부인하는 것에 불과하다. 반면 특권의 방어(defence of privilege)가 제출되고 그것이 명시적(또는 실질적) 악의에 의해 답변되었다면 그 답변은 피고가 자신의 특권을 법이 인정한 것 외의 다른 목적을 위해 사용하였다고 주장하는 것과 동일하다.

(3) 과실

정당한 이유 없이 타인을 침해하는 과실(negligence)은 그 자체 불법행위가 될 뿐만 아니라 불법행위에 대한 책임의 조건이 된다. 이러한 견지에서 본다면 과실은 고의와 마찬가지로 하나의 정신 상태이다. 그것은 '합리적 인간(reasonable man)이라면 행하는 것을 하지 않는 것, 또는 합리적이라면 행하는 것을 하지 않는 것'이라고 정의할 수 있다. 더욱 간단하게 말하면 과실이란 자신의 행동에 대해 상당한 주의(proper care)를 기울이지 않는 것이라고 해도 좋다. 과실은 일반적으로 그것에 의해 발생한 손해의 책임을 수반한다. 그러나 법이 중시하는 과실이 있었다고 하기 전에 먼저 법적으로 인정된 주의 의무(duty of care)가 있음을 확실히 할 필요가 있다. 1963년 상원은, 어떤 사람이 계약과는 완전히 별도로 성실 의무만이 아니라 주의 의무를 부과하는 관계를 성립시키는 상황에서 정보나 충고를 주는 경우는 자기의 진술이 진실하도록 주의할 의무가 있다고 판시했다. 가령 회사의 안내서(prospectus)에 포함된 회사의 계산 서류(accounts)에 관한 낙관적인 허위사실을 과실에 의해 기재한 회계사는, 계산 서류의 기재를 신뢰하여 그 회사의 주식을 구입한 결과 금전적 손해를 입은 투자가에 대하여 책임을 져야 할 것이다. 그러나 그들은 인수 합병을 할 가능성이 있는 것으로 알려진 다른 회사에 대해서는 그다지 책임을 지지 않을 것이다. 그리고 보험계약자(policy-holder)가 투자하고 싶다고 생각한 관련 회사(associated company)의 재정적 안정성에 관하여, 그 보험계약자 중 한 사람에게 허위의 정보를 무보수로 과실에 의해 제공한 보험회사는 그러한 주의의무를 갖지 않는다고 판시되었다. 보험회사는 영업상 그러한 충고를 할 지위에 없었기 때문이다. 나아가 마찬가지로 토지소유자는 그 토지에서 자라고 있는 엉겅퀴가 자신의 이웃에 대하여 손해를 야기할 수 없도록 주의할 의무를 지지 않는다. 소위 '요크셔 리퍼'[1]의 마지막 희생자의 부동산을 위해 경찰청장에 대해 제기된 소송에서, 다른 사람에 의해 저지른 그녀에 대한 공격과 관련하여 대중의 일원에 대해 주의할 의무가 경찰에게는 없고, 따라서 피고는 살인범이 공격하기 전에 체포하지 못한 점에 대해 과실이 없다고 판시되었다.

1969년에 상원도 법정변호사나 사무변호사가 보통은 자신의 의뢰인에 대해 주의의무를 진다고 판시하면서, 국왕법률고문(advocate)으로서 행동하는 경우에는 예외이고, 그 경우 행위의 과실에 대해서는 책임을 지지 않는다고 했다. 그러한 예외를 인정한 이유는, 국왕법률고문이 법원에 대해 주

1 요크셔 리퍼는 1975년 7월부터 5년간에 걸쳐 피터 서트클리프가 13명을 살해한 영국의 연쇄 살인범을 부르는 말이다. 매춘부 연속 살해 사건의 범인으로 유명한 잭 더 리퍼와 흡사하여 그렇게 부르기도 한다.

된 의무를 지고, 따라서 심리에 관한 행위를 완전히 자유롭게 하는 것에 일반적인 공익(public interest)이 있다는 점이었다. 국왕법률고문이라는 전문가의 과실에 대한 책임으로부터의 면책은, 법정에서 사건의 행위와 밀접하게 관련되어 있는 사전 심리 작업으로 확대된다. 또한 의뢰인이 국왕법률고문에 대해 제기하는 과실 소송을 인정하는 것은, 최초 사건의 본안에 관한 바람직하지 않은 재심리에 불가피하게 이끌어진다는 점에도 주의해야 할 것이다. 그럼에도 불구하고 1980년대에 법률협회(Law Society)[2]는 '사무변호사 불만청'(Solicitor Complaints Bureau)을 설립하여 사무변호사가 고객에게 불충분한 서비스를 제공한 것에 대한 불만을 검토하고, 적절한 경우에 그들에게 보상을 하게 했다. 그리고 변호사협회(Bar Council)[3]가 설립한 평가부서(Review Body)는 1994년에 그것과 유사한 '법정변호사 불만청'(Barristers Complaints Bureau)을 만들어야 한다고 제안했다. 이는 1996년 1월까지 실현되도록 기대되고 있다. 사무변호사와 법정변호사에 대한 불만을 다루어 온 전문기관의 방안에 대한 불만에 대한 전반적 고찰은 1990년 〈법원 및 법서비스법〉(Courts and Legal Services Act)에 의해 설립된 법서비스 옴부즈만(Legal Services Ombudsman)에 의존한다. 법서비스 옴부즈만은 또한 보상의 지불을 추천한다. 그러한 추천은 엄격하게 이행되지는 않지만 실제로 편성되고 있다.

순수한 경제적 및 재정적 손실이 과실의 법적 책임을 야기하는 경우란 제한되어 있다. 상원은 1990년에 그러한 손실에 대한 책임은 원고에 대한 피해나 손해가 피고에 의해 합리적으로 예상되는 경우에만 존재하고, 양당사자 사이의 관계는 의무를 야기하기에 충분히 근접하고, 그러한 의무를 부과하기에 정당하고 합리적이어야 한다고 판시했다. 따라서 자신의 집에 대한 위험한 결점을 수리해야 했기 때문에 재정적 손실을 입은 주택 소유자는, 그 건물이 응용 건물 규칙에 합치되도록 설계되고 건립된 것을 보장하는 데 과실로 실패한 지역 관청을 제소할 수 있었다. 소유주는 오로지 계약

2 사무변호사협회를 말한다.

3 법정변호사 평의회를 말한다.

위반 제소나 보험 정책하의 청구로 건축주로부터 그의 손실을 보상받을 수 있다. 한편 1994년에는 고용인은 이전 피고용인을 위한 증명서 준비에 대한 합리적 배려의 의무를 지고, 이전 피고용인이 과실로 야기된 증명서의 부정확으로 인해 손실을 보았다면 그에 대해 책임이 있다고 판시했다.

주의의무가 발생하는 경우를 모두 열거한다는 것은 불가능하고, 법률이 그런 경우를 모두 정의한 적도 없다. 그러나 공공도로에서 차를 사용하는 사람의 의무, 주택의 소유자가 공공도로상의 사람이나 이웃 사람 또는 합법적인 방문자(lawful visitors)나 건물에 들어오는 사람들에게 위험의 원인이 되지 않도록 자기 저택을 잘 관리할 의무, 타인에게 동산을 인도할 사람이 그 동산에 위험이 없도록 할 주의의무, 또는 어떤 사정에서 기존의 흠에 관하여 경고할 의무, 물품을 사용하거나 처분하기 위하여 동산을 인도받은 사람이 그 동산의 손해를 예방할 주의 등을 들 수 있다. 필요한 주의의 범위와 정도는 상황에 따라 다르지만, 중대한(gross) 과실 또는 경미한(slight) 과실이라고 하는 것과 같은 용어를 사용함으로써 연상되는 것과 같은 엄격한 경계선이 있는 것은 아니다.

원고가 과실의 결과로 엄청난 충격을 받았다고 제소하는 경우에는 특별한 어려움이 발생한다. 법원은 오로지 원고와 피고 사이에 근접 관계가 있는 경우에만 그의 제소를 허용할 것이고, 정신병적 질병이 생길 수 있으리라고 합리적으로 예상할 수 있는 경우일 것이다. 사우스요크셔 경찰은 1989년 세필드의 힐스버러 경기장에서 과잉수용과 그로 인한 군중의 혼란으로 인해 95명이 죽고 400명 이상이 부상을 입은 경우의 군중 통제에 대한 책임이 있었다. 텔레비전 생중계로 서고를 지켜본 사람들이 야기한 정신적 충격을 이유로 하여 군중 속의 사람들 친척들이 경찰청장을 피고로 제소한 소송은 상원에 의해 거부되었다. 왜냐하면 원고가 그들이 사랑한 사람들에게 발생한 것의 관경이나 청취 범위에 있지 않았다고 보았기 때문이었다.

앞 장에서 이미 언급한 1977년 〈불공정 계약조건법〉(Unfair Contract Terms Act)은 사망이나 개인적 상해와 관련된 과실에 대한 책임은 계약이나 비계약적 경고에 의해 전적으로 배제될 수 없고, 여타의 손실이나 침해에 대한 그러한 책임은 오로지 기간이나 경고가 이미 앞에서(187쪽) 설명한 합리성 테스트를 만족하는 범위에서만 배제되거나 제한될 수 있다. 합법적 방문자에 대해 주택 점유자가 지는 주의 의무는 (다른 코먼로 규칙과 달리 이 문제에 대한 과거법을 개정한) 1957년 〈점유자 책임법〉(Occupiers' Liability Act)에 의해 도입되었다. 그리고 이러한 의무는 실제로 1984년 〈점유자 책임법〉(Occupiers' Liability Act)에 의해 많은 무단침입자들에게 확대되었다. 1984년 법은 점유자에게, 비인가 참가자가 존재한다고 믿을 만한 합리적인 근거가 있음을 알게 될 위험이 있으므로 부상을 입지 않았는지 확인하기 위해 사건의 모든 상황에서 합리적으로 주의를 기울여야할 의무를 부과하였다.

B가 과실로 A에게 손해를 끼쳤다고 하여도 그 손해의 근인(proximate)이 피해자 A의 기여과실(contributory negligence)로 된 경우도 있을 수 있다. 그러나 1945년 〈법개혁(기여과실)법〉(Law Reform (Contributory Negligence) Act)은 "모든 사람이 일부는 자신의 과실, 또는 일부는 타인의 과실의 결과로 손해를 입은 경우에 그 손해에 대한 청구권이, 피해자에게 과실이 있다고 하는 이유에서 조각되어야 하고, 그 청구에 대해 청구할 수 있는 손해배상금은 법원이 손해 책임의 청구권의 지분을 고려하여, 정당하고 공평하다고 생각될 정도로 감액되어야 한다"고 규정함에 의해 배상금을 적당하게 분배한다고 하는 길을 밟게 되었다(1911년 〈해사협약법〉하에서의 지위에 대해서는 63쪽 참조). 1994년, 입법위원회는 원고가 그의 손실에 기여한 계약 위반 시에 유사한 손해배상이 행해져야 한다고 권유했는데, 그것이 이행되고 있는지는 알 수 없다. 더욱 급격하게, 현대 생활에 만연된 부분인 자동차 사고의 결과를 취급하는 새로운 방법에 대해 심각한 숙고가 최근 행해지고 있다. 몇 년 내로 과실에 관련된 법은 보다 덜 심각한 도로 사고에 대해 사적 보험에 의해 재정이 부여되는 무과실 보상제도로 대체될 것이다. 이는 아마도 현재 뉴질랜드에서 행해지고 있는 것을 모델로 한 것이리라.

(4) 고의나 과실과 무관한 책임

어떤 예외적인 경우, 사람은 자신이 무의식적으로 야기한 손해나 자기의 과실에 의하지 않고 발생된 손해에 대해 책임을 부담하게 된다. 따라서 자신의 토지 위에 저수지를 축조하는 것과 같이 공작물의 위험 상태를 조성한 자는, 그 저수지가 무너지는 경우에, 설령 그가 사전에 모든 사전 경계를 하였다고 해도 그 사건이 제3자의 행위나 불가항력(act of God), 가령 예외적인 폭우로 인해 야기된 홍수처럼 어떤 자연적 사건에 기인한 것이 아닌 이상, 타인에게 입힌 손해에 대해 책임을 져야 한다. 위험한 종류의 사나운 야생동물이나, 맹수성이 있음이 알고서 가축을 소유하는 자는, —가령 사람을 물었음을 알고 있는 개의 경우— 그것을 안전하게 보유하기 위해 아무리 주의했다고 해도 그 동물에 의해 누군가가 피해를 입었다면 책임을 져야 한다. 위험한 야생동물의 소유자는, 지방관청의 허가를 받거나 또는 동물원 정원이나 서커스나 허가된 동물 숍에 있지 않는 한, 1976년 〈위험야생동물법〉(Dangerous Wild Animal Act)에 의해 범죄가 된다. 이는 1991년 〈위험한 개에 관한 법〉(Dangerous Dogs Act)에 의한 엄격한 조건하에 있는 경우를 제외하고, 결투를 위해 키워진 개를 소유하는 자의 경우와 같다. 나아가 제정법에 의해 개가 가축에게 가한 손해에 대해 그러한 손해를 가하는 개의 성벽을 자신은 전혀 몰랐다고 해도 엄격한 책임(strict liability)을 져야 한다. 또 가축의 소유자는 자신의 토지로부터 떠난 말과 소가 타인의 농작물에 대해 끼친 손해에 대해서도 책임을 져야 한다. 또한 만일 그의 행위가 토지나 가축 소유나 소유할 권리를 방해하는 경우— 가령 만약에 그가 원고의 토지에 침입하거나 그의 동산을 탈취하거나 그의 동산을 원고의 소유권과 모순되는 방식으로 사용하거나 하는 경우에도 책임을 져야 한다. 동산에 관하여 마지막에 논의한 형태의 행위는 동산횡령(conversion)의 불법행위를 구성한다. 이 동산횡령은 권원을 갖지 못한 자로부터 동산을 구입한 자에게 대해 특별하게 가혹하다고 할 수 있다.

엄격한 책임에 관한 하나의 중요한 새로운 영역이 1987년 〈소비자보호법〉에 의해 도입되었다. 그것은 광범한 소비자 제품의 제조자가 과실에 관계없이 그러한 제품의 결함에 의해 야기된 손해에 대해 책임을 부과한 것이다.

(5) 손해와 손해배상금

약간의 경우에 단순한 권리의 침해(infringement of right)는 토지나 동산에 대한 불법침해(trespass)의 경우와 같이, 금전적 손실도 없고 눈에 보일 정도의 손해조차 없어도 그 침해 자체가 소송의 사유(cause of action)가 된다. 이러한 경우에 만일 실제적 손해가 없었다는 것이 입증되고 모욕적인 행동과 같은 책임 가중(circumstances of aggravation)의 사정이 없다면 오로지 명의상의 배상(norminal damage)을 받을 수 있을 뿐이다. 대다수의 경우에 손해배상금은 현실에 이러한 손해를 기초로 하여 산정되고, 그 업무는 배심이 맡게 되지만 — 현재는 배심이 이용되는 경우란 사실상 명예훼손이나 사기(fraud)의 경우에 한정된다 — 더욱 일반적으로는 재판관이 취급하므로 법률문제와 함께 사실문제도 재판관이 결정한다. 피고의 행위가 매우 좋지 않다고 생각되는 약간의 경우에 전문적 용어로 징벌적(exemplary)이라고 불리는 다액의 배상금을 인정함에 의해 그 피고의 행위에 주목했음을 보여줄 수 있다. 어떤 불법행위가 계속되거나, 되풀이될 우려가 있는 경우에, 재판관은 중지명령을 내릴 수 있다. 그 중지명령은 적극적인, 즉 '명령적인'(mandatory) 형태일 수 있다. 그래서 만일 A가 B의 토지가옥으로부터 '일조권'(ancient light)을 박탈하는 벽을 실제로 세웠다고 한다면, A는 그 벽을 무너뜨리는 명령을 받을 수 있다. 최근에는 중지명령이 영국 정보청 보안부(MI5)의 전 멤버가 그들의 업무 과정에서 얻은 정보를 공개하는 것을 방지하기 위해 주어지고 있다. 중지명령은 불법방해라고 하는 불법행위에서 특히 일반적으로 나타난다. 그 경우에 손해배상금을 인정하는 것만으로는 충분한 구제라고 말할 수 없다. 그러나 문서비방(libel)이나 악의적 소추와 같은 침해행위 시에는 상당히 다르다. 즉 금전적 손실의 입증이 없어도 소송사유가 되고, 금전적 손실의 저만이 아니라 원고가 입은 감정적 피해나 피고의 부당한 행위에 대해서도 고려하기 때문에 이에 대해서는 다액의 배상이 허용된다. 나아가 구두비방(slander)의 대다수 경우에는, 어떤 금전적 소실이라고 하는 의미에서의 '특별손해'(special damage)가 입증되지 않는 한 소송은 성립하지 않는다. 그러나 청구할 수 있는 손해배상액은 그러한 '특별손해'액에 한정되지 않는다. 마지막으로 약간의 불법행위의 경우(가령 사기)에 현실의 손해 입증이 소송 성립의 조건이고, 청구할 수 있는 손해배상액의 척도이기도 하다. 1956년의 어느 사건에서 상원은 얻어야 할 이익(earning)의 손실에 대해 손해배상액을 평가하는 경우, 법원은 만일 원고가 그 손해를 입지 않았다면 지불해야 했을 세액을 고려하여 손해배상액을 산정하면서 그 액을 공제해야 한다고 결정했다.

3. 책임의 소멸

(1) 당사자 일방의 사망

이는 다음 두 가지 문제로 분해할 수 있다.

(a) 만일 A가 B의 행위로 인해 사망한 경우, A가 생존했다면 그가 B를 소송할 수 있겠지만 그 외의 어떤 다른 사람으로서 A의 사망에 관련하여 B로부터 배상을 받을 수 있을 것인가? 일반원칙에 의하면 당사자의 사망은 그 생존자에게 어떤 소권(cause of action)도 주지 않는다. 그러나 이는 그러나 이러한 원칙에는 1976년 〈치명적 사고법〉(Fatal Accidents Act)(1982년 〈사법 운영법〉(Administration of Justice Act)에 의해 수정됨)과 1961년 〈항공운송법〉(Carriage by Air Act)(1979년 〈항공 및 도로운송법〉(Carriage by Air and Road Act)에 의해 수정됨)에 의해 제정된 일련의 중요한 예외가 있다. 이러한 예외에 의해 사망자의 피부양자였던 일정한 근친은 그 사망으로 인해 자신들이 입은 침해에 대해 손해배상금을 받을 수 있다. 남편이나 아내로 사망자와 함께 최소한 2년간 살았던 사람은 설령 실제로 결혼하지 않았다고 해도 사망자의 사망 직전에 손해배상금을 받을 수 있다. 법원이 부여하는 금액은 순수한 산술의 문제이고, 피부양자는 자신의 소송을 제기하는 것으로 어떤 의미에서도 사망자의 소송을 승계하는 것이 아니다.

(b) 불법행위의 피해자가 사망한 경우에 그의 유언집행자는 당해 불법행위에 관하여 그 자의 소권을 승계하거나, 사망한 불법행위자의 유언집행자를 불법행위를 이유로 하여 제소할 수 있는가? 이에 관한 법은 1934년 〈법개혁(잡규정)법〉(Law Reform (Miscellaneous Provisions) Act) 개정법에 포함되어 있다. 어떤 사람에게 존속되고 있거나 귀속되는 모든 소권은 그 사람의 유산에 불리하게, 또는 유리하게 잔존하고, 그 예외는 명예훼손의 소송, 사별을 이유로 한 손해배상 요구 소송, 또는 사망 이후 수입 상실에 대한 소송이다. 그러나 이 법률에 의해 제기된 소송에서 징벌적 손해배상(exemplary damages)은 유언집행자로부터 받을 수는 있지만 유언집행자는 받을 수 없다. 즉 유언집행자의 청구권은 이러한 금전적 손실에 가능한 한 상당한 손해배상금만 받을 수 있다. 유언집행자가 소를 제기하거나 제기받는 경우는 사망자의 인격대리인로서이고, '피부양자'로서의 자신을 위해서가 아니다. 유언집행자가 피부양자이기도 한 경우에는 1934년 법에서 얻을 수 있는 금액은 (a)의 문제를 논의하면서 서술한 여러 규정을 갖는 다른 법률에 의해 받을 수 있는 금액만큼 삭감되어야 한다.

(2) 제소 기한

일반적으로 불법행위 소송은 불법행위가 행해지고부터 6년 이내에 개시되어야 하지만, 이에 대해서는 다음과 같은 예외가 있다.

1976년 〈치명적 사고법〉(Fatal Accidents Act)에 의한 소송은 고인의 사망시로부터, 또는 사망인지일로부터 3년 내에, 그 소송이 다른 법률에 의해 제한된 기간이 정해진 경우가 아니면, 그 소송을 할 이익이 있는 사람에 의해 그 소송을 시작한 날 중 늦은 날짜에 개시되어야 한다. 1911년 〈해사협정법〉(Maritime Convention Act)에 의해 선박이나 선박 하물의 손해에 관한, 또는 사람이 선박 위에서 입은 생명의 손실이나 신체의 상해에 관한 청구에 근거한 소송은 통상적으로 2년 이내에 개시되어야 한다. 1980년 〈기한법〉(Limitation Act)에 의해 과실이나 불법방해(nuisance) 또는 의무 위반에 의한 신체적 상해를 이유로 한 소송은 3년 이내에 개시되어야 하고, 이 기한은 종래 피고로서는 특권적 지위에 있었던 '행정 당국'(public authorities)을 포함한 모든 피고에게 적용된다. 그러나 원고가 3년이 경과하기까지 소송 원인을 알지 못한 경우(가령 탄광노동자가 사용자의 주의의무 불이행의 결과로 이산화규소 분진(silica dust)에 노출되어 수년이 경과된 뒤에 진폐증에 걸린 경우), 〈출소기한법〉(Limitation Act)은 법원의 허가를 얻어 원고가 당해 사실을 실제로 알았거나, 알 수 있었던 날로부터 기산하여 12개월 이내에 소를 제기하는 것을 인정하고 있다. 나아가 치명적 사고법하에서 또는 신체적 상해를 위해, 만일 소송 진행에 공정하다고 법원이 판단하는 경우 법원은 정상적 기한을 넘기는 권한을 갖는다. 또한 1982년 〈사법 운영법〉하에서, 상처를 입은 사람이 뒤에 심각한 질병으로 발전되거나 자신의 육체적 및 정신적 조건에 심각한 악화를 입게 된 경우 법원이 임시 손해배상을 하도록 하는 일반적 권한이 인정되었다. 토지의 점유에 대한 청구는 위법행위자(wrongdoer) 또는 위법행위자에 의해 청구된 소의 상대방이 최초의 점유를 개시한 뒤 12년 이내에 개시되어야 한다. 그러나 만약에 점유자가 기간이 경과하기 전에 서면에 의해 제소자의 권리를 승인한 경우에는 그때부터 제소기간이 새롭게 진행한다.

1986년 〈잠재적 피해법〉(Latent Damage Act)은 원고가 과실에 대한 손해, 개인 상해 이외를 이유로 한 소송의 원인을 알지 못한 경우에 대해 특별한 규정을 두었다. 그러한 소송은 소송의 원인이 발생한 6개월 이내에, 또는 원고가 소송의 제기에 필요한 지식과 그것을 제기할 권리가 있음을 안 가장 이른 시기부터 3년 이내에 개시되어야 한다. 그리고 1985년 〈사법 운영법〉에 의해 문서비방이나 구두비방을 이유로 한 소송의 제소 기한은 6년에서 3년으로 축소되었다.

4. 특수 불법행위

(1) 신체의 안전과 자유에 대한 위법행위

'화를 내어 신체에 손을 대면 그것이 아무리 경미하다고 해도 구타(battery)가 된다.' 타인의 신체에 직접 힘을 가하는 것은 고의에 의한 것이든, 과실에 의한 것이든 간에, 모두 소송의 목적이 되는 위법행위이다. 단순한 위협적 언사 이상의 무엇이 있고, 또 직접으로 폭력을 가하려고 시도하고, 또는 가하고자 하는 의사—가령 사람의 면전에서 총을 겨눈다든가 안면을 향하여 주먹을 흔든다든가 하는 경우—가 있으면 직접 폭행의 미수와 위협도 소송 사유가 되고, 그것을 보통 폭행의 착수(assault)라고 하며 엄격한 법적 의미에서 구타(battery)와는 구별된다.

나아가 고의나 과실에 의해 타인의 신체에 현실적으로 상해를 가하는 것은, 설령 그것이 간접적이고 구타가 되지 않는 것이라고 해도 소송의 목적이 되는 위법행위이다. 이는 가령 공공도로에 장애물을 방치함에 의해 상해가 가해진 경우, 또는 의사가 주의, 즉 자기의 직업에 필요한 고유의 숙련과 기술의 사용을 포함한 주의를 결여한 탓에 상해가 가해진 경우이다. 피해의 공포(apprehension of harm)에 의하여 병이 발생한 경우—가령 사람이 태만한 운전수로 인해 충돌은 하지 않았지만 충돌을 겨우 면한 경우—에는 단순한 정신적 고통만으로는 안 되지만 그로 인한 병에 대해 손해배상을 청구할 수 있다. 또 상해가 사람의 일반적인 평균수명을 단축시킨 경우에는 적당한 배상액을 청구할 수 있다. 1982년 〈사법 운영법〉은 이러한 소송의 직접 원인을 삭제했으나, 상처와 고통으로 인한 손해배상에 대해 법원은 기대 수명이 단축되어 온 것을 알아서 생긴 고통을 여전히 고려할 수 있다. 항소법원은 최근 피고가 부모의 집에 있는 어떤 여성을 전화로 불러내는 것을 포함한 방법으로 괴롭히거나 소통하는 것을 저지하기 위한 중지명령을 부여했다.

'자유인의 자유를 속박하는 것은 설령 그 사람이 어떤 교도소 벽 속에 있지 않다고 하여도 모두 감금이다.' 그리고 그러한 감금이 법적으로 정당화될 수 없는 경우에는 불법감금(false imprisonment)이라고 하는 불법행위가 된다. 그러나 그러한 속박은 전면적인 것이어야 한다. 가령 어떤 사람이 여러 방향으로 갈 수 있는 권리가 있는 경우에 그 사람이 그중 하나나 그 이상의 방향으로 가는 것을 방해했다고 하여도 그 밖의 방향으로 안전하게 통행할 수 있도록 하였다면 그것은 감금이 될 수 없다. 완력에 의한 억류나 제한이 감금이 된다는 것은 물론이지만, 권한을 사칭하고 체포하는 체 하는 것도 만약에 그것을 상대방이 받아들였다면 역시 감금에 해당한다.

사람의 신체나 자유에 대한 침해도 여러 가지 사유에 의해 정당화된다는 것은 물론이다. 징계(chastisement)와 강제(coercion)에 관한 친권(parental powers), 범죄인의 합법적 처벌, 정신장애자에 대한 제한 등은 일반적인 예이다. 우리는 중죄를 저지르고 있거나 실제로 저질렀다고 의심되는 누군가를 영장 없이 체포하는 것도 사인의 권리이기도 하다는 것에 주목해야 한다. 그러나 그 권리를 행사한다는 것은 상당히 위험한 일이다. 왜냐하면 용의자의 유죄가 입증되지 못하는 경우에 체포자는 용의에 관하여 상당한 근거가 있었음을 증명해야 할 뿐만 아니라 중죄는 어떤 사람에 의해 실질적으로 범해졌음을 입증해야만 면책될 수 있기 때문이다. 그러한 경우에 체포한 경관은 오로지 용의에 대한 적당한 사유를 입증함에 의해 면책되고, 그 밖의 여러 점에서는 상당히 광범위한 체포권을 갖는다.

어떤 행위에 대한 승낙(가령 외과 수술을 받을 때에 적당한 주의와 숙련에 의해 시행된다는 조건 밑에서 자발적인 승낙을 하는 것과 같은), 위험의 자발적인 인수(가령 합법적인 경기를 하는 사람들의 경우와 같은) 등은 불법행위에 근거한 손해배상청구권에 대해 항변이 된다. 이것은 이른바 '동의는 권리 침해의 성립을 조각한다'(volenti non fit injuria)고 하는 법리로 알려져 있다. 그러나 그 항변은 입증이 곤란한 경우가 적지 않다. 왜냐하면 피고는 원고가 위함에 관하여 충분한 지식을 가지고 있고, 그것을 받아들였음을 입증해야 하기 때문이다. 그럼에도 불구하고 이 법리를 적용한 결과, 노상에서 몰려가던 소들이 문이 열려 있는 점포에 들어가 헤맨 탓에 야기한 손해에 대해 그 문을 열어 놓은 점주가 청구한 배상권(구제)을 박탈하는 데에 영향을 주었다. 더욱 분명한 것은, 조종사가 만취되어 있음을 알고서도 그가 운전하는 경비행기에 자발적으로 승객이 된 원고가, 조종사의 비행기 추락으로 인해 야기된 상해의 보상이 마찬가지로 거부되었다는 것이다. 이러한 항변은 책임이 명백하다고(prima facie liability) 인정되는 기여과실(contributory negligencies)의 경우와는 구별해야 한다. 또 제정법상의 의무를 위반한 것에 근거한 소송에 대하여 전자는 유효한 항변이 되지 못하지만 후자는 유효한 항변이 될 수 있다.

(2) 명예훼손

이 불법행위는 문서비방과 구두비방으로 나누어진다. 구두비방은 구두의 언어로 성립하고, 문서비방은 서면과 같은 영구적 형식에 의한 재생이라는 것으로 성립한다. 그러나 영구적 형식에 의한 재생은 1952년 〈명예훼손법〉(Defamation Act)에 의해, 텔레비전을 포함한 무선전신의 방법에 의한 일반 청취자를 위한 방송을 포함하는 것으로 여겨지며, 1968년 극장법(Theatres Act) 이후 연극의 일반 흥행에서 말, 그림과 사진, 시각이미지(visual image), 제스처 등을 포함하는 것으로 여겨지고 있다. 표시(representation)는 그것이 어떤 사람의 인격에 관련되는 것이고, '올바른 생각을 하는 사람들을 나쁘게 평가함으로써 그를 손상하고자 한' 경우, 또는 그것이 그 사람이 갖는 관직이나 직업 또는 그가 하고 있는 상업이나 사업에 대해 그를 악평하기 위한 것인 경우에 명예훼손이 된다.

문서비방이나 구두비방의 발표(publication)는, 누군가가 그것을 제3자에게 통고함에 의해 성립한다. 이와 관련하여 어떤 목적을 위해서는 '부부는 일체이다'(husband and wife are one person)라는 법리의 적용에 의해, 명예를 손상당한 자의 아내에 대한 통지는 공표가 되지만, 자신의 아내에 대한 통지는 공표가 아니라고 하는 것이 된다. 공표는 공의에 의해서만이 아니라 과실에 의해서도 행해질 수 있다. 가령 어떤 책을, 그 속에 명예훼손적인 내용이 전혀 없음을 확인하는 주의를 하지 않고 유포한 것에 의해 공표한 경우이다.

문서비방과 구두비방의 구별 중에서 가장 중요한 점은, 문서비방은 '특별 손해'(special damages)의 입증을 전혀 요구하지 않고 소송의 목적이 되는 것임에 반해, 구두비방의 방법에 의한 비난의 경우는 그것이 한정된 종류에만 적용된다는 규칙이 있다는 것이다. 그 한정된 종류 중에는 형법상의 죄를 범했다고 하는 비난, 어떤 여성을 부정하다고 하는 비난, 어떤 사람의 관직이나 직업에 대해 손상시키려고 하는 비난이 가장 중요하다. 특별 손해란 어떤 금전적인 손실, 또는 가령 고객을 잃는다든가, 나아가 자신의 친구로부터 환대를 받지 못하는(교제를 거부당하는 정도가 아니라고 해도) 것과 같이 금전으로 환산할 수 있는 손실을 뜻한다.

명예훼손적 진술이 실질적으로 진실이라고 하는 입증(proof of substantial proof)은, 그 진술에 대해 제기된 어떤 민사소송에 대해서도 충분한 항변이 되는 것이므로(그러나 형사소추에 대해서는 그렇지 않다), '진실 항변'(justification)으로 알려져 있다. 그러나 이러한 항변은 위험하다. 왜냐하면 이는 결국 명예훼손의 반복이 되고, 따라서 그 항변에 실패한다면 배심은 더욱 많은 손해배상금을 인정하는 경향이 있기 때문이다. 그러나 1952년 〈명예훼손법〉에 의해, 만일 진술이 원고에 대한 두 개 이상의 각각 다른 비난을 포함하는 경우, 그 항변은 그 모든 비난의 진실성이 입증되지 않는다고 하는 이유만으로는 무효가 되지 않는다는 한도에서 피고는 구제를 받지만, 그 경우에 진실이라고 입증되지 못한 말이 나머지 비난의 진실성에서 보아 원고의 명예를 실질적으로 손상시키지 않는 것을 조건으로 한다.

특별한 사정하에서는 명예훼손적인 진술을 하여도 형사책임의 면제를 받게 되고, 설령 진술이 허위라고 해도 아무런 책임을 지지 않는 경우가 있다. 이러한 권리에 근거한 항변은 특권(privilege)의 항변이라고 한다. 그러한 특권은 많은 사정하에서 생긴다. 가령 의회에서의 의사 진행, 재판상 절차 진행 중의 재판관, 변호사, 당사자 및 증인 등의 진술, 어떤 시인된 의무나 이익을 위하여 사생활에서 행해지는 통신—가령 피고용인의 성격에 관하여 그전의 고용인이 지금부터 고용하고자 생각하는 자에게 보내는 은밀한 통신—은 모두 특권의 보호를 받는다. 어떤 경우에 이 특권은 **절대적**(absolute)이다. 즉 설령 그 진술이 허위임을 알고, 또는 단순히 악의를 위해 행해진 것이 증명되었다고 해도 그 특권은 상실되지 않는다. 의회나 법원에서 행해진 진술에 부여되는 특권이 그것이다. 다른 경우에, 특히 특권이

사적 관계에 존재하는 경우에 그것은 **조건부**(qualified)라고 한다. 그리고 그 진술이 '실제적 악의'(actual malice)를 가지고, 즉 진술이 허위임을 알고, 또는 악의로부터, 또는 이 특권에 수반된 여러 사정에 의해 정당화되지 않는 목적을 위해 행해진 것이 입증되면 특권은 상실된다. 법인체도 자연인과 같은 방법으로 명예훼손에 대해 통상적으로 제소할 수 있지만, 중앙정부 및 지방정부 당국은 그렇게 할 수 없다. 왜냐하면 1993년 상원이 그러한 당국에게 그 제소를 인정하는 것은 언론의 자유에 관하여 바람직하지 못한 족쇄를 채워 공공이익에 반한다고 보았기 때문이다. 즉 민주주의적으로 선출된 정부 당국은 무제한의 공적 비판에 노출되어야 하는 것이 너무나도 중요하다고 보았다.

일반 공중이 관심을 갖는 사항, 가령 공적 지위에 있는 사람의 행동, 또는 예술이나 문학의 발표 작품에 관한 공정한 비평이나 비판으로 행해진 비방적인 진술(disparaging statement)도 면책을 받는다. 공정한 비평(defence of fair comment)의 항변은 사실에 대한 잘못된 진술(misstatement of fact)에는 미치지 않는다. 그러나 그러한 항변은 문제가 된 말 속에서 주장되거나 언급된 사실 가운데, 입증되고 있는 부분에서 보아 의견의 표시가 공정한 비평이라고 할 수 있는 경우에는 사실에 대한 모든 주장의 진실성이 입증되어 있지 않는다고 하는 이유만으로 조각되지 않는다. 공정한 비평과 특권의 관계는 매우 어려운 문제이다. 부당한 동기(improper motives)에 의해 행해진 비평은, 설령 동일한 비평이 그러한 동기를 갖지 않는 자에 의해 행해진 때에는 공정하다고 할 수 있다고 해도, 공정한 비평으로 볼 수는 없다고 해도 무방할 것이다. 그러나 조건부 특권(qualified privilege)의 항변이 성공한다면, 악의의 입증책임(burden of proof)은 원고 쪽에 있게 되지만, 공정한 비평의 항변이 제출된 경우에는 그 비평이 공정하다는 것을 입증할 책임은 항변을 제출한 피고에게 있게 되고, 항변을 제출한 원고에게 그 비평이 공정하지 않다는 것을 입증할 책임이 있는 것이 아니다.

1952년 법은 '고의에 의하지 않는 명예훼손'(unintentional defamation)이라는 새로운 항변을 도입했다. 타인을 괴롭히는 진술을 공표한 사람이 그 공표는 그 사람, 즉 피해자에 대하여 선의로 행해진 것이라고 주장하는 경우에는 적당한 사죄나 금전적 배상의 방법에 의해 보상을 제안할 수 있다. 그 공표자는 그 수정을 요구할 수 있다. 그 제안이 수락되면 그 진술에 관한 모든 소송은 조각된다. 그러나 그 제안이 수락되지 않는 경우, 제안이 신속하게 행해진 것과 원고를 상처 입힐 의사가 없었음을 입증한다면 그것은 일반적으로 그 법에 정한 일종의 조건에 따라 항변으로서의 효력을 갖게 된다. 의회는 이러한 조항을 조만간 다양화하여 피고가 보상을 제안할 수 있게 하고, 재판관에게 지불액수를 정하게 하는 입법을 하도록 기대되고 있다. 또한 그 법과 별도로 신문에서의 진술의 경우에는 사죄와 함께 법원에 손해배상금을 지불하면 이를 항변으로서, 또는 배상금 경감을 위하여 주장할 수 있다.

진술이(서면에 의하든, 기타의 방법에 의하든 관계없이) 어떤 사람의 인격이나 신용이나 능력에 대한 공격이 아니라, 가령 그 사람의 재산상 권리에 관하여 의심을 갖거나, 그 사람의 상품의 품질을 폄하하여 손해를 야기한 경우에 그 진술은 명예훼손적인 것이 아니다. 그러나 그러한 진술은 그것이 허위이고 악의라고 하는 것이 증명되면 소송의 목적이 된다. 또 그가 만약에 공직이나 직업에 종사하고 있는 원고에게 금전적 손해를 입히기 위해 계획하였고, 서면이나 다른 영구적 형식으로 공표한 경우에는 실질적 손해를 입증할 필요는 없다.

영국법은 아직도 프라이버시권을 위한 특별한 규정을 두고 있지 않지만, 미디어가 어떤 이슈를 보도하는 경우에 과도하게 관여하는 점에 대해 일반적인 공포가 있다. 절대적 특권이나 조건부 특권, 합법적 권위, 공공이익과 같은 옹호와 함께 실질적인 고통을 야기하는 프라이버시 위반에 대한 새로운 구제를 형성하는 입법으로 적절하게 결과시키고자 하는 논의가 진행 중이다.

(3) 법적 절차의 남용

악의 소추(malicious prosecution)에 대한 손해배상을 청구하려면 다음의 조건을 입증해야 한다.

(1) 피고는 원고에게 대하여 그의 명성을 중상하고, 또는 감금을 면할 수 없는 종류의 형사상 소추를 하였다는 점.
(2) 그 소추는 원고의 무죄(acquittal)로 종료되거나, 또는 적어도 절차가 중지됨에 의해 원고에게 유리하게 종료되었다는 점.
(3) 그 소추는 비합법적이고, 또한 믿을 수 없는 사유(without probable cause)로서 소추가 되었다는 점.
(4) 그 소추는 악의로 행해졌다는 점, 즉 악의 또는 정의의 목적을 확보하기 위한 희망 이외의 다른 어떤 동기에서 나왔다는 점.

거의 마찬가지 책임이 어떤 사람에 대하여 악의를 가지고 파산절차(bankruptcy proceedings)를 (또는 회사에 대하여 해산절차(winding-up proceedings)를) 개시한 자에게 주어진다. 그러나 어느 정도 악의이고 불합리해도 통상의 민사소송을 제기한다는 것은 소송의 목적이 되지 않는다.

(4) 가족관계, 계약관계 또는 영업과 고용에 대한 방해

과거의 규칙에 의하면 고용인(master)은 피고용인의 노무에 대해 이익을 가지고, 고용인은 그 이익을 제3자에 대하여 법에 의해 보호받는 권리가 있다고 하는 것이 인정되었다. 가령 고용인은 위법하게 피고용인을 손상시킨 사람에게 대하여 손해배상금을 청구할 수 있다. 그러나 유혹(enticement), 부녀유괴(seduction), 또는 아내나 자녀의 은닉(harbouring)에 대한 과거의 소송은 1970년 〈법개혁(잡규정)법〉(Law Reform (Miscellaneous Provisions) Act)에 의해 폐지되었고, 피고용인과 관련된 소송, 아내와 자녀 및 피고용인의 노무 손실에 대한 소송은 1982년 〈사법 운영법〉에 의해 폐지되었다. 오늘날에는 노무 손실을 이유로 한 소송은 더욱 광범위한 현대적 규칙, 즉 제3자가 정을 알고 계약관계를 방해함에 의해 손해를 야기한 것은, 위법행위로서 소송의 목적이 된다는 규칙에 의해 실제로 대체되었다. 이러한 방해나 계약 위반의 유치에 대해서는 어떤 정당한 이유나 면책이유가 있을 수 있다고들 한다. 그러나 상인이 경쟁자의 피고용인을 유인하여 고용인을 변화시킨 경우, 그 상인의 마음속에 있는 이기적 이익이라는 동기는 정당이유나 면책이유가 아니라는 것은 분명하다. 1906년 〈노동쟁의법〉(Trade Dispute Act, 1965년 〈노동쟁의법〉에 의해 강화됨)과 1974년 〈노동조합 및 노사관계법〉(Trade Union and Labour Relations Act)에 의해 계약 위반이 '노동쟁의의 기도나 추진을 위해' 유치되는 경우에 인정되었다. 그러나 1982년 〈고용법〉(Employment Act)에 의해 이러한 예외는 실질적으로 줄어들고, 지금 노동조합은 제소될 수 있고, 법적으로 책임이 있는 불법적 소송을 이유로 노동조합의 기금은 직접적으로 위험에 처해질 수 있다. 1984년 노동조합법은 또한 만약 노동조합이 어떤 사람의 고용계약이나 상업계약을 파기하도록 유인하거나, 그러한 계약의 이행을 방해하면 불법행위의 책임을 진다고 규정하고 있다. 단 그러한 행동이 노동조합 구성원의 사전 투표에 의해 지지되는 경우에는 예외로 규정한다.

계약 위반을 수반하지 않고, 어떤 사람의 영업에 대해 그 자체가 범죄행위 또는 위법행위인 행위에 의한 방해를 가함에 의해 — 가령 그 고객에게 폭력을 휘두름에 의해 — 손해를 준 경우 소송이 성립하는 것은 의심할 바 없다. 상인 A의 경쟁자 B가 구매자에게 자신들은 A의 상품을 구입한다고 오신하게 할 목적으로 시장에 상품을 진열하는 A에게 손해를 보게 한 경우에도 마찬가지이다.

나아가 사람들이 공동으로 침해의 의사를 가지고 영업이나 고용을 방해하고, 그로 인해 손해를 발생시킨 경우, 방해는 그 자체는 불법이 아닌 행위에 의해 실행되었다고 해도, 코먼로상으로는 공동모의(conspiracy)로서 소송의 목적이 된다. 그러나 행위 자체가 불법이 아니라, 또 상대방에게 손해를 끼칠 의사도 없이 오로지 자기 영업상의 이익을 추구하기 위하여 행한 경우에는 소송 사유는 발생하지 않는다. 상업상의 연합단체(mercantil combination)가 자신들의 경쟁자보다도 싸게 파는 것, 오로지 그 단체의 가입자하고만 거래하는 자에게 특별한 이익을 제공하는 것, 그 경쟁자의 대리를 한 사람을 대리인으로 사용하는 것을 거절하는 것에 의해 자신들의 경쟁자를 분쇄하고자 한 경우에 그 단체의 행동은 합법적인 영업상의 이익 증진이라고 하는 이유로 정당화된다고 판시되었다. 마찬가지 법리에 의해 노동자의 자발적인 파업이나 단결은 정당화되는 것으로 생각된다. 비록 지금은 노동조합이 그 구성원의 최초 선거 없이, 또 파업에 동조하는 다수표를 얻지 못하면 파업을 합법적으로 할 수 없지만 말이다.

(5) 사기

사기나 기만은 이미 계약의 효력을 손상시키는 사항으로 논의된 적이 있었다. 그것은 불법행위로 고려되는 경우에도 같은 특징을 갖는다. 사기에 의해 야기된 손해를 이유로 하여 제소한 자는, 자신이 어떤 표시에 근거하여 행동하리라는 생각을 가지고 한 표시에 근거하여 어떤 행위를 함으로써 손해를 입었다는 것과, 그가 한 표시는 허위였다는 것, 그리고 표시가 허위라는 것을 표시자가 알았다는 것, 그리고 적어도 표시의 진실성을 전혀 믿지 않고 무모하게 표시를 했다는 것을 입증해야 한다. 그 표시는 그것에 따를 사람에게 직접 해야 한다는 것을 필요로 하지 않지만, 그것을 그 사람에게 도달하게 하여 그것에 따르게 할 의사로 했어야 한다.

(6) 재산에 관한 불법행위

재산에 대한 불법침해(trepass to property)는 타인이 점유하고 있는 재산에 대한 모든 방해에 의해 성립한다. 가령 토지에 침입하는 것, 토지에 방사물(missile)이 떨어지게 하는 것, 벽에 (소유자의 승낙 없이) 벽보를 붙이는 것, 동산에 손을 대거나 훼손하거나 반출하는 것은 모두 불법침해에 해당되는 행위이다. 지하에 침입하는 것도 역시(가령 철물의 채취) 불법침해이다. 그러나 토지소유권이 토지 위에 있는 공간의 침입을 방지할 수 있는 권리를 포함한다고 해도 코먼로상으로는 상공 통과가 지하에 대한 불법침해가 되는지 여부는 분명하지 않다. 1949년 〈민간항공법〉(Civil Aviation Act)은 항공기가 토지 위를 바람이나 기후 기타 사정으로 보아 합리적인 고도로 날고 있다는 것만을 이유로 하여 불법침해나 불법방해(nuisance)의 소송을 제기할 수 없다는 취지를 규정한다. 그러나 사람이나 재산에 대한 실질적 침해가 항공기에 의해 야기되면, 고의나 과실의 주장 없이 항공기 소유자로부터 손해배상금을 받을 수 있다. 단 손해 발생에 피해자가 기여한 경우, 또는 손해가 피해자에 의해 야기된 경우에는 그렇지 않다. 손해가 오로지 소유자나 그 피고용인을 제외한 사람의 위법행위에 의해 야기된 경우에, 소유자는 그 손해배상액을 그로부터 받을 수 있다.

불법침해는 주로 점유에 대한 침해이다. 한편으로는 토지나 동산에 관계없이, 재산을 점유하는 자는 모두 그 점유를 방해하고 나아가 점유하는 자신의 권리보다 나은 권리를 증명할 수 없는 자에게 저항하고, 이를 제소할 권리가 있다. 이에 반하여 점유하지 않고 따라서 현재 점유권을 보유지 않은 사람 — 가령 토지의 복귀권자(reversioner)나 동산의 소유자로, 그 동산의 점유를 일정 기간 임차한 타인의 손에 둔다고 하는 의무를 합의에 의해 부담한 자 — 은 그러한 점유소권을 갖지 못한다. 그러나 만일 그가 자신의 복귀권이 침해되었음을 입증할 수 있다면 특별 소송의 형식으로 그것을 제소할 수 있다. 손해 발생은 점유소권 성립의 요건이 아니므로 위의 구별은 중요하다. 그러나 설령 현실 점유가 아니라고 해도 직접 점유를 회복할 수 있는 자, 즉 무상임대인, 임의 부동산권 보유자(tenant at will)의 토지소유자 등과 같은 사람은 현실 점유자와 마찬가지로 제3자에 대해 불법침해에 근거한 소송을 제기할 수 있다.

본래는 불법침해가 될 행위라고 해도 소유자의 승낙에 의해서나 그 부동산 위의 공권이나 사권을 실행하기 위해 한 경우에는 면책될 수 있다. 전자의 경우, 타인의 가옥 내에 남아 있기를 주장하는 사람은 그 소유자의 승낙이 취소된 때로부터 가택침입자가 된다. 만일 그 사람이 유효한 합의, 가령 임대료의 지불과 같은 방법으로 승인을 얻지 않은 경우에 소유자는 그 사람을 배제(eject)할 수 있으므로 계약을 파기하고 또 그 사람의 신체에 대해 불법침해를 범할 수 있다. 토지에 대한 권리는 이 권리가 존재하는 목적 이외의 목적을 위해 행사할 수 없다. 가령 어떤 사람이 도로 소유자의 인접 가옥을 탐지할 목적으로 넘어가 보거나, 또는 경기를 방해할 목적으로 통행하는 경우에는 도로침해자가 된다. 소유자는 자기의 재산을 불법적으로 점유하고 있는 자로부터 돌려받는다고 해도 불법침해가 되지 않는다. 그러나 토지의 강제적 회복은 형사상 범죄가 되지만 동산의 경우에는 그렇지 않다.

소유자로부터 그 점유 재산을 침탈하거나 토지의 권리자에 반대하여 그 점유를 억류하는 것은 불법침해가 될 뿐 아니라, 토지의 경우에는 점유해제의 불법행위(wrong of dispossession)를 구성하고, 동산의 경우에는 불법행위 형식으로 동산횡령(conversion)이 된다.

토지의 점유를 불법적으로 침탈당하거나 또는 침탈당한 채로 있는 소유자는 그 토지를 회복하기 위하여 소송(때로는 부동산 회복소송(action of ejectment)이라고 한다)을 제기할 수 있으나, 그 소송에서 소유자는 불법점유가 계속된 기간 중의 토지가격에 상당하는 손해배상과 함께 토지 그 자체의 원상회복(restituion)명령을 받는다.

동산횡령이란 모든 동산에 관한 행위로서, 소유자의 권리와 모순되는 지배력을 그 재산 위에 행사하는 것을 말한다. 그것은 단순한 가해행위나 재산소유자의 권리 부정에 해당되지 않는 재산 이동이 아니라, 점유를 취득하고 인도의 요구가 있음에도 불구하고 그것을 거부하고, 그 동산을 제3자에게 매각 또는 파괴하는 것과 같은 행위를 포함한다. 타인의 동산에 변경을 가한 자는 만일 그것이 그대로 그의 점유에 속하고 있는 경우에는 그것을 반환하고, 그렇지 않은 경우에는 그 가격을 지불하고, 또 어떤 경우에도 불법 유치에 대한 손해배상을 지불하도록 명령을 받게 된다. 과거의 동산반환 청구소송(detinue)[4](동산횡령에 미치지 못하는 물품의 유치)은 1977년 〈불법행위(상품개입)법〉(Torts(Interference with Goods) Act)에 의해 폐지되었고, 상품에 대한 '불법 개입'의 불법행위로 대체되었다.

부동산의 불법 점유도 동산 횡령도 주로 소유자에 대해 행해진 위법행위로 간주되지만, 한편으로 현재 점유권을 갖지 못한 자—가령 현재의 부동산권은 가지고 있지 않지만 장래의 부동산권을 가진 사람과 같이—는 이러한 불법행위에 대해 소송을 제기할 수 없다. 다른 한편으로, 어떤 사람(A)은 설령 타인(B)이 소유자가 아니라고 하지만 그 사람의 권리와 대항할

4 동산반환 청구소송은 불법적 동산점유에 대항하는 소송의 한 종류이며 현재 동산을 점유하고 있는 사람보다 더 큰 물권을 갖는다고 주장하는 이에 의해 제기되며 물건의 가치 이하의 보상을 받는 것이 가능하다.

수 없는 것과 같은 방법으로 그 사람으로부터 점유를 취득하는 경우도 생각할 수 있다. 따라서 굴뚝청소부가 자신이 발견한 보석을 감정받기 위하여 어느 보석 상인에게 인도하였을 경우에, 설령 그 인부가 그 보석의 참된 소유자가 아니라는 것이 분명하여도 그 보석을 인부에게 반환하여야 한다고 판시되었다.

타인의 권리에 대한 무지는 불법침해, 부동산의 불법점유, 동산횡령을 이유로 하는 청구에 대하여 어떤 항변도 되지 않는다. 도둑으로부터 선의로 동산을 구입하여(공개시장에서 구입한 경우는 제외) 이를 매각한 자는 소유자에게 그 가격을 지불하여야 한다.

사적 불법방해(private nuisance)란 불법침해 없이 사람에 대하여 그의 토지나 가택의 향유, 또는 타인의 토지나 가옥에 대해 소유하고 있는 어떤 권리의 향유를 방해하는 행위를 말한다. 그리하여 한편으로 잡음, 매연, 냄새 등의 계속적 발생에 의해 거주의 안녕을 해하는 것, 가옥이나 영업장소의 출입을 저지하도록 군중을 집합시키는 것, 하천의 모든 연안지 소유자가 용수권을 소유하고 있는 하천의 수류를 다른 방향으로 전환하거나 더럽히는 것, 부근의 섹스 숍의 유리창에서 명백한 성행위를 가리키고 검열받지 않은 성인비디오를 안에서 볼 수 있다고 하는 표시를 보여주는 것과 같은 것들은 불법방해가 되고, 또 다른 한편으로 창의 채광권(rights of Light for windows), 사적 통행권(rights of way), 부동산 공동사용권(rights of common) 등을 침해하는 것도 역시 불법방해가 된다. 창의 채광권은 그러한 권리의 양도(grant)나 장기 향유(long enjoyment)에 의해 취득한 경우가 아니라면 이를 향유할 수 없다는 점에 주목해야 한다. 따라서 그러한 권리가 없는 경우에는 자기 토지에 공작물이나 건물을 건축함으로써 이웃의 창에 방사하는 광선을 차단하는 것은 합법적이다. 그러나 토지의 그러한 발전은 계획법하에서 공공 당국에 의해 주어진 다양한 통제를 받아야 하는데, 그것은 이 책에서 다루기에는 너무나도 특별한 주제이다.

사람은 자신의 토지를 자연 상태에서는 이웃의 토지에 의해 지지될(support) 권리를 소유하지만, 만약에 자연 상태에서보다 그 이상의 지지를 필요로 하는 건물을 세울 경우에는 양도나 일정 기간의 향유에 의해서만 이를 획득할 수 있다. 천연의 것이든, 획득된 것이든 간에, 지지권(right of support)을 철회하는 것은 불법방해이다. 이웃의 토지에 침입하도록 자기 수목의 가지를 성장하게 하는 것은 불법방해이다.

불법방해로 인해 손해를 입은 사람은 만일 타인의 토지에 들어가지 않고 그 불법방해를 제거할 수 있다면, 가령 자기 토지에 침입한 가지를 제거할 수 있다면 통지 없이도 그것을 할 수 있고, 또 긴급한 경우에는 통지 없이도 들어가서 제거할 수 있다. 그러나 대부분의 경우 타인의 토지에 들어갈 때에는 통지를 필요로 한다.

불법방해의 소송이 제기되면, 오로지 손해배상만이 부여될 뿐 아니라 법원은 불법방해의 계속을 금지하고, 또 불법방해의 원인이 되는 공작물을 철거하라는 명령도 하며, 이는 일반적으로 실행되고 있다. 그러나 중지명령의 부여는 1977년에 내려진 사건에서 볼 수 있듯이 법원의 판단에만 맡겨진 문제이다. 크리켓 클럽에 의한 특정한 마을 크리켓 운동장의 사용은, 종종 경계를 넘어서서 치게 되는 그 집이 맞거나 그 정원에 떨어지거나 하는 이웃에 대한 불법방해가 된다고 항소법원은 판시했다. 손해는 배상되었으나, 운동장에서 크리켓을 하는 것에 반대하는 중지명령은 거부되었다. 왜냐하면 70년 이상 공동체에 의해 향유되어 온 마을 크리켓의 구경으로부터 지역 사람들을 배제하게 되기 때문이었다.

공적 불법행위(public nuisance)란 일반 공중에게 고통을 야기하는 불법행위나 부작위로서, 가령 공공도로를 차단하거나 (수리 의무를 지는 경우에) 수리하지 않거나, 또는 이웃의 고통이 되도록 자기 토지에 오물을 집적해 두는 것과 같은 것이다. 공적 불법행위에 대해 개인은 자신이 특별한 손해를 입은 경우, 가령 도로의 구멍에 빠져서 다리를 부러뜨린 경우가 아니고서는 소송을 제기할 수 없다. 그러나 공적 불법행위는 경범죄로 처벌되며, 검찰총장(Attorney-General)은 불법방해의 계속을 금지하는 중지명령을 얻고자 소송절차를 할 수 있다. 지방 당국(local authorities)도 공적 불법방해를 정지시키기 위하여 소송절차를 할 수 있다. 사인은 공공도로상의 장애물을 제거할 수 있지만, 공공도로나 교량을 수리할 수는 없다.

08
CHAPTER

범죄

8
범 죄

1. 형사법의 법원

영국 형사법의 가장 큰 부분은 오늘날 제정법으로 되어 있다. 과거 코먼로의 대부분은 법전화(codification)되었고, 의회는 계속하여 새로운 범죄를 부가하여 왔다. 특정한 영역의 범죄들을 포함하는 법전의 시행에 더하여, 입법위원회는 1989년과 1992년에 영국 형사법의 모든 영역의 중요 부분에 대한 입법 초안을 출판했다. 그리고 1993년에는 사람에 대해 치명적이지 않은 범죄와 관련된 법 전체를 입법화하는 포괄적인 초안을 발표했다. 의회가 장래 그것을 채택할지는 지켜보아야 할 것이다.[1]

한편 형평법은 처음부터 형법과는 전적으로 무관했지만, 범죄의 수행을 억제하기 위하여 금지명령을 신청할 수 있는 경우가 있을 수 있다. 그러나 성실법원(Star Chamber)은 — 이는 어떤 점에서 대법관 법원(Chancery)이 민사 면에서 코먼로 법원에 대해 가졌던 것과 같은 관계를, 형사 면에서도 가졌다 — 중세 코먼로에는 없었던, 가령 위증죄(perjury), 문서비방죄(libel), 범죄 미수(attempt to commit a crime)와 같은 약간의 범죄를 창설했다. 해적행위(piracy)는 실제로 해상의 선박에 대해 행해지는 약탈행위(robbery)로(실패하여 미수에 그치는 경우도 포함하여), 과거에는 해사법원(Admiralty Court)에 의

1 최근 영국의 형사법 개정에서 가장 중요한 것은 2003년 형사사법법(The Criminal Justice Act 2003)의 제정이다.

해 처벌되었으나, 지금은 형사 코먼로에 포함되어 있다.

2. 민사법과 형사법의 비교

민사법(앞의 여러 장의 중요한 주제가 된 것들)과 형사법의 구별은 법이 추구하고자 하는 두 가지의 상이한 목적인 구제(redress)와 처벌(punishment)이라는 상위에 근거한다. 민사법의 목적은 손해배상(compensation)이나 원상회복(restitution)을 강제하여 위법을 구제하는 데에 있다. 위법행위자는 처벌을 받는 것이 아니고, 단지 그가 행한 위법을 배상하기에 필요한 만큼의 손해를 입을 뿐이다. 피해자는 법에 의해 일정한 이익을 얻거나, 또는 적어도 손실을 면할 수 있다. 이에 반하여 범죄의 경우에 법의 중요한 목적은 위법행위자를 처벌하고 당해 위법 행위자나 기타의 자를 같은, 또는 유사한 범죄를 범하지 않도록 강하게 유인하며, 가능하다면 그를 교정(reform)하거나, 또는 위법행위는 응보(retribution)를 받아야 한다는 대중의 감정을 만족시키는 데 있다고 할 수 있다. 그러나 이러한 처벌은 피해자에게 직접, 또는 주로 이익이 되는 것은 아니다.

그렇지만 폭행적 범죄의 피해자에 대해 국가가 시혜적으로(*ex gratia*) 보상을 지불하는 제도가 1964년에 발족했다. 만일 벌금이 부과된다면 그것은 국가의 것이 된다. 또 범인이 수감되면 피해자나 그 친족인 자들은 약간의 만족감을 맛볼지 모른다. 그러나 처벌은 희생자와 공중과 범죄자에게 공정하게 나타나야 한다고 확인하는 노력이 1991년 〈형사사법법〉에 상세하게 규정되었지만, 그러한 자들의 감정적 만족이 처벌의 목적으로 인정되어서는 안 된다.

범죄를 억제하고자 하는 흥미로운 시도를 1972년 〈형사사법법〉에서 볼 수 있다. 그 법은 범죄 목적에 사용된 재물을 몰수하는 권한을 법원에게 부여했고, 이 권한은 1988년 〈형사사법법〉에 의해 강화되었다. 그러한 권한 하에서 석유가 부족했던 시기에 타인의 차로부터 석유를 사이펀(siphon)[2]으

2 빨아올리는 관(管)을 말한다.

로 훔친 혐의로 유죄판결을 받은 사람의 차를 법원이 몰수한 몇 개의 판결례가 존재한다. 마약 거래를 저지하기 위한 노력으로 창설된 유사한 권한이 1986년 〈마약밀매범죄법〉(Drug Trafficking Offences Act)에 포함되었다. 범죄의 모든 경우에, 법은 위법행위를 단지 개인에 대한 침해로서만이 아니라, 공익에 관련된 것으로 취급한다. 민사상의 손해를 입은 개인은 당해 위법 행위자를 제소할 필요가 없고, 그 사람을 제소하지 않는다고 하는 계약을 체결해도 무방하다. 반면 범죄가 발생한 경우, 피해자는 범죄자를 처벌하기 위하여 소송절차가 진행되는 것을 방지할 수 없다. 그리고 기소하지 않는다고 하는 합의는 형법상 범죄행위가 된다.

형사소송절차는 국가를 대표하는 국왕의 이름으로 행해지고, 모든 시민은 자신이 피해자이든 아니든 간에, 법을 발동시키는 권리를 가지며, 필요한 경우에 법을 발동시키기 위해 공무원이 존재한다. 국왕은 범죄 중에서 대부분을 유죄로 결정한 뒤(conviction) 사면할 수 있고(pardon), 유죄 결정 이전에도 사면할 수 있다. 그러나 국왕은 사인에 대해 행해진 민사상 위법행위를 사면하여 그로부터 구제수단을 뺏는 결과를 초래할 수 없다. 이와 마찬가지로 국왕은 검찰총장(Attorney-General)을 통하여 형사소송을 중지시킬 수 있으나, 민사소송을 중지시킬 수는 없다.

범죄가 행해져도 민사소송을 제기하는 권리를 아무도 취득하지 않는 경우가 다수 있다. 가령 반역죄(treason), 아무도 기망당하지 않은 문서위조죄(forgery), 그리고 위증죄이다. 한편 다수의, 또는 대부분의 민사상 위법행위는 범죄가 아니다. 가령 고의의(wilful) 손해가 가해지지 않은 불법침해(trespass)는 범죄가 아니다. “불법침해자는 기소될 거야”(trespassers will be prosecuted)라는 경고는 “멍청한 거짓말”(a wooden falsehood)이라고 하는데 이는 정말 맞는 말이다. 그러나 약간의 경우, 동일한 행위가 범죄인 동시에 민사상 위법행위인 것이 있다. 가령 신체에 대한 상해와 명예훼손적인 문서비방이 그러하다.

그리고 일반적으로 개인에게 손해를 끼치는 형사상의 범죄행위는 민사상으로 소송 원인을 구성하는 것이라고 할 수 있다. 그러한 경우에는 동일행위에 대해 민사소송절차와 형사소송절차를 동시에 진행할 수 있지만, 약간의 예외가 있다. 그 경우 두 가지 가운데 하나를 선택할 필요는 없고, 두 가지 절차는 완전히 별개이다. 동일한 절차로 처벌과 구제를 확보할 수 있는 것은, 매우 예외적인 경우에만 한정된다. 가령 절도의 유죄 판결 시에, 법원은 그 물건을 소유자에게 반환하라고 명령할 수 있다. 그리고 법원은 피고인을 특정 범죄에 대해 유죄라고 결정한 것에 근거하여 피고인에게 자기 범죄의 결과로 생긴 신체 상해(personal injury), 사상(死傷, loss), 물적 손해(damage to property)에 대한 보상의 지불을 명할 수 있다. 또 아내가 남편에 대해 가중 폭행(aggravated assault)을 이유로 제기한 소송절차에서 재판별거(a judicial separation)를 청구할 수 있다.

3. 범죄의 분류

형법상 범죄는 크게 두 가지 중요 부류로 나눌 수 있다. 즉 기소할 수 있는 범죄(indictable offence)와 치안판사 앞에서의 약식처분에 근거하여 처벌되는 범죄(summary conviction before magistrates)이다. 기소할 수 있는 범죄(이는 대체로 더욱 중대한 범죄를 포함한다)의 경우 기소 절차는, 1인 또는 여러 명의 치안판사에 의한 심문이 행해지고, 그 치안판사가 사건을 공판에 회부할 만한 충분한 증거가 있는지를 결정하는 것이었다. 그러나 이러한 예비절차는 1994년 〈형사사법 및 공공질서법〉(Criminal Justice and Public Order Act)에 의해 폐지되었다. 재판은 형사법원(Crown Court)에서 판사나 도시법관(recorder)[3] 면전에서 행해진다. 피고인이 유죄 답변을 한 경우를 제외하고는 모든 재판에 배심(jury)이 관여한다. 배심은 피고인의 유무죄를 최종적으로 결정하지만, 피고인에게는 상소권이 있다. 만일 배심이 피고인에 대해 유무죄 평결(verdict)을 내리게 되면 동일한 범죄에 대해 피고인을 다시 심리할 수 없다.

배심 없이 재판하는 치안판사도 기소범죄를 약식(summarily)으로 처리

3 파트타임 재판관을 말한다.

하는 상당한 제정법상의 권능을 갖는다. 그 권한은 가장 최근인 1994년 〈형사사법 및 공공질서법〉에 의해 강화되었다. 10세 이상 14세 미만인 아동(child)의 경우, 또는 14세 이상 17세 미만인 소년(young person)의 경우, 치안판사는 살인을 제외한 모든 범죄에 대해 전속 관할권(exclusive jurisdiction)을 갖는다. 단 아동이 16세를 넘는 자와 공동으로 문책되는 경우에는 예외이다. 성년자에 대한 약식재판권(summary jurisdiction)은 더욱 제한된다. 즉 그것은 더욱 중대한 범죄에는 적용되지 않는다. 나아가 약식 재판권의 행사는 군주나 공공단체의 재산이나 사무(affairs)에 관한 사건에서는 소추자의 동의를 얻어야 한다. 치안판사가 기소 범죄를 심리하는 모든 경우, 그들이 부과할 수 있는 처벌의 분량에는 특별한 제한이 가해진다. 피고인은 자신이 가난하고 법적 방어의 비용을 낼 수 없다는 취지를 입증할 수 있으면 무료로 법률부조(legal aid)를 받을 수 있다.

기소 범죄를 분류하는 방법은 범죄의 중대성과는 일반적으로만 부합한다. 하나의 정점에는 반역죄(offence of treason)라는 죄가 있다. 이는 그것만으로 하나의 종류를 형성한다. 그 외의 기소 범죄는 중죄(felony)와 경죄(misdemeanour)로 분류되는 것이 보통이었다. 하나의 예외를 제외하고 모든 중죄가 사형으로 처벌되고, 모든 경우에 범인의 재산이 몰수(forfeiture)되었던 시대에는 그러한 구별이 매우 중요했다. 그러나 20세기 중엽에 와서 그러한 구별은 시대착오적인 것이 되어 그것은 1967년 〈형사법〉(Criminal Law Act)에 의해 폐지되고, 그러한 구별은 현재 체포되는 범죄와 체포되지 않는 범죄를 구별하는 것으로 대체되었다. 구금이 가능한 범죄란 형의 선고가 법에 의해 결정되어 있는 경우(가령 모살이다. 모살에 대해서는 종신 구금의 형을 선고하는 것이 의무화되어 있다), 또는 최초의 유죄판결로 최소한 5년간의 구금형 판결을 받은 경우, 그리고 그러한 범죄의 미수를 말한다.

약식절차로 처벌할 수 있는 범죄의 경우, 1명 또는 여러 명의 치안판사가 배심 없이 사건의 전체를 결정하고, 형벌을 부과한다. 이러한 종류에는 피고인이 약식절차에 의한 심리에 대해 승낙을 한 경우(아동이나 청소년의 경우에는 그러한 승낙이 필요하지 않다), 어떤 종류의 기소 범죄가 포함된다. 그리고 이러한 경우에 치안판사는 6개월을 넘지 않는 구금이나 벌금, 또는 그 둘을 병과하는 형을 선고할 수 있다. 이러한 종류에는 또한 다수의 가벼운 범죄가 포함된다. 즉 가벼운 폭행, 가벼운 부정행위, 동물학대, 자신의 자녀를 학교에 보내지 않는 것, 야간에 라이트를 켜지 않고 자전거를 타는 것, 특히 사망을 야기하는 것에 이르지 않은 자동차 운전 범죄가 포함된다. 이러한 가벼운 범죄 중 어느 것(폭행을 제외)에 의해 피고인이 된 자가 3개월이 넘는 구금에 처해질 수 있는 경우, 만일 그가 요구한다면 기소에 의한 재판, 즉 배심에 의한 재판을 받을 권리(trial by jury)를 갖는다.

4. 일반 법리

형법은 대부분 범죄를 구성하기에 필요한 행위의 정의(그것은 종종 세밀하고 심지어 장황하기도 하다. 특히 제정법이 개입된 경우가 그렇다)로 구성된다. 범죄는 다종다양하기 때문에 여기서 상세히 논의하기는 불가능하고, 또한 그것을 나열하는 것도 전혀 유익하지 못하다. 그러나 행위는 그것이 고의, 미필적 고의, 인식 있는 과실, 범죄의 인식이나 악의에 의해(intentionary, recklessly, with guilty knowledge, or maliciously) 행해진 것이 아닌 한, 그 자체로 범죄를 구성하지 않는다는 것이 일반적인 규칙이다. 그러나 피고인의 행위가 고의, 미필적 고의, 인식 있는 과실 또는 형사상의 과실에 의하지 않는 경우라도 피고인을 유죄로 할 수 있는 예외적인 경우가 얼마간 존재한다. 주차 금지의 장소에 차를 주차하는 경우처럼, 제정법이 어떤 행위가 생기는 것을 방지하려는 취지만으로 제정되는 경우가 그렇다.

약간 부도덕하고 부정한 행위로, 어떤 처벌도 받지 않는 — 그 이유가 정당한가 부당한가와는 무관하게 — 경우가 있다. 그러나 일반적으로 형법에 의한 금지는 사회도덕관과 일치하고, 약간의 예외를 제외하면 범죄는 모든 사람이 삼가야 하는 것으로 알고 있는 행위이다. 여기서는 책임의 일반 법리(general principles)에 대해 약간 설명하는 것으로 충분하고, 개별 범죄에 대해서는 두세 가지 흥미로운 점을 논의하는 것으로 충분하다.

일반적으로 법은 행위(act)만을 처벌하고 부작위(omissions)는 처벌하지 않는다. 법적 의무의 이행을 게을리하는 것이 범죄가 되는 경우는, 주로 살인과 관련하여 생겨나는데, 이는 그 항목하에서 설명하거나, 또는 자동차의 운전 과실을 논의할 때 설명하고자 한다. 나아가 사람이 꿈속에서 행한 행위와 같은 임의적이지 않은 행위(involuntary act)는 어떤 형사책임도 지지 않는다. 가령 누군가가 술에 손을 댄 경우와 같은 임의적이지 않은 중독은 종종 범죄를 야기할 의도를 무효화할 수 있지만, 의도적으로 알코올이나 마약을 소비하게 하여 야기된 통제력의 결여는 그렇지 않을 수 있다. 강제(compulsion)되거나 필연적(necessity)인 압박에 의해 행해지는 행위도 임의의 행위이지만, 필연이나 강제를 형사상의 문책에 대한 항변으로 신청할 수 있는 것은 극단적인 경우에만 한정된다. 자기 생명을 유지하기 위해 소년의 몸을 먹은 후 그를 살해한 난파선의 수부들은 모살을 범한 것으로 유죄가 되었다. 그러나 즉사(instant death)나, 중대한 신체적 상해를 가한다는 협박(threats)에 의해 강제(coercion)된 경우에는 모살에까지 이르지 않은 범죄에 대한 가담이 면책되는 경우가 있다. 행위가 도덕적이거나 종교적인 의무의 관념에서 행해진다고 하는 것이 어떤 항변도 되지 않는다는 것은 특별히 서술할 필요가 없다.

어떤 행위가 범죄임을 몰랐다는 것은 항변이 되지 않는다. 그러나 약간의 경우, 범죄의 정의에 따라 범인이 자신은 어떤 사권을 침해하고 있다는 것을 아는 것이 요구된다. 따라서 그러한 경우에는 법의 일반원리의 하나를 모른다는 것도 중요하게 된다. 그러므로 타인의 동산을 탈취해도 그 행위가 어떤 상정된 권리의 주장으로서 행해졌을 때에는 (민사상의 불법행위가 되지만) 범죄가 되지는 않는다.

이에 반하여 사실의 부지(ignorance of fact)는 매우 광범위하게 완전한 항변이 된다. 어떤 사람이 그의 행위를 전적으로 무해한 것으로 만드는 사실의 존재를 믿고 그 행위를 했다고 하면, 그렇게 믿은 것이 선의이고 합리적인 때, 모든 비교적 중대한 범죄의 경우 그는 책임을 지지 않는다. 어떤 여성이 선의로, 그리고 상당한 이유에 근거하여, 자신의 곁을 떠난 최초의 남편이 이미 죽었다고 생각하여 재혼을 한 경우, 그 여성은 남편이 7년간 부재—이 경우 그 여성은 제정법에 의한 명문상의 보호를 받게 될 것이다—

하지 않았다고 해도 중혼의 죄(bigamy)를 범한 것이 되지 않는다고 판시되었다.

반면, 범죄가 제정법에 의해 정의되고, 그 결과 어떤 사정이 그 범죄의 구성요소로 되어 있는 경우, 제정법의 의도가 그 명시된 사정을 수반하는 때 언제나 그 행위를 벌할 수 있는지, 아니면 그 사정을 알고 행할 때만 그 행위를 벌하고자 하는 것인지라는 문제를 낳을 수 있다. 아무 것도 모르고 위조화폐(false money)를 제조하는 것은 제정법상 죄가 아니다. 품질을 악화시킨(adulterated) 식품을 판매하는 것은, 품질이 나빠지지 않았다고 믿었다 해도 범죄가 된다. 약간의 경우, 그 행위가 설령 피고인이 존재한다고 생각한 사정하에 행해진 경우라도 범죄적이거나 위법하고, 나아가 필경 부도덕하리라는 것이 중요하게 생각된다.

'악의로'(maliciously)라는 말은 재산에 대한 죄의 정의에는 종종 나오는데, 이는 그 행위가 고의로 정당한 이유나 면책사유나 권리의 주장을 수반하지 않고 행해져야 한다는 것 이상의 의미를 갖지 않는다. 형사상의 문서비방에 관하여 악의(malice)란 불법행위법에서와 같은 의미이다. 살인에 관한 '예비음모'(살의, malice aforethought)의 의미에 대해서는 뒤에서 설명한다.

실제로 범죄를 범한 자와 범죄의 실행을 방조하고(aid) 교사하고(counsel) 또는 주선한(procure) 자는 모두 같이 처벌된다. 1967년 〈형사법〉(Criminal Law Act)하에서는 살인은닉, 사법관헌에 대한 무고 및 방조에 대한 형벌이 설정되었다.

법은 현재 범해진 범죄를 처벌할 뿐 아니라, 범죄 수행을 위해 취해진 수단도—설령 그 범죄가 완성되지 않았다고 해도—처벌한다. 그러한 수단은 선동(incitement), 미수행위(attempt), 공동모의(conspiracy)이다. 어떤 행위가 미수행위를 구성하기 위해 의도된 범죄와 어느 정도 밀접한 관계를 가져야 하는지를 엄격하게 정의하기는 불가능하지만, 현재 미수에 대한 법은 1981년 〈형사미수법〉(Criminal Attempts Act)에 의해 제정되어 있다. 실제로 큰 문제는 생기고 있지 않다. 위조화폐를 주조하기 위해 주형(鑄型)을 확보하는 것은 그 범죄의 미수행위이다. 그러나 모살을 범하기 위해 권총을 사는 것은 모살의 미수가 되지 않는다고 생각된다. 1981년 법은, 범죄 수행의 단순한 예비 이상의 행위를 한 범죄를 범할 의도로 범죄를 범하고자 시도한 사람은 유죄라고 규정하고 있다. 범죄의 수행이 처음부터 불가능했다고 해도 어떤 행위가 미수가 되는 경우가 있다는 것은, 가령 빈 주머니로부터의 절도 미수가 가능하다는 것으로 현재 이미 확립되어 있다. 그러나 1985년 상원은, 가령 그가 도난당한 물건을 다루고 있다고 믿었지만 실제로는 도난당한 것이 아닌 것과 같이, 피의자의 믿음이 무엇이든 간에, 만일 범죄를 행할 수 없었다는 참된 사실에 근거하여 결실을 얻고자 그의 모의 이상으로 나아간 경우, 형사적 모의에 대한 확신은 있을 수 없다고 판시했다.

코먼로상의 공동모의(conspiracy) 범죄는, 두 사람 이상이 범죄 수행에 합의하는 것을 제정법상의 공동모의 범죄로 규정한 1977년 〈형사법〉의 효력에 의해 대체되었다. 이는 벌금으로 처벌될 수 있고, 또는 범죄가 의도된 경우 구금에 의해, 그 범죄에 대한 최대 형량을 넘지 않는 구금에 의해 처벌될 수 있다. 그러나 그 법은 과거 코먼로하의 또 다른 공동모의 형태를 명시적으로 유보하고 있다. 즉 ① 사기의 공동모의와 ② 공공도덕을 타락시키거나 공공 품위를 저해하는 공동모의이다. 1962년 판례에서 상원은 복수의 사람들이 매춘부의 이름과 주소 및 특기를 실은 '창부 목록'(Ladies Directory)을 발행하는 것에 합의한 경우, 공공도덕을 타락시킨 형사공동모의(criminal conspiracy)가 존재했다고 판시했다. 그러나 1977년법은 공동모의 범죄를 조장하거나 시도하는 것은 더 이상 범죄가 아니라고 규정했다. 그리고 구금으로 처벌되지 않는 약식 범죄를 야기한 노동쟁의(trade dispute)의 계획이나 수행의 합의도 공동모의 범죄에서 제외되었다.

5. 대역죄

1351년 〈반역법〉(Treason Act)에서 정의된 대역죄(high treason)의 여러 형태 중에서 현재 실제로 중요한 것은 다음의 세 가지뿐이다. 즉 '국왕 살해의 예비나 음모'(compassing or imagining), '출병하여 국왕에 대항하는 전쟁을 감행하는 것'(levying war), '국왕의 적에게 대한 원조와 위안을 국내에서나 다른 곳에서 부여하여 가담하는 것'(adhering)이다. 이러한 용어들은 많은 사법 해석에 의해 부연되었고, 그 결과 반역죄는 주로 인적인 충성 의무의 위반이라는 것에서 급변하여 국가의 안전에 대한 범죄가 되었다.

이상의 세 가지 대역죄 중에서 처음의 것에 대해 '음모'라고 하는 것은 언뜻 보면 단순한 의사의 문제로 보이지만, 제정법 자체의 용어가 표시하는 바와 같이 '명시적 행동'(open deed)에 의해 입증되어야 하는 것이다. 여기서 '명시적 행동'이란 문서와 인쇄물에 의한 것을 포함하고 단순한 구술은 제외하지만, 그것이 표시하는 의사의 조장 촉진을 위해 표현된 경우에는 예외로 한다. 만일 국왕을 없애 버릴 의사, 국왕에 대항하여 군대를 일으키거나 국토를 침입하도록 외국인을 선동하는 경우와 같은 것이 존재하는 경우, '국왕 살해 음모'를 충분히 구성한다는 원칙이 있다.

'전쟁을 감행하는 것'도 사법 해석에 의해 다음과 같이 확장되었다. 즉 정부에 대한 반란(insurrection)과 일반의 공공 목적에 대한 반란(가령 18세기에 국교에 반하는 모든 교회를 파괴할 목적으로 반란을 야기한 것)이 포함되었다. 1920년 〈긴급권한법〉(Emergency Powers Act)은 여러 가지 단체 활동에 의해 사회가 생활필수품을 탈취당할 우려가 있을 때 공무원 등에게 그 필수품을 확보하는 권한을 부여하는 규칙을 제정하는 매우 광범위한 권한을 정부에 부여했다.

이 범죄를 범할 수 있는 자는 영국 국민(English subject)이나 영국 국왕의 보호를 받는 외국인뿐이다. 외국인은 영국 영토에 거주하고 있는 한, 또는 거주하지 않아도 그가 영국 영토 내에 '가족과 재산'(family and effects)를 두고 있거나, 유효한 영국 여권을 계속 소지하고 그 여권의 잠재적 이익을 아직도 분명하게 포기하지 않은 자는 국왕의 보호를 받는 자로 해석된다. 영국 국민은 전쟁이 발발할 때, 또는 발발하기 직전에 적성국가에 귀화함에 의해 영국과 싸울 수 있는 자유를 확보할 수 없다.

1914년 이전의 30년간, 반역죄 기소는 영국에서 한 번밖에 없었다. 피고인은 유죄로 결정되고 사형 선고(여전히 반역죄에 대한 형벌이다)를 받았으나 감형된 뒤에 석방되었다. 1914-8년 전쟁에서는 1인의 피고인이 고등법원에서 유죄로 결정되고 사형이 집행되었다. 또 한 사람은 유죄판결을 받았으나, 그 상소에 성공했다. 그러나 1939-45년 전쟁부터는 더욱 많은 반역죄 사례가 발생했다. 평시에는 외국 군대에 대한 스파이행위 및 외국의 정보원 등에 대한 비밀정보 누설에 관련된 범죄에 대해 일련의 공무비밀법(Official Secrets Act)이 규정되었다. 1977년에 입법위원회는 평시에는 반역죄가 더 이상 범죄일 수 없으나, 반란을 다루고 군주와 군주의 직계가족의 신체적 안전을 보호하는 새로운 범죄가 창설되어야 한다고 제안했다.

6. 반정부 선동

1934년에 통과된 법에 의해 국왕의 군대 구성원을 그 임무나 충성에서 떠나도록 악의로, 또는 고의로 유인하고자 시도한 범죄에 대해 최고 2년의 금고나 200파운드의 벌금형 또는 금고형과 벌금의 병과로 처벌할 수 있게 되었다. 이 범죄를 범하거나 방조하기 위해 문서를 소지하는 자도 유죄가 된다. 단 국왕의 군대에 대한 이러한 문서의 배포는 그 임무와 충성에서 떠나도록 유인한 범죄와 같다. 고등법원의 판사는 만약 이러한 범죄를 범했다고 생각할 상당한 근거가 있음을 선서한 정보에 접하고 만족하게 생각하는 경우, 그러한 문서나 그 범행의 다른 증거물을 발견하기 위해 수색영장을 발급하도록 명령한다. 이 법에 의한 기소는 그 시작 전에 검사장의 동의를 얻어야 한다. 그러나 그 법은 실제로 그다지 이용되지 않았다.

7. 공공질서 범죄

공공장소에서의 집회에서 질서를 유지하기 위해 고안된 코먼로 규칙은 1980대와 1990년대에 일어난 더욱 높아진 폭력 사건들에 의해 압박을 받았다. 그 사건들은 종종 정치적 동기에 의해 생겨났고, 축구를 비롯한 스포츠 행사의 주변에서 당파적 집단에 의해 더욱 자주 생겨났다. 따라서 과거 법의 상당수는 범죄를 새롭고 더욱 명확하게 특정한 1986년 〈공공질서법〉

(Public Order Act), 1991년 〈축구(범죄)법〉(Football (Offences) Act)에 의해 개정됨) 에 의해 지금 대체되어 있다. 그리하여 5년의 구금으로 처벌되는 폭력적 무질서의 범죄는, 3인 이상의 사람들이 현재 함께 불법적 폭력을 사용하거나 위협하고, 그들의 행동이 현재 합리적인 상태에 있는 어떤 사람의 신체적 안전에 대해 공포를 야기하는 경우에 발생한다. 10년의 금고에 처할 수 있는 폭동(riot)은 공동 목표를 가진 12명 이상의 사람들에 의해 같은 방법으로 행해진다. 소란(affray)은 같은 성질의 폭력적 무질서이지만, 혼자서 행동하는 사람에 의해 행해질 수 있다. 1986년 법에 의해 창설된 다른 새로운 범죄는 학대, 공포, 고통을 포함한다.

만일 경찰이 어떤 집회가 그 자체가 평화적인 사람들에 의해 개시되었다고 해도, 그들에 의해 예상된 혼란이 야기될 우려가 있다고 인정되는 경우, 경찰은 다른 집회에서 모이도록 그들에게 요구할 수 있고 또 요구해야 한다. 그때 그들이 이동할 것을 거부하면 경찰의 공무 집행을 방해한 것으로 유죄가 된다. 경찰은 선동적인 연설을 하는 것을 포함한 모든 종류의 범죄의 발생을 방지하기 위하여, 만약 그들이 그러한 행위가 발생하리라고 상당한 우려를 하는 경우 어떤 곳에도 들어갈 수 있고 남아 있을 수도 있는 권한을 보유한다고 판시되었다.

1936년 〈공공질서법〉에 의해 경찰은 공적인 행진을 조직하는 자에게 공공질서에 필요한 조건을 부과하고, 행진해야 할 경로를 정하는 권한을 부여받는다. 그 권한은 현재 1986년 〈공공질서법〉에 의해 강화되어 있다. 그리고 문서 경고가, 어떤 사람이나 집단에 대한 지지나 반대를 시위하고자 의도하거나, 또는 모든 행사를 방어하거나 기념하는 공적 행진에게 반드시 주어져야 한다. 단 그것이 사전에 통지할 합리적인 이유가 있지 않는 한 그러하지 않다. 이러한 요구조건을 충족하지 못하거나, 일반적으로 행진의 행동이 통지에서 지시된 것과 다르다면 조직자는 범죄를 저지르는 것이 된다. 경찰은 공적 행진에 대해 조건을 부과하거나 제한을 요구할 수 있다.

1936년 법은 또한 어떤 정치적 조직 구성원임을 상징하는 제복을 공공장소나 공공 집회에서 착용하는 것, 그리고 경찰이나 군대의 직권을 침해할 수 있는 방식으로 조직체의 구성원을 훈련하는 것을 금지한다. 그 법의

5조는 공공장소나 공적 집회에서 치안을 파괴할 의도를 가지거나, 그 사용에 의해 치안을 파괴할 개연성이 높은 경우, 협박적이거나 매도적이거나 모욕적인 말을 사용하거나 그러한 행위를 하는 것을 범죄로 규정하였지만, 1986년 법은 이 범죄를 평화의 위배를 조작하거나 위배하려는 의도를 요건으로 한다고 개정하여, 위협에 대한 확신이 확보될 가능성을 높였다.

이와 관련된 입법으로는 1976년 〈인종관계법〉(Race Relations Act)이 있다. 그것은 같은 이름의 두 개 입법을 대체하고, 1975년 〈성차별법〉(Sex Discrimination Act)을 보충한 것으로, 이에 대해서는 앞에서(82쪽) 설명했다. 이 법에 의해 성, 피부색, 인종, 국적, 민속적이나 민족적 기원을 이유로 한 차별은 금지되고 약간의 예외만이 인정된다. 1976년 법의 많은 조항은 민사 법정이나 전문가 법정에서 보상의 권리를 주기 위해 고안되었으나, 대부분의 경우에 그러한 절차를 위해 필요한 것을 방지하기 위해 고안된 특별한 조정절차도 있다. 그러나 그 법에는 또 형사범죄를 구성하는 조항들도 있는데, 그것들은 1986년 〈공공질서법〉과 1994년 〈형사사법 및 공공질서법〉에 의해 강화되었다. 지금은 피부색, 인종, 국적, 민속적 또는 민족적 기원을 이유로 하여 누군가를 협박하거나 매도하거나 모욕하는 방식으로 말하거나, 문서를 보이거나, 행동하는 경우, 만일 그러한 것에 인종적 증오가 야기되거나 인종적 증오가 야기되는 것처럼 보이면 범죄가 된다. 이러한 성격의 문서자료를 공개하기 위해 출판이나 배포를 하는 것도 범죄가 되고, 인종적으로 분노를 유발하는 자료의 소지도 범죄가 된다.

8. 문서비방, 선동 및 왜설

선동적 문서비방(seditious libel)은 국왕, 정부, 헌법, 의회 양원, 또는 사법을 증오하거나 모욕의 대상으로 삼고, 또는 그러한 것들에 대한 불만을 자극하거나, 국왕의 국민을 자극하여 합법적 수단 이외의 방법으로 법에 의해 확립된 교회나 국가에 관한 모든 사항의 변경을 기도하거나 불만을 자극하거나, 또는 상이한 계급 사이에 악의 및 적의의 감정을 조장하는 것을 목적으로 하는 것이다.

이러한 정의는 광범하지만, 어떤 공표물이 선동적 문서비방인지 아닌지를 결정하는 것은 배심원의 권한에 속한다는 사실로 인해 정부는 배심원이 주로 선출된 계급 간에서 상당한 환영을 받는 의견의 표시를 처벌하기 위해 법을 사용하지 못하고 있다. 또 정부가 범한 과오나 헌법에 존재하는 폐해에 관하여 합법적인 수단으로 이를 개혁하거나 제거하기 위한 목적으로 행한 공정한 비판과 진술은 선동적이라고 할 수 없음이 명백하다. 선동적인 언사를 입에 담는 것은 선동적 문서비방의 공표와 같이 처벌된다.

신성모독적 서면비방(blasphemous libel)은 기독교의 교리, 신, 그리스도, 성경, 영국교회의 의례서(formularies)에 대한 영속적 공격 형태를 출판하는 사람에 의해 행해지는데, 그것은 신자들의 감정을 분노하게 하거나 모독하고자는 것이어야 한다. 피고인은 반드시 그 자료를 공간하고자 의도해야 하지만, 기독교 신자를 반드시 분노하게 하거나 모독할 필요는 없다. 신성모독적인 발설도 마찬가지로 처벌된다. 형사적 신성모독이라는 개념은 지금 시대착오적이어서, 입법위원회는 그 폐지를 제안하고, 기도하는 장소에서 했지만, 협박적이거나 매도적이거나 모욕적인 말이나 행동을 사용하는 새로운 범죄로 대체하기를 제안했다. 영국교회나 기독교회를 넘어 종교적 감수성의 보호를 확대하는, 수많은 상이한 종교적 믿음의 다인종적 사회가 된 곳에서는 그런 제안이 장점을 갖지만, 이러한 영역의 형사법 작용을 기도하는 장소 내의 행위나 행태의 통제에 제한한 것이었다. 그러나 지금까지 이러한 노선을 따르는 입법은 예상되어 있지 않다.

형사법의 목적을 위해 명예훼손적 문서비방(defamatory libel)은 불법행위로서 소송의 대상이 되는 문서비방만이 아니라, 만일 생존자의 감정을 손상시킬 의도로 행해진 경우, 사자의 인격에 대한 문서비방도 포함한다. 나아가 문서비방은 인격을 공격당한 당사자에게 공표된 것만으로도, 범죄로 처벌하기에 충분한 공표가 있는 것으로 해석된다. 명예훼손적 문서비방의 진실성을 입증하는 것은 그 발표가 공익(public benefit)을 위하였다고 하는 취지와 함께 주장되고 입증되는 경우를 제외하고, 형사 소추에 대해 항변할 수 없다. 특권 및 공정 비평(fair comment)의 항변은 민사소송에서와 마찬가지로 형사소추에서도 이를 이용할 수 있다. 1985년 입법위원회는 코먼로의 형사적 문서비방을, 의도적 성격의 훼손이라는 경우로 제한하는 더욱 한정적인 범죄로 대체할 것을 제안했다.

모든 형식의 문서비방은 벌금과 구금에 의해 처벌되지만, 기소되는 경우는 거의 없다. 그러나 구두비방으로서 민사상의 소송원인이 되는 것에 불과한 말을 하는 것은 형법상 범죄를 구성하지 않는다.

이익의 유무에 관계없이, 음란문서를 발행한 자는 1959년 〈음란문서출판규제법〉(Obscene Publications Act)에 의해, 약식절차에 따르는 경우에는 6개월의 구금이나 100파운드의 벌금 또는 양자를 병과하는 것으로 규정되었고, 기소절차에 의한 경우에는 3년의 구금이나 벌금 또는 그 양자의 병과가 규정되었다. '문서'(article)란 읽거나 보는 것에 포함되고, 또는 구체적으로 표현되어 있는 것을 말한다고 하여, 영화 상영, 필름이나 소리의 기록, 필름의 네가나 스텐실(stencil)이나 주형과 같은 음란문서의 제조나 복제를 위하여 사용한 것도 포함된다. 1968년 〈극장법〉(The Theatres Act)은 이익의 유무에 관계없이, 공적이든 사적이든 간에, 연극의 외설적 연기를 행하거나 그러한 연기의 감독을 하는 것을 같은 범죄로 삼았다(약식절차의 경우에는 6개월의 구금이나 400파운드의 벌금 또는 양자의 병과. 기소절차의 경우에는 3년 이하의 구금이나 벌금 또는 양자의 병과). 문서나 연기는 그 효과 또는 그 구성물 중 어느 것의 효과가 전체로 취해진 경우, 관련된 모든 사정을 고려하여 거기에 포함되어 있는 것을 읽고 보고 또는 관련된 사람을 타락하거나 부패시키는 (성적으로나 마약 상습을 포함하는 기타의 방법으로) 경향이 있는 경우에 외설적이라고 본다. 외설문서를 압수하는 조항도 있고, 1964년 〈음란물출판규제법〉은 출판이 아직 행해지지 않는 경우에도 이익을 목적으로 하는 출판을 위해 음란문서를 소지하는 죄를 부가했다. 1981년 〈외설적 전시(통제)법〉(The Indecent Displays (Control) Act)은 외설물을 공적으로 전시하거나 외설물의 공적 전시를 야기하거나 허용하는 것을 범죄로 규정했다. 이 규정에 대한 예외에는 텔레비전 방송, 연극, 영화 상영, 미술 전시회, 박물관이 포함된다. 1981년 법의 중요 목적은 잡지를 파는 매점에서 잡지의 표지에 누드나 성적으로 명백한 사진을 공개적으로 전시하는 것을 금지하는 것이었다.

항변은 면책할 수 있는 부지(exclusable ignorance), 부지에 의한 배포, 또는 공익목적(public good)의 출판을 포함한다. 공익 목적의 항변은 문학적이거나 예술적인 본안(merit)의 입증을 포함한다. 그것은 D. H. 로렌스[4]의 『채털리 부인의 연인』을 출판한 혐의로 1959년 법에 의해 펭귄북 출판사가 기소되었을 때 그 회사를 무죄로 할 수 있었다.

9. 살인

살인(homicide)은 다음 세 가지로 나누어진다. 즉 ① 모살(謀殺, murder), ② 고살(故殺, manslaughter), ③ 무모(reckless)하거나 위험한(dangerous) 자동차 운전에 의해 죽음을 초래한 것이다.

사람의 생명을 뺏는 것은 사망이나 신체의 중대한 상해를 야기하려는 의도(이는 정말로 심각한 것이다)를 가지고, 또는 야기할 우려가 있음을 안 행위에 의해 행해지는 경우 언제나 불법이고 모살이 된다. 단 그 행위가 범죄방지나 범인 체포 또는 정당방위(self-defence)권—그 범위는 상당히 좁게 정해져 있다—과 같은 특별한 이유에 의해 정당화되는 경우에는 예외이다. 이에 반하여 생명을 보호하는 일반적 의무는 존재하지 않는다(의료진에 의한 임신 중절은 1967년 〈낙태법〉(Abortion Act)에 의해 특정된 상황에서 합법이 된다). 1985년에 상원은 법원이 이미 발견했듯이, 살인의 필연적 의도는 피고인만이 그의 행위로 인해 사망이나 신체의 중대한 상해를 결과하리라(가령 피고인과 의부가 술에 취해 권총을 가지고 게임을 하고 함께 놀았을 때 그의 의부를 쏜 경우와 같이)는 것을 아는 경우에는 존재하지 않고, 그는 반드시 그가 행한 것의

4 데이비드 허버트 로렌스(David Herbert Lawrence, 1885~1930)는 영국의 소설가, 시인, 문학평론가이다. 그의 작품의 특색은 인간의 원시적인 성의 본능을 매우 중요시하는 데 있다. 주요 작품으로, 소설 『채털리 부인의 연인』 『아들과 연인』 『무지개』, 여행기 『이탈리아의 황혼』 『멕시코의 아침』, 수필 『묵시록』 등이 있다.

자연적 결과로서 그러한 귀결을 실제로 예상해야 한다고 판시했다. 그러나 3명의 공격자에 의해 주어진 구타로 희생자가 죽은 경우, 3명 모두 그러한 결과로 그의 죽음을 예견해야 하고, 그 결과 그중 누군가가 가한 치명적인 구타가 살인의 유죄가 된다고 판시했다. 살인의 피고인을 유죄로 결정하는 배심원 앞에서 반드시 증명되어야 하는 이러한 특별한 형사적 고의는 '예비 악의(고의)'(malice afterthought)라고 한다.

> 죽이지 말라, 그렇다고 살려 두기 위해
> 너무 친절하게 노력할 필요도 없다

위와 같이 말하는 것은 영국법에도 일반적으로 적용된다. 사람이 물속에서 몸부림치고 있는 것을 발견하고도 그것을 방관하고 익사하게 한 자는, 설령 그 당시에 로프를 던져주었더라면 구조할 수 있었다고 해도 범죄를 저지른 것이 되지 않는다. 부작위의 결과로 사망을 야기한 경우에 불법적 살인죄가 구성되는 경우는 오직 생명을 보호할 법적 의무를 실행하지 않는 데에 중대한 과실이 있어야 한다. 만일 그의 태만의 결과로 죽음이 따르면 다른 중요한 불법적 살인인 고살이 된다. 그러한 과실은 '형사상의 과실'(criminal negligence)로 알려져 있다. 그 의무는 (마치 철도 신호수의 경우처럼) 계약에 의해 부과될 수도 있고, (자활하기에는 너무나 어린 자녀를 위해 부양할 부모의 의무처럼, 또는 어느 부부가 병든 친척을 하숙인으로 받아들인 경우, 그를 먹이거나 그녀를 위해 의료적 도움을 주지 못한 경우와 같이) 당사자 간의 특별관계에 의해 부과될 수도 있으며, 또는 제정법에 의해 부과될 수 있다. 그리하여 1911년 〈해사 협정법〉(Maritime Conventions Act)은 만약에 중대한 위험이 없이 구원을 할 수 있는 경우에 해상에서 익사할 위험에 처한 자를 구원할 의무가 함장에게 있다고 규정하고, 철도교통법하에서 제정된 여러 규칙은 자동차의 사용자에 관하여 여러 가지 의무를 부과한다. 또한 사전에 주의를 하지 않으면 위험한 행위를 하는 데에 사전에 주의해야 할 법상의 의무가 되기도 한다(가령 자동차 운전자가 자기 차의 브레이크를 유효하게 유지해야 할 의무).

앞에서 말한 ③의 범주에 해당하는 경우를 제외하고, 사망이라는 사실을 야기하는 행위라고 해도, 그 행위가 행해진 뒤 1년과 1일 이상의 기간을 경과하여 생긴 경우에는 살인이 되지 않는다고 하는 것이 현재의 규칙이지만, 입법위원회는 현재 그 규칙의 삭제를 권유하고 있다. 특히 현대의 의학기술은 폭력의 희생자를 매우 긴 기간 동안 생명 부지 기계로 생존하게 하기 때문이다.

입법부가 어떤 형태로든 살인의 영역에 개입한 것은 1956년에 와서 가능했다. 그해에 배심이 '자동차 고살'(motor manslaughter)에 대해 유죄로 인정하는 것을 주저하는 악명 높은 사실로 인해, 무모하거나 위험한 운전에 의해 사망을 초래한다는 특수한 죄가 만들어졌고, 현재 1991년 〈도로교통법〉(Road Traffic Act)에 의해 '위험한' 운전에 의한 사망의 야기로 규정되어 있다. 이는 5년간의 구금에 의해 처벌된다.

고살은 '그 한쪽은 모살과 접하고, 다른 쪽은 면책을 받는 살인과 접하는 넓이를 가진다'고 한다. 따라서 의도적으로 포석을 철교에서 떼어 내 다가오는 열차에 던져서 운전수 뒤에 앉은 차장을 죽인 경우는 불법적이고 위험한 행위이지만 오로지 부주의로 죽음을 야기한 것으로서 1976년에 고살에 처해졌다. 1984-5년의 광부파업 동안, 다리에서 콘크리트 블록을 떼어 내 자동차 도로에 던져, 광부를 일터에 데리고 간 택시 운전수를 죽인 사건에서도 같은 판결이 내려졌다. 그 최고형은 종신구금이고, 최저형은 단기간 구금이며, 단순한 벌금을 부과하거나 심지어 석방(절대적인 것이든 또는 조건적인 것이든)하기도 한다. 고살의 죄는 1957년 〈살인법〉(Homicide Act)에 의해 더욱 탄력적으로 되었다. 즉 그 법에 의해 종전에는 모살로 취급된 종류의 행위를 고살로 인하했다.

(1) 어떤 사람이 타인을 살해하는 것에 관련된 경우, 상해, 질병, 또는 발달 정지에 의해 생긴 정신이상의 상태에 있고, 그 결과로 자신의 정신적 책임능력이 실질적으로 허약하다는 것을 입증할 수 있는 경우. 이는 '저항하기 어려운 충동'(irresistible impulse)에 의해 행해진 살인도 포함한다(89쪽 참조).

(2) 배심에 의해 살인자는 합리적인 인간이 살인자의 행동과 같은 행동을 하리라고 생각될 정도로 도발된 것이라고 결정된 경우.

(3) 두 사람이 함께 자살한다는 합의를 하고, 그 협정을 한 당사자는 파기하지 않았는데 다른 당사자가 그것을 실행한 경우. 만일 그 생존자가 자살에 실패하고, 다른 당사자가 자살의 약속을 이행하도록 '적극적으로' 지원하지 않았다면, 그는 1961년 〈자살법〉에 의해 상대방과 자살을 공모한 탓으로 유죄가 된다.

이러한 특별한 경우를 제외하면, 모살과 고살의 차이점은 지금도 여전히, 모살의 본질적 요소가 '예비 악의'(고의)라는 것이다. 죽음을 초래하는 불법한 행위나 부작위는 그것이 죽이고자 하는, 또는 중대한 신체적 상해를 가하고자 한다는 의사(상해를 당한 사람이 죽은 당사자여도 무방하고, 다른 사람이어도 무방하다)에 의해 촉진된 경우는 모살이 된다. 살인행위는 그것이 ① 합법적인 체포에 대하여 저항할 때, 또는 ② 폭행이나 강간(즉 힘이나 기망에 의한 성교)과 같이, 다른 폭력적 범죄를 범하는 과정에서 생긴 것이라는 단순한 이유로는, 과거에 그러했듯이 더 이상 모살이 되지 않는다. 그러나 '성실하고 합리적인 사람이라면 누구라도 타인으로 하여금 중대한 상해가 아니라고 해도, 적어도 불법적 행위에서 생기는 일종의 상해 위험을 받기 쉬운 것을 인식하지 않을 수 없는'(엠마누엘 데이비스 대법관이 1966년에 말했듯이) 불법의 행위를 한 결과로서 죽음을 초래한 경우에는 고살의 책임을 진다.

지난 250년간 법원은 본의 아닌 고살에 이르는 행위의 수용을 계속하여 실질적으로 좁히고자 해 왔다. 18세기는 만일 죽음이 '다른' 불법적 행위를 범하는 과정에서 생겨났다면 고살로 선고되었다. 그러나 지금은 그 행위가 형사적으로 불법적이고, 위험하고, 피해자에게 향해야 하고, 아무리 가볍더라도 즉각적인 상해를 초래하는 것이어야 한다. 그리하여 최근에 와서는, 과다 복용의 결과로 죽은 누군가에게 위험한 마약을 공급했다는 이유만으로 고살이 범해질 수 없다는 판결이 내려졌다. 그럼에도 법원이 수립한 규칙을 실무에 적용하기란 쉽지 않다. 특히 수술 과정에서 사소하지만 치명적인 실수를 범한 외과의사나 마취의사가 포함되는 경우, 또한 벨기에 서북부의 제브뤼헤 항구 외곽에서 카페리가 전복됨에 의해 생긴 재난과 같이, 회사의 행동으로 인해 죽음이 결과한 경우에 그러하다. 지금 입법위원회는 비의도적인 고살의 모든 영역을 적극적으로 검토하고 있고, 오래지 않아 그 주제에 대한 보고서를 제출할 것이 기대되고 있다.

1965년 〈모살(사형폐지)법〉(Murder(Abolition of Death Penalty) Act)에 의해 모살에 대한 형벌은 명령적 종신형(mandatory life sentence)으로 되었고, 유죄판결을 하는 법원은 허가에 근거하여 석방 전에 최소의 구금기간을 추천할 수 있다. 내무부장관(Home Secretary)은 어떤 경우에도 최초에 수석재판관에게, 또 가능한 한 사실심 재판관에게 상담하지 않고 허가에 근거하여 모살자를 석방할 수는 없다.

1938년 〈유아살해법〉(Infanticide Act)은 여성이 자기 영아의 죽음을 야기한 경우, 출산의 결과로 그녀의 정신이 평형을 상실했다고 생각되면 그녀는 단지 고살을 범한 자로 처벌되어야 한다는 취지를 규정했다.

10. 재산 범죄

재산에 대한 범죄에 관한 법은 최근까지 코먼로의 규칙과 그 위에 쌓인 단편적인 입법들로 구성되는 놀라울 정도로 복잡한 것이다. 그러나 그러한 법들은 1968년 〈재산침해법〉(Theft Act)과 1971년 〈형사손해보상법〉(Criminal Damage Act)에 의해 대체되어 실질적으로 재산에 관한 범죄의 거의 모든 영역을 포괄하는 법에 대해 새로운 법전이 되었다.

이러한 법영역의 핵심은 절도죄(theft, stealing)이다. 절도는 그 중요한 구성요건으로 타인에게 속하는 재산을 타인으로부터 영구히 뺏을 의사를 가지고 정직하지 못하게 영득하는 것을 포함한다. 설령 절취에 의해 이익을 취할 의사가 없는 경우라도 그 범죄는 범해진 것이 된다. '영득'(appropriation)은 소유자의 권리의 취득을 수반하는 취득자가 그것을 선의로(in good faith) 매입하지 않는 한, 부지(不知)로 확보한 재산을 보유하는 것도 포함한다. 따라서 가령 찰스가 존의 브리프케이스에서 장난으로 한 권의 책을 가져왔는

데 뒤에 자신의 것으로 삼은 경우, 찰스는 절도죄를 범한 것이 된다. 그러나 1968년 법은 어떤 착오에 의한 것이라도 청구권을 가지고 영득한 경우, 소유자가 동의했다고 믿고 영득한 경우, 소유자가 합리적으로 발견할 수 없다고 믿고 영득한 경우 절도의 동의에 대해 항변을 갖는다고 규정했다. 1981년 〈미수범법〉(Criminal Attempts Act)은 자동차나 이동식 주택의 개입 범죄를 절도에 미치지 못하는 행위에서 결과한 범죄의 흥미로운 현대적 사례로 만들었다.

토지는 보통 절도의 대상이 되지 않는다. 그러나 수탁자, 또는 토지를 매각하거나 처분하는 권한을 가진 기타의 자가 그에게 속한 신뢰를 어기고 그것을 처분하여 그것을 영득한 경우 절도죄를 구성한다. 토지(soil)의 일부를 구성하는 물건, (곡물과 같이) 토지에서 재배된 물건이나 토지 위에 세워진 물건을 토지에서 분리하여 영득한 자도 마찬가지이다. 야생동물도 포획된 상태에 있지 않는 한, 또는 살해되어 '점유하에 놓인'(reduced into possession) 것이 아닌 한, '재산'(property)으로 간주되지 않는다. 따라서 이러한 상태에 있는 경우에만 절도의 대상이 된다. 그러나 희생물을 밀렵하거나, 사슴이나 고기를 죽여 포획하는 것은 어떤 특정한 19세기 제정법에 의해 여전히 처벌의 대상이 되고 있다. 그리고 1994년 〈형사적 정의 및 공공질서법〉하에서 합법적 행위를 방해할 의도로 사유지를 계속 침범하는 경우 가중 무단출입(aggravated trespass)이 된다. 이 새로운 범죄는 사냥을 방해하거나 막으려고 하는 폭력적 행태의 증가에 대응하기 위해 만들어졌다. 1977년 〈형사법〉에 의해 합법적 권위 없이 어떤 지역에 출입하기 위해 폭력을 사용하거나 위협하는 것이 약식 범죄가 되었다. 그 경우 출입에 반대하는 사람이 그 지역에 있고, 그 점이 출입하려는 자에게 알려져야 한다는 조건이 있다. 그러나 그곳에 없는 주거 점령자이거나 그런 자를 위해 행위했음을 증명하면 피고인을 위한 항변이 된다. 따라서 작업장에서 집으로 돌아온 사람이 자신의 집이 무단점유자에 의해 점유되었음을 알고 안으로 들어가기 위해 무력을 행사한 경우 범죄를 구성하지 않는다.

절도는 최고 10년형의 구금으로 처벌된다. 그러나 가중된 절도, 가령 강도(즉 폭행이나 폭행의 협박으로 절취하는 것) 그리고 강취할 의사를 가지고 폭행에 착수한 경우(assault) 종신 구금형으로 처벌된다. 14년 구금형으로 처벌되는 야간절도죄(burgrary)는 절도, 강간, 중대한 신체적 상해 또는 범죄적 손해(criminal damage)를 범할 의사를 가지고 불법침해자(trespasser)로서 타인의 주거에 침입함에 의해 기수(旣遂)가 된다. 또는 불법침해자로서 침입한 뒤에 같은 범죄를 범하는 경우에도 마찬가지이다. 그러나 권총이나 공격적 무기(firearm or offensive weapon)를 휴대한 자가 절도죄를 범한 경우에는 종신형에 처해진다. 사기 수단에 의한 재산의 취득이나 금전적 이득은 최고형이 10년의 구금형에 처해지지만, 위협을 사용하여 정당한 권한이 주어지지 않은 요구에 의하여 범해진 공갈(blackmail)은 14년의 구금형에 처해진다. 장물(stolen goods)을 장물임을 인식하면서 부정하게 처분한 경우에도 14년의 구금형에 처해진다. 왜냐하면 부정한 처분자의 존재가 절도자로 하여금 절도행위를 하기에 필요한 동기가 되는 경우가 많기 때문이다. 억제적 관점에서 그러한 처분을 박멸할 수 있다고 한다면, 절도의 상당수는 소멸할 것으로 생각된다.

사기(frauds), 그리고 대리인, 수탁자 또는 회사나 법인의 임원이나 간부에 의한 횡령(misappropriations)은 범죄이다. 위조(forgery)에 관한 법은 1981년 '위조 및 화폐 위조법'(Forgery and Counterfeiting Act)에 의해 제정되었다. 그 범죄는 진짜인 것으로 통용되기 위해 허위의 도구를 만드는 것으로 구성된다. '도구'란 우편환(money orders), 주권(share certificates), 여권, 우표, 디스크, 테이프, 기록된 정보, 기계적 또는 전자적으로 기록되거나 저장된 정보와 같은 매우 광범위하게 다양한 자료를 포함한다. 그리고 그 법은 통화 지폐와 동전의 위조 범죄 규정을 구분한다. 타인의 재산에 대한 의도적이거나 무모한 파괴나 손해는 1971년 〈형사손해배상법〉(Criminal Damage Act)에 의해 10년의 구금형에 처해지고, 그것이 불을 붙여 행해진 경우는 종신형에 처해진다. 불을 붙인 후자의 경우는 방화(arson)라고 하는 과거의 범죄명으로 여전히 알려지고 있다.

계약 위반이 처벌되는 경우는 매우 드물다. 그러나 노동자가 근로계약을 위반하는 경우에 그 결과가 생명이나 귀중한 재산을 위험하게 할 수 있고, 또는 어떤 장소에 대해 가스나 물의 공급을 중단하게 하는 경우는 범죄이다. 또 어떤 사람이 지방관청이나 기타의 행정 당국에 고용되어 있으면 그가 마찬가지 계약에 위반하는 것은 그 결과가 그 사회에 대해 손해나 위험 또는 중대한 불편을 초래할 우려가 있으면 범죄가 된다.

APPENDIX

더 읽기

+

더 읽기

1. 법이론

법학도는 법이론이라는 주제에 관한 방대한 문헌의 참고를 보게 되겠지만, 법학에 도전하는 사람들에게 가장 유용한 최소한의 책들을 선택할 수는 있다. 영국법 이론에 대한 가장 고전적인 설명은 칼튼 알렌(Carleton Allen) 경의 『법의 형성』(*Law in the Making*, Clarendon Press)에서 볼 수 있다. 그 책은 조금 낡았지만 특별히 매력적인 스타일로 쓰였다. 현대적 텍스트로는 법학의 다양한 학파를 잘 설명하는 M. D. A. 프리맨(Freeman)이 편집한 『로이드 법학입문』(*Lloyd's Introduction to Jurisprudence*, Sweet & Maxwell)과 R. W. M. 디아스(Dias)의 『법학』(*Jurisprudence*, Butterworth), G. W. 페이튼(Paton)의 『법학 교과서』(*A Textbook of Jurisprudence*, Clarendon Press)가 있다. 지도적인 법학자의 현대적 견해에 대한 가장 일반적인 설명은 H. L. A. 하트(Hart)의 『법의 개념』(*The Concept of Law*, Clarendon Press)이다. 특별한 논문의 선집은 A. G. 게스트(Guest)가 편집한 『옥스퍼드 법학 논문집』 제2권(*Oxford Essays in Jurisprudence*, second series, Clarendon Press)과 J. 에케라(Eekelaar)와 J. 벨(Bell)이 편집한 『옥스퍼드 법학 논문집』 제3권(*Oxford Essays in Jurisprudence*, third series, Clarendon Press)이다. 선례 법리의 작용에 대한 명백하고 정확한 설명은 루퍼트 크로스(Rupert Cross) 경의 『영국법상의 선례』(*Precedent in English Law*, Clarendon Press)에서 볼 수 있다. 사회적 필요와 법의 관계는 P. S. 아티야(Atiyah)의 『법과 현대사회』(*Law and Modern Society*,

Oxford University Press)에서 찾을 수 있다.

2. 법과 그 역사

전체로서의 18세기 영국법에 대한 포괄적인 설명은 윌리엄 블랙스톤의 『주석』(*Commentaries*, Sweet & Maxwell) 4권에 포함되어 있다. 그러나 현대 영국법에 대한 전반적인 설명은 O. 후드 필립스(Hood Phillips)와 A. H. 허드슨(Hudson)의 『영국법 입문』(*A First Book of English Law*, Sweet & Maxwell)이나 P. S. 제임스(James)의 『영국법 입문』(*Introduction to English Law*, Butterworth)에서 가장 잘 설명한다. 두 권 모두 특별히 초보자를 위해 쓰였다. 영국법사에 대한 가장 현대적인 설명은 S. F. C. 밀섬(Milsom)의 『코먼로의 역사적 기초』(*Historical Foundation of the Common Law*, Butterworth)에서 볼 수 있지만 J. H. 베이커(Baker)의 『영국법사 입문』(*Introducion to English Legal History*, Butterworth)도 유익하다. 참고할 수 있는 법제사의 다른 저술로는 T. F. T. 플렉크넷의 『코먼로 약사』(*A Concise History of the Common Law*, Butterworth), H. 포터(Porter)의 『영국법사 입문』(*Historical Introduction to English Law*, Sweet & Maxwell)과 『영국법사 개설』(*Outlines of English Legal History*, Sweet & Maxwell)이 있다. 영국법사에 대한 가장 완벽한 책은 윌리엄 홀즈워스(William Holdsworth) 경의 『영국법사』(*A History of English Law*, Methuen) 16권이지만, 홀즈워스 저서의 요약으로 특별히 숙독할 가치가 있는 것은 『영국법의 창조자들』(*Some Makers of English Law*, Cambridge University Press)과 『영국법의 법원과 문헌』(*Sources and Literature of English Law*, Clarendon Press)이다.

3. 형평법과 신탁

현재의 지도적 저술은 P. H. 페티트(Pettit)의 『형평법과 신탁법』(*Equity and the Law of Trusts*, Butterworth), H. G. 헨버리(Hanbury)와 R. H. 모즐리

(Maudsley)의 『현대 형평법』(*Modern Equity*, Stevens), 그리고 A. J. 오클리(Oakley)의 『파커와 멜로: 현대 신탁법』(*Parker and Mellows: The Modern Law of Trusts*, Sweet & Maxwell)이다. 1세기 전 가장 좋은 시기에 제공된 고전적 강의이면서 여전히 사고와 이해에 자극을 주는 것은 F. W. 메이트랜드(Maitland)의 『형평법 강의』(*Lectures on Equity*, Cambridge University Press)이다. L. A. 셰리던(Sheridan)과 G. W. 키튼(Keeton)의 『신탁법』(*The Law of Trusts*, Barry Rose)과 『형평법』(*Equity*, Pitman)은 참고될 수 있고, 판례와 자료의 유용한 선집으로는 R. H. 모즐리와 E. H. 번(Burn)의 『신탁과 수탁자: 판례와 자료』(*Trusts and Trustees: Cases anf Materials*, Butterworth), 그리고 J. A. 네이던(Nathan)과 O. R. 마셜(Marshall)의 『신탁 판례집』(*A Casebook of Trusts*, Stevens)에서 볼 수 있다.

4. 가족법

사람에 관한 주된 교과서는 P. M. 브롬리(Bromley)의 『가족법』(*Family Law*, Butterworth), S. M. 크레트니(Cretney)의 『가족법』(*Family Law*, Sweet & Maxwell)이다. 다른 저서로는 J. 디워(Dewar)의 『법과 가족』(*Law and the Family*, Butterworth), H. B. 그랜트(Grant)와 J. 레빈(Levin)의 『가족법』(*Family Law*, Sweet & Maxwell), B. M. 호거트(Hoggett)의 『부모와 자녀』(*Parents and Children*, Sweet & Maxwell), B. 패싱햄(Passingham)의 『이혼사건의 법과 실제』(*Law and Practice in Matrimonial Causes*, Butterworth), O. M. 스톤(Stone)의 『가족법』(*Family Law*, Macmillan)이 있다. 초보자에게 특별히 유용한 더 짧은 책으로는 S. M. 크레트니(Cretney)의 『가족법 원리』(*Elements of Family Law*, Sweet & Maxwell)가 있다.

5. 재산법

1925년의 대개혁 이전의 재산법에 대한 가장 훌륭한 설명은 A. W. B. 심프슨(Simpson)의 『토지법사 입문』(*An Introduction to the History of the Land Law*, Clarendon Press)이지만 현대 시스템에 다리를 놓는 법에 대한 짧고 훌륭한 설명은 A. D. 하그리브스(Hargreaves)의 『토지법 원리 입문』(*Introduction to the Principles of Land Law*, Sweet & Maxwell)이다. 현대법을 포괄적으로 설명한 책은 로버트 메거리(Robert Megarry) 경과 H. W. A. 웨이드(Wade)의 『부동산법』(*The Law of Real Property*, Stevens), G. C. 체셔(Cheshire)와 E. H. 번(Burn)의 『현대부동산』(*Modern Real Property*, Butterworth)이지만 더 짧은 설명은 로버트 매거리 경의 『부동산법 매뉴얼』(*A Manual of the Law of Real Property*, Stevens)에서 볼 수 있다. F. H. 로손(Lawson)과 B. 러던(Rudden)의 『재산법』(*The Law of Property*, Clarendon Press))은 그 법영역의 전반적 기원에 대한 성숙한 고찰이기 때문에 더 큰 저술들의 독서 뒤에 최고로 연구된 것이다. 다른 일반서로는 J. G. 리덜(Riddal)의 『토지법 입문』(*Introduction to Land Law*), 그리고 R. H. 모즐리와 E. H. 번의 『토지법: 판례와 자료』(*Land Law: Cases and Materials*, Butterworth)가 있다. 재산법의 특수한 영역에 대해 참고할 가치가 있는 책은 S. J. 베일리(Bailey)의 『유언법』(*Law of Wills*, Pitman), 데스먼드 히프(Desmond Heap) 경의 『계획법 개설』(*An Outline of Planning Law*, Sweet & Maxwell), A. E. 텔링(Telling)의 『계획법과 절차』(*Planning Law and Procedure*, Butterworth), J. C. 베인즈(Vaines)의 『동산법』(*Personal Property*, Butterworth)과 J. 필립스(Phillips)의 『지적 재산법 입문』(*Introduction to Intellectual Property Law*, Butterworth)이다.

6. 계약

계약법은 다음 세 권의 책에 의해 잘 설명된다. 즉 윌리엄 앤슨(William Anson) 경의 『영국 계약법 원리』(*Principles of English Law of Contract*, Clarendon

Press), G. C. 체셔(Cheshire)와 C. H. S. 피푸트(Fifoot) 및 M. P. 펌스턴(Furmston)의 『계약법』(*The Law of Contract*, Butterworth), 그리고 G. H. 트리틀(Treitel)의 『계약법』(*The Law of Contract*, Stevens)이다. 두 권의 입문서인 G. H. 트리틀의 『계약법 요론』(*An Outline of the Law of Contract*, Butterworth)과 P. S. 아티야의 『계약법 입문』(*An Introduction to the Law of Contract*, Clarendon Press)도 유용하지만 두 권 모두 초보자를 위한 것이다. 어느 정도 사전적인 책은 J. C. 스미스(Smith)의 『계약법』(*The Law of Contract*, Sweet & Maxwell)이다. 많은 설명 자료를 포함한 가치 있는 자료집은 J. C. 스미스와 J. A. C. 토머스의 『계약법 판례집』(*A Casebook of Contract*, Sweet & Maxwell)이다. 그리고 저자들이 쓴 교과서의 동반서는 G. C. 체셔와 C. H. S. 피푸트 및 M. P. 펌스턴의 『계약법 판례집』(*Cases on the Law of Contract*, Butterworth)이다. 더 상세한 개념적 설명은 P. S. 아티야의 『계약 자유의 융흥과 몰락』(*The Rise and Fall of Freedom of Contract*, Butterworth)에서 볼 수 있고, 계약과 불법행위에 대한 유용한 설명은 P. J. 쿡(Cooke)과 D. W. 오턴(Oughton)의 『의무의 코먼론』(*The Common Law of Obligation*, Butterworth)이다.

7. 불법행위법

불법행위법은 중요한 교과서로 잘 설명되어 있다. 즉 존 살먼드(John Salmond) 경과 R. F. V. 허스턴(Heuston)의 『불법행위법』(*The Law of Torts*, Sweet & Maxwell), H. 스트리트(Street)의 『불법행위법』(*The Law of Torts*, Butterworth), 퍼시 윈필드(Percy Winfield) 경과 J. A. 졸로비츠(Jolowicz)의 『불법행위』(*Tort*, Sweet & Maxwell)이다. 입문서는 J. G. 플레밍(Flemming)의 『불법행위법 입문』(*An Introduction to the Law of Torts*, Clarendon Press)과 W. V. H. 로저스(Rogers)의 『불법행위법』(*The Law of Tort*, Sweet & Maxwell), P. S. 제임스와 D. J. L. 브라운의 『불법행위법의 일반원리』(*General Principles of the Law of the Torts*, Butterworth)이고, 유용하고 특별한 업적은 G. L. 윌리엄스(Williams)와 B. A. 헵플(Hepple)의 『불법행위법의 기초』(*Foundations of the*

Law of Torts, Butterworth)이다. C. D. 베이커(Baker)의 『불법행위』(*Tort*, Sweet & Maxwell)는 그다지 깊지 않게 주제 전반을 포괄하는 간략한 책이다. 자료는 B. A. 헵플과 M. H. 메튜스의 『불법행위: 판례와 자료』(*Tort*: Cases and Materials, Butterworth), 그리고 J. A. 웨어(Weir)의 『불법행위 판례집』(*A Casebook of Tort*, Sweet & Maxwell)에서 볼 수 있다.

8. 형사법

형사법에 대한 가장 만족스럽고 짧은 교과서는 루퍼트 크로스(Rupert Cross) 경과 P. A. 존스(Jones) 및 R. 카드(Card)의 『형사법 입문』(*An Introduction th Criminal Law*, Butterworth)이고 그것에 동반된 책이 『형사법 판례집』(*Cases on Criminal Law*, Butterworth)이다. 그러나 지도적인 중심 교과서는 J. C. 스미스(Smith)와 B. 호건(Hogan)의 『형사법』(*Criminal Law*, Butterworth)이다. 그것을 대신하는 교과서는 A. 에시워스(Ashworth)의 『형사법 원리』(*Principles of Criminal Law*, Clarendon Press)이다. 그리고 짧고 분명하며 직접적으로 서술된 책은 M. 알렌(Allen)의 『형사법 교과서』(*Textbook on Criminal Law*, Blackstone Press)이다. 오늘날의 중심 경쟁서는 G. L. 윌리엄스(Williams)의 『형사법 교과서』(*Textbook of Criminal Law*, Stevens)이다. J. C. 스미스(Smith)의 『재산침해법』(*The Law of Theft*, Butterworth)은 형사법의 중심영역에 대한 정확하고 포괄적인 설명이다. 제임스 스티븐(James Stephen) 경의 『형사법 다이제스트』(*Digest of Criminal Law*, Macmillan)는 19세기부터 출판되었으나 제정법 형태의 법에 대한 서술로서 주목할 가치가 있고, 형사법의 많은 부분에 대한 입법화 파도로 인해 20세기 마지막 사분기에서 여전히 참조되고 있다.

9. 법원

법원의 조직과 운영에 대한 가장 포괄적인 설명은 R. J. 워커(Walker)와 M. G. 워커의 『영국법 체계』(*The English Legal System*, Butterworth)에서 볼 수 있다. K. J. 에디(Eddey)의 『영국법 체계』(*The English Legal System*, Sweet & Maxwell)는 같은 주제에 대한 짧은 설명이고, P. J. 스미스(Smith)와 S. H. 베일리(Bailey)의 『현대 영국법 체계』(*The Modern English Legal System*, Sweet & Maxwell)는 역사적 관점보다도 현대적 관점에서 포괄적으로 쓰인 책이다.

10. 헌법과 행정법

지금 법률가들이 공법이라고 부르는 것에 대해서는 수많은 저술이 있다. 헌법에 대한 가장 중요한 교과서는 S. A. 드 스미스(de Smith)의 『헌법 및 행정법』(*Constitutional and Administrative Law*, Penguin), O. 후드 필립스(Hood Phillips)의 『헌법 및 행정법』(*Constitutional and Administrative Law*, Sweet & Maxwell), E. C. S. 웨이드(Wade)와 A. W. 브레들리(Bradley)의 『헌법 및 행정법』(*Constitutional and Administrative Law*, Longman)이고 그 각각은 행정법이라는 형태 속에 헌법 원리를 적용하는 부분을 두고 있다. 데이빗 야들리(David Yardley) 경의 『헌법 및 행정법 입문』(*Introduction to Constitutional and Administrative Law*, Butterworth)은 특히 초보자를 위해 더 짧은 설명을 제공한다. 이보어 제닝스(Ivor Jennings) 경의 『법과 헌법』(*The Law and Constitution*, University of London Press)은 현재 더 최근판이지만, 그보다 더 오래된 A. V. 다이시(Dicey)의 『헌법』(*The Law of the Constitution*, Macmillan)에서 행해진 서고와 같은 것을 보여준다. 후자는 1세기 전에 옥스퍼드대학교에서 비니언 교수에 의해 제공된 유명한 강의를 포함한다. 후드 필립스 교수의 교과서에 동반된 책이 그의 『헌법 및 행정법의 리딩케이스』(*Leading Cases in Constitutional and Administrative Law*, Sweet & Maxwell)이고, 그것을 대신하는 책이 D. 폴랜드(Polland)와 D. 휴즈(Hughes)의 『헌법 및 행정법-택스트와

자료』(*Constitutional and Administrative Law-Text and Materials*, Butterworth)이다.

행정법의 주된 교과서는 윌리엄 웨이드 경의 『행정법』(*Administrative Law*, Clarendon Press), P. 크레이그(Craig)의 『행정법』(*Administrative Law*, Sweet & Maxwell), J. F. 가너(Garner)의 『행정법』(*Administrative Law*, Butterworth)이고, 유용한 자료집은 S. H. 베일리(Bailey)와 B. L. 존스(Jones) 및 A. 모브레이(Mowbray)의 『행정법의 판례와 자료』(*Cases and Materials in Administrative Law*, Sweet & Maxwell)이다. D. L. 풀크스(Foulkes)의 『행정법』(*Administrative Law*, Butterworth)은 판을 거듭하면서 두꺼워졌으나 그 분야의 초보자를 위한 안내서로서는 여전히 훌륭하다. J. F. 멕클다우니(McEldowney)의 『공법』(*Public Law*, Sweet & Maxwell)은 그 주제에 대해 약간 상이한 경향을 보여준다.

찾아보기

ㄱ

가사절차 및 치안법원법 74, 87
가정폭력 및 혼인절차법 81
가족법 개정법 77
개정법(부모와 자녀)(스코틀랜드) 77
결함주택법 182
계승적 부동산 처분 설정토지법 135
계약 168
고살 236
고용계약법 175
고용보호법 175
고의 194
공공질서법 231, 232, 233
공익신탁법 99
공적 불법행위 217
과실 195
구두비방 5
국왕절차법 90
극장법 235
근린 토지 접근법 3
금지명령 48
기혼 여성 재산법 79
기혼 여성(기존처분금지)법 80
긴급권한법 230

ㄴ

노동쟁의법 212
노동조합 및 노사관계법 212
농지보유법 125

ㄷ

단순 미이행 계약 17
대법원규칙 51
대법원법 30, 49, 52
데이터보호법 98
도로교통법 3
독점법 144
동기 195
동물법 6
둠스데이 북 19

ㄹ

러들랜 법 10
리머릭 조약 10

ㅁ

마그나 카르타 5, 9, 22
마스트리히트 조약 4
마약밀매범죄법 223
명예법 30
명예훼손 195, 207

명예훼손법 207
모살 236
모살(사형폐지)법 240
무유언 사망자 유산법 155, 159
문서비방 5
미성년자 계약법 72
미성년자 구제법 71
미성년자 후견법 74
민간항공법 213

ㅂ

반역법 229
방론 14
범죄시도법 6
법개혁(기여과실)법 63
법개혁(기혼 여성과 불법행위자)법 80
법개혁(부부)법 79
법개혁(잡규정)법 203
법률지원 옴부즈만 3
법률행위 167
법원 및 법률지원법 3
법원법 51
법원조직법 30, 49
부동산보유조건법 130
부실표시 178
불공정 계약조건법 198
불법감금 206
불법침해 5
불법행위 193
불법행위(상품개입)법 215

ㅅ

사기 178, 213
사법 운영법 64, 153, 156, 158
사회보장법 75
산업관계법 186
살인 236
살인법 238
상속(가족부양)법 155
상표법 4
상품판매(개정)법 4
서면계약 174
선언적 선례 19
선의 부실표시법 54
선천적 장애(민사책임)법 67
성차별 금지법 82
소매가격법 183
수표법 3, 184
(스코틀랜드) 혼인법 83
승낙 172
신탁 20
신탁변경법 149

ㅇ

아동법 74, 75, 76, 87
아동약취법 75
아동지원법 3
아동지원청 3
악의 195
약인 171
양도 168
연합법 10
외설적 전시(통제)법 235

요식계약 170
위법성 180
위험한 개에 관한 법 3, 200
유럽공동체(개정)법 4
유럽공동체법 97
유럽인권조약 5, 25, 30
유산 분배법 61
유산관리법 127, 158, 159
유산관리인 162
유스법 38
유아살해법 240
유언법 130, 156
유언집행자 162
유치권 152
유통증권 184
음란문서출판규제법 235
의회제정법 4, 77
이혼개정법 85
이혼법 61
이혼소송법 85
인권법 25
인적 노무계약 188
인종관계법 233
입법개혁(제규정)법 4
입법위원회 4
입법위원회법 4, 6
입양법 77, 84
잉글랜드 국적법 92

ㅈ

자동차 고살 238
자선법 4
잠재적 피해법 204
재산법 51, 52
재산침해법 6, 240
재정법 123, 137, 138
저작권, 디자인, 특허법 145
점유자 책임법 199
정기임차권 개혁, 주택 및 도시발전법 4, 126
제정법(폐지)법 6
조합법 31
주소 및 혼인소송절차법 94
주택법 125
지대부담법 122
지불불능법 153
지주임차인법 125
지주차지인법 125

ㅊ

착오 176
창조적 선례 19
철회 173
청약 172
추밀원 사법위원회 24
축구(범죄)법 3, 232
치명적 사고법 202, 203

ㅋ

컴퓨터 오용법 3

ㅌ

토지등기법 131
토지부담법 43, 142

토지양도법 131
통행권법 122
특정이행 48

ㅍ

판결 이유 8, 13, 17
판례법주의 16
판례연보 9
평등 임금법 82

ㅎ

항공 및 도로운송법 202
항공운송법 202
해사 협약법 63
헌법개혁법 5, 25, 30
형법 및 공공질서법 98
형사미수법 228
형사법 225, 228
형사사법 및 공공질서법 4, 224, 233
형사사법법 3, 78, 96, 222
형사손해배상법 242
형사손해보상법 240
혼인(친족금지)법 84
혼인가족 및 재산법 80
혼인가족법 80
혼인법 4, 68, 83
혼인소송법 84, 85
회사법 153
후견법 74

옮긴이 **박홍규**

박홍규는 오사카시립대학교에서 법학박사 학위를 받고 영남대학교에서 노동법을 가르친 뒤 퇴직했다.

한국연구재단 학술명저번역총서 서양편 901
영국법 원리

초판발행 2020년 11월 12일
초판2쇄발행 2022년 9월 25일

지은이 William Geldart
옮긴이 박홍규
펴낸이 안종만 · 안상준

편 집 윤혜경
기획/마케팅 노 현
표지디자인 조아라
제 작 고철민 · 조영환

펴낸곳 (주) 박영사
서울특별시 금천구 가산디지털2로 53, 210호(가산동, 한라시그마밸리)
등록 1959. 3. 11. 제300-1959-1호(倫)
전 화 02)733-6771
f a x 02)736-4818
e-mail pys@pybook.co.kr
homepage www.pybook.co.kr
ISBN 979-11-303-1008-4 94360
979-11-303-1007-7 94080 (세트)

정 가 17,000원

이 책은 2017년 대한민국 교육부와 한국연구재단의 지원을 받아 수행된 연구임 (NRF-2017S1A5A7018841)